코드업과 함께 하는

알고리즘 &
프로그래밍

배준호 · 전현석 · 정상수 · 정웅열 · 정종광 지음

(주)삼양미디어

머리말

여러분은 알파고를 기억하고 있나요? 인간 챔피언과의 바둑 대결을 통해 컴퓨터의 두뇌인 소프트웨어가 얼마나 지능화될 수 있는지 엄청난 컴퓨팅 파워(computing power)를 보여준 인공지능(AI; Artificial Intelligence) 말입니다. 이 대결을 지켜보고 앞으로 인공지능이 많은 영역에서 인간을 대체할 것이라는 '두려움'을 갖게 된 사람이 많았다고 합니다. 그런데 그 우려는 현실이 되고 있습니다. 인공지능은 이미 산업, 의료, 법률, 교육, 자동차, 심지어 예술 분야에 이르기까지 인간을 대체하는 모습을 보여주고 있습니다.

그러면 이제 우리는 무엇을 해야 할까요? 알파고의 수석 개발자이자 딥마인드 사(社)의 CEO인 데미스 하사비스(Demis Hassabis)는 컴퓨터의 능력을 존중해야 한다고 말합니다. 인간도 할 수 있고 인공지능도 할 수 있는 일이라면 인간이 이길 수 없다는 것을 알파고가 보여주었기 때문입니다. 그리고 인공지능을 이용할 줄 알아야 한다고 이야기합니다. 인공지능을 이용할 수 있다면, 인공지능의 능력은 그 사람의 것이기 때문입니다. 데미스 하사비스의 말처럼 어떤 사람들은 실제로 막연한 두려움을 넘어 엄청난 기회를 만들고 있습니다. 인공지능을 금융 분야와 융합하여 핀테크 산업을 이끌고, 운수 분야와 융합하여 자율주행 자동차를 만듭니다. 또한 의료 분야와 융합하여 디지털 헬스 케어 산업을, 교육 분야에 적용하여 에듀테크 시장을 이끌고 있습니다. 이 밖에도 스마트 팩토리, 스마트 팜, 푸드테크, 어그테크 등에 이르기까지 인공지능을 이용하여 인간의 문제를 효율적으로 해결하는 수많은 사례가 우리

사회의 디지털 전환을 이끌어가고 있습니다. 이것이 '4차 산업혁명'입니다.

이 엄청난 기회를 만드는 사람들이 할 수 있는 공통적인 능력이 바로 '프로그래밍'입니다. 컴퓨터의 구성과 동작 원리를 이해하고, 컴퓨터의 빠르고 정확한 계산 능력을 실생활의 다양한 문제 해결에 적용할 수 있는 창의적인 사고 방법(computational thinking)을 배우고 싶다면, 프로그래밍 공부는 필수입니다. 최근 은행이나 증권회사 등의 금융권에서는 '프로그래밍이 가능한 사람'을 더 많이 뽑고 있고, 자동차 회사는 대부분의 신입사원을 '프로그래밍이 가능한 사람'으로 선발하고 있음에 주목해야 합니다. 프로그래밍은 점점 개발자뿐만 아니라, 회사에서 일하는 직원 '모두'에게 필요한 능력이 되고 있다는 증거입니다.

프로그래밍을 공부하려면 먼저 '프로그래밍 언어'를 학습해야 합니다. 그래야만 컴퓨터와 대화를 할 수 있기 때문이죠. 프로그래밍 언어를 배움으로써 컴퓨터에게 하고 싶은 말을 문장으로 표현할 수도 있고, 무엇보다 어떻게 말해야 하는지도 깨닫게 됩니다. 한편, 프로그래밍 언어를 다룰 줄 안다면 이를 이용하여 다양한 문제를 해결할 수 있어야 합니다. 이를 위해서는 실생활의 다양한 문제를 해결하기 위한 방법과 절차, 즉 알고리즘을 구상하고 프로그래밍 언어로 구현할 수 있어야 합니다. 또한, 이렇게 작성한 프로그램이 문제를 잘 해결하는지 검증하고 더 효율적인 방법으로 개선할 수도 있어야 합니다.

머리말

「코드업과 함께 하는 알고리즘 & 프로그래밍」은 다양한 문제를 해결하기 위해 알고리즘을 구상하고 프로그래밍 언어로 구현하며, 결과를 검증하고 성능을 개선하는 능력을 기르도록 구성되어 있습니다. 특히, 다양한 문제를 분석하여 초기 상태와 목표 상태를 파악하고 조기 상태로부터 목표 상태까지 도달할 수 있는 효율적인 방법을 알고리즘으로 설계한 후 프로그래밍 언어로 구현하여 자동화하는 일련의 과정을 이해하는 데 초점을 두었습니다.

앞서 출판한 「코드업과 함께 하는 C 언어 & 문제 해결」과 「코드업과 함께 하는 파이썬 & 문제 해결」은 '프로그래밍 언어' 학습에 초점을 두고 간단한 문제를 해결함으로써 프로그래밍을 처음 시작하는 초보자에게 입문서가 될 수 있도록 구성하였습니다. 반면, 이 책은 '문제 해결을 위해 알고리즘을 설계하고 적용하며, 평가하고 개선하는 과정'을 쉽게 학습할 수 있도록 다양한 예제 문제들과 해설을 제공하는 입문서입니다. 즉, 프로그래밍에는 어느 정도 익숙하지만, 문제 해결을 위한 알고리즘 설계 및 구현 방법에 대해서는 처음 학습하는 초보자를 위한 기초 수준의 도서라고 할 수 있습니다. 그러므로 본문에서는 여러 가지 알고리즘 설계 방법 중 가장 기본이 되는 탐색 기반 알고리즘 설계 방법에 대해 주로 다루고 있습니다.

이 책은 C와 파이썬 코드를 모두 제공하고 있기 때문에 둘 중 한 가지 언어라도 알고 있다면 부담 없이 학습할 수 있습니다. 이 책을 학습하다 보면 여러분은 어느 순간 두 언어에 모두 익숙해질 수도 있으며, 특히 두 언어를 비교함으로써 특징과 장단점을 자연스럽게 알게 될 것입니다. 즉, 어떤 문제는 C가, 어떤 문제는 파이썬이 알

고리즘 구현에 더 효과적이라는 사실을 파악하게 될 것이며, 자료 구조(data structure)를 어떻게 구현하고 활용하는지 이해하는 데도 이 책이 좋은 길잡이가 될 것입니다.

프로그래밍 입문자들이 역량을 키우는 가장 좋은 방법은 다양한 문제들을 직접 해결해보는 경험을 하는 것입니다. 그리고 이 과정에서 자신이 작성한 프로그램이 정확하게 동작하는지 검증하는 과정은 매우 중요합니다. 이 책에 포함한 문제들은 많은 학생이 이용하는 온라인 저지(online judge)인 코드업(CodeUp), 코이스터디(KOISTUDY)에 모두 탑재되어 있습니다. 따라서 여러분은 프로그램을 작성하고 실시간으로 결과를 검증하고 확인할 수 있습니다.

마지막으로 이 책은 알고리즘 공부를 하고 싶은 중·고등학생이라면 누구라도 학습이 가능하도록 중·고등학교 「정보」 및 「정보과학」 교육과정의 내용과 수준에 준하여 구성하였습니다. 많은 학생이 이 책으로 공부하면서 '반복 구조와 재귀 구조는 알고리즘을 구현하는 멋진 구조이고 데이터 탐색을 효율적으로 도와주는 훌륭한 도구라는 것'을 알게 되기를 바랍니다.

집필진 일동

차례

Ⅰ 문제 해결과 프로그래밍

II 탐색 기반 설계

차례

I

문제 해결과
프로그래밍

프로그래밍은 매우 다양한 일을 할 수 있는 유용한 도구이다. 특히 인공지능을 기반으로 한 4차 산업혁명 시대인 지금, 문제 해결 도구로서의 프로그래밍의 역량은 매우 큰 가치를 지니고 있다.

첫 단원에서는 정보과학에서 바라보는 문제 해결의 학문적 분석에 대해서 안내하고, 실제 프로그래밍으로 문제를 해결하기 위해 알고리즘을 설계하는 절차를 살펴본다. 이어서 이 알고리즘을 프로그래밍으로 구현한 결과가 정확하게 동작하는지 검증할 수 있는 온라인 저지(online judge) 사이트들을 소개한다.

마지막으로 문제 해결 도구로서의 프로그래밍의 특징을 살펴보고, 문제 해결 역량을 평가할 수 있는 다양한 대회들을 소개한다.

>>>

정보과학의 문제 해결

세상에는 다양한 종류의 많은 문제 상황들이 있고, 그러한 문제 상황들을 해결하기 위해 여러 가지 방법들이 사용된다. 이 SECTION에서는 정보과학 분야에서 다루어지는 문제들은 어떤 특징이 있는지 알아본다.

문제 해결 과정은 문제 상황에 대한 관찰을 통해 특별한 특성이나 규칙을 찾아내는 것으로부터 시작하여 문제 상황이 발생하게 되는 원인과 과정을 분석하고, 문제가 발생하지 않도록 예방하는 방법이나 이미 발생한 문제를 해결할 수 있는 방법을 찾는 것으로 이루어진다.

정보과학 분야에서 다루어지는 문제들은 정보과학의 역사와 함께 탄생하여 발전해 왔고, 현재도 계속해서 새롭게 만들어지는 중이다. 이들은 주로 컴퓨터와 네트워크를 통해서 실제 세상과 관련된 데이터를 저장하고 처리하는 데 매우 깊게 연결되어 있다. 그렇기 때문에 정보과학의 방법과 아이디어들을 사용해서 다루는 문제들은 다음과 같은 특징들을 가진다.

• 컴퓨터로 저장하고 처리할 수 있는 데이터와 정보들을 다룬다.
• 문제 상황과 관련된 데이터들이 정수화된 값으로 코드화되어 입력, 저장, 출력된다.
• 입력된 값들을 계산하거나 처리하는 과정을 거친다.

사실 세상의 모든 문제들을 컴퓨터로 해결할 수 있을 것이라는 생각 하에 컴퓨터로 저장할 수 없었던 것들까지 다루기 위해서 수많은 아이디어가 탄생하고 실현되기도 했었다. 하지만, 근본적으로 컴퓨터는 문제를 해결하기 위하여 계산을 이용할 수밖에 없기 때문에 정보과학에서 다루는 문제는 계산 가능한(computational) 문제라는 한계를 벗어날 수 없다.

정보과학으로 해결 가능한 문제

계산 가능한 문제

SECTION 02 계산 문제와 계산 복잡도 이론

컴퓨터는 기본적으로 계산을 하는 기계이기 때문에 계산 문제를 다룬다. 이번 SECTION에서는 이러한 계산 문제에는 어떤 종류가 있는지 살펴보고, 계산 문제를 해결하기 위해 필요한 자원에는 어떤 것들이 있는지 안내한다.

1 계산 문제(computational problem)[1]

계산 문제는 계산을 통해 답을 얻어낼 수 있는 문제를 말한다. 예를 들면 다음과 같은 소인수 찾기 문제는 계산 문제이다.

> 예 양의 정수 n을 소인수 분해하시오.

계산 문제의 종류가 무한히 많아 보이겠지만, 문제들을 해결하는 데 필요한 계산 횟수나 특성에 따라 몇 가지로 분류할 수 있다. 컴퓨터로 자주 다루어지는 계산 문제 유형은 다음과 같다.

1. 계산 문제의 유형

(1) 결정(decision) 문제

결정 문제는 주어진 문제 상황에 대한 가능(yes) 또는 불가능(no)을 답하는 문제이다. 소수 판별 (primality test) 문제는 대표적인 결정 문제로서 주어진 수의 소수 여부를 판단하는 문제라고 할 수 있다.

> 예 양의 정수 n이 소수인지 여부를 판별하시오.

(2) 카운팅(counting) 문제

카운팅 문제는 주어진 조건을 만족하는 가능한 모든 경우의 수를 찾는 문제라고 할 수 있다. 예를 들어, 다음과 같은 문제는 매우 간단한 형태의 카운팅 문제라고 할 수 있다.

> 예 똑같이 생긴 n개의 주사위를 던져 나온 수들의 합은 모두 몇 가지인가?

---

1 https://en.wikipedia.org/wiki/Computational_problem 참조

(3) 최적화(optimization) 문제

최적화 문제는 주어진 조건을 만족하는 가능한 모든 방법들 중에서 최소 비용으로 가능한 경우를 찾는 문제라고 할 수 있다. 외판원 순회 문제라고 불리는 TSP(travelling salesman problem) 문제는 주어진 n개의 지역을 한 번씩만 방문하고 다시 원래의 시작점으로 돌아오는 최소 비용의 이동 순서를 찾는 최적화 문제이다.

> **예** n개의 도시를 모두 한 번씩만 방문하고 원래의 도시로 돌아오는 최소 비용의 이동 순서는?

2. 문제 해결 프로그래밍에서 주로 다루는 문제

앞에서 소개한 계산 문제들은 정보과학 이론에서 다루어지는 중요한 주제들 중 하나이며, 대부분의 문제 해결 프로그래밍은 이들을 주로 다룬다.

결정 문제는 간단한 계산이나 논리식으로 해결할 수 있다. 카운팅 문제는 결정 문제에서 한 단계 더 나아가 주어진 조건을 만족하는 가능한 모든 경우의 수를 찾아내야 한다. 최적화 문제는 카운팅 문제에서 한 걸음 더 나아가, 가능한 모든 경우들 중에서 가장 최소 비용으로 가능한 최적의 방법을 찾아야 한다.

결정 문제	Yes(True) / No(False) 계산
카운팅 문제	가능한 경우의 가짓 수 계산
최적화 문제	가장 좋은 답(방법) 계산

▲ 문제 해결 프로그래밍에서 주로 다루는 문제

문제를 해결하기 위해서는 먼저 문제에서 주어진 상황에서의 핵심을 파악한 후 특징이나 규칙을 분석한다. 그리고 보다 효과적인 알고리즘을 설계하고, 필요에 따라 자료 구조를 사용하면 된다. 하지만 때로는 세상에 없는 알고리즘이나 자료 구조를 스스로 만들어야 할 수도 있다.

2 계산 복잡도 이론(computational complexity theory)[2]

계산 복잡도 이론은 어떤 문제를 해결하기 위해 필요한 자원(계산량 및 저장 공간 등)이 어느 정도 인지를 다루며, 특별한 형태의 문제들에 대해서는 그러한 문제들을 해결하는 데 필요한 자원을 가늠하기 어려운 이유나 계산할 수 없는 이유 등에 대해서도 다룬다.

여러 가지 문제들은 기본적으로 문제를 해결하는 데 사용되는 알고리즘이 필요로 하는 자원의 양에 의해 분류될 수 있는데 계산량(time complexity), 저장 공간(space complexity), 통신량(communication complexity), 회로량(circuit complexity), 프로세서 개수(number of processors)와 같은 계산 복잡도(computational complexity)들이 그 기준으로 사용된다. 이러한 계산 복잡도는 주어진 문제들을 어느 정도 효율의 알고리즘으로 해결할 수 있는지를 가늠하는 기준이 될 수 있다.

문제 해결 프로그래밍에서는 주어진 시간 내에 정확한 답을 얻어낼 수 있는 정확하고 효과적인 알고리즘을 설계하고 알려진 자료 구조를 활용하거나 창의적으로 설계하여 사용하는 능력이 필요하다. 이때 여러 가지 알고리즘들을 서로 비교하기 위해서 알고리즘의 실행 시간을 기준으로 하는 계산량(time complexity)을 주로 사용한다. 일반적으로는 시간 복잡도라고도 부르기도 하지만, 계산량이라는 표현이 더 직관적이기 때문에 이 책에서는 계산량이라고 쓰고자 한다.

---

2 https://en.wikipedia.org/wiki/Computational_problem 참조

03 계산량의 실제적 이해

이번 SECTION에서는 문제를 해결하는 절차인 알고리즘의 성능을 시간의 측면에서 고려한 계산량 (time complexity)을 구하고 표현하는 방법에 대해서 실제 알고리즘들을 통하여 익힐 수 있도록 안내한다.

1 빅-오(Big O) 표기법의 이해

어떤 문제를 해결하기 위해서 여러 가지 알고리즘을 설계할 수 있는데, 이 알고리즘들을 비교할 수 있는 가장 일반적인 방법으로 빅-오 표기법을 주로 사용한다. 빅-오 표기법은 최악의 경우에라도 정확한 답을 얻어내는 데까지 필요한 알고리즘의 계산량을 영문 대문자 O를 사용해서 표현하는 방법이다. O는 순서를 의미하는 order에서 유래되었다.

계산량을 다항식으로 표현할 때, 최고차항이 가장 큰 영향을 미친다. 따라서 다항식의 최고차항에서 계수(coefficient)를 제외한 부분만 빅-오 표기법으로 표현한다. $O(1)$, $O(n)$, $O(n^2)$, $O(n^3)$, $O(\log n)$, $O(n\log n)$, $O(2^n)$, $O(n!)$ 등이 대표적인 빅-오 표기법이다.

> • 입력되는 데이터의 개수: n
> • 해결하는 데 필요한 계산량: $a_1n^k + a_2n^{k-1} + a_3n^{k-2}\cdots$
> • 빅-오 표기법: $O(n^k)$

▲ 계산량에 대한 다항식 표현과 빅-오 표기법

빅-오 표기법은 입력 데이터의 개수 증가에 따라 답을 얻어내는 데 필요한 계산량을 표현한 계산식에서 최고차항만 계수 없이 작성하는 것이라고 생각하는 것이 가장 간단하다. 입력 데이터의 개수 증가에 따라 정확한 답을 얻어낼 때까지 걸리는 계산량이 최고차항의 영향을 가장 크게 받기 때문이라고도 할 수 있다.

2 빅-오 표기법의 종류

1. O(n) 정수합

1부터 n까지의 정수합을 계산하는 문제에 대해 다음과 같은 알고리즘을 구현할 수 있다.

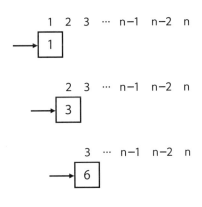

▲ 1부터 n까지의 정수합을 만들어가는 과정

행	C/C++		행	파이썬	
1	`#include <stdio.h>`		1		
2	`int main( ) {`		2		
3	`    int i, n, ans=0;`	//1회	3	`ans = 0`	#1회
4	`    scanf("%d", &n);`	//1회	4	`n = int(input( ))`	#1회
5	`    for( i=1; i<=n; i++ ) {`	//n회	5	`for i in range(1, n +1) :`	#n회
6	`        ans = ans+i;`		6	`    ans = ans+i`	
7	`    }`		7		
8	`    printf("%d\n", ans);`	//1회	8	`print(ans)`	#1회
9	`}`		9		

위 알고리즘은 입력값 n이 증가하면 증가할수록 답을 얻어낼 때까지의 계산도 n에 비례하여 함께 증가하므로, 답을 얻어내기 위한 알고리즘의 계산량을 O(n)으로 표현할 수 있다.

2. O(1) 정수합

1부터 n까지의 정수합을 계산하는 문제에 대해서, 정확한 결과값을 얻어낼 수 있는 다른 방법으로 다음과 같은 알고리즘을 구현할 수도 있다.

$$\frac{n(n+1)}{2}$$

▲ 1부터 n까지의 정수합 계산 공식

행	C/C++		행	파이썬	
1	`#include <stdio.h>`		1		
2	`int main( ) {`		2		
3	`    int n, ans = 0;`	//1회	3	`ans = 0`	#1회
4	`    scanf("%d", &n);`	//1회	4	`n = int(input( ))`	#1회
5	`    ans = n*(n+1)/2;`	//1회	5	`ans = n*(n+1)//2;`	#1회
6	`    printf("%d\n", ans);`	//1회	6	`print(ans)`	#1회
7	`}`		7		

위 알고리즘은 입력값 n이 커지는 것과 상관없이 단 1회의 계산만으로 정확한 답을 얻을 수 있으므로, 답을 얻을 때까지의 계산량을 O(1)로 표현할 수 있다. 입력되는 데이터의 크기나 값에 상관없이 몇 번의 일정한 계산 횟수만으로 정답을 얻을 수 있는 경우도 O(1)로 표현한다.

어떤 변수에 값을 저장하거나 출력하는 작업과 데이터를 입력하거나 출력하는 데 필요한 작업은 알고리즘의 계산량에 포함시키지 않는 것이 일반적이다.

3. $O(n^3)$ 최대 연속 부분합

음수가 포함된 n개의 정수가 입력되었을 때, 연속된 정수들의 합의 최댓값을 찾는 최대 연속 부분합 문제는 n의 개수가 적당히 작은 경우에는 가능한 모든 구간에 대한 부분합을 계산해보는 가장 기본적인 알고리즘으로 답을 구할 수 있다.

$$-2 \quad 1 \quad -3 \quad 4 \quad -1 \quad 2 \quad 1 \quad -5 \quad 4$$
$$\boxed{-2}$$

$$-2 \quad 1 \quad -3 \quad 4 \quad -1 \quad 2 \quad 1 \quad -5 \quad 4$$
$$\boxed{-1}$$

$$-2 \quad 1 \quad -3 \quad 4 \quad -1 \quad 2 \quad 1 \quad -5 \quad 4$$
$$\boxed{-4}$$

$$\vdots$$

$$-2 \quad 1 \quad -3 \quad 4 \quad -1 \quad 2 \quad 1 \quad -5 \quad 4$$
$$\boxed{-1}$$

$$-2 \quad 1 \quad -3 \quad 4 \quad -1 \quad 2 \quad 1 \quad -5 \quad 4$$
$$\boxed{4}$$

▲ 모든 범위에 대해서 합을 만들어보는 알고리즘

예를 들어 9개의 정수가 −2, 1, −3, 4, −1, 2, 1, −5, 4라면 연속된 4, −1, 2, 1을 합했을 때의 값이 6이 되고, 이보다 더 큰 연속 부분합 값은 만들 수 없다.

> 주어진 수들을 원하는 개수만큼 연속해서 합할 수 있을 때, 만들 수 있는 최댓값은?
>
> −2, 1, −3, 4, −1, 2, 1, −5, 4

초기해를 첫 번째 데이터로 저장할 때 1회, 연속 부분합 구간의 시작 위치를 선택하기 위하여 n회, 종료 위치를 선택하기 위하여 n회, 선택한 구간의 합을 구하기 위하여 각 원소를 탐색하기 위하여 n회의 계산량이 필요하다.

따라서, $O(n^3)$의 계산량이 필요하다. 처음에 최솟값을 첫 번째 데이터로 저장할 때의 계산량 1회는 n^3의 증가에 비해 매우 작기 때문에 $O(n^3)$으로만 표시한다.

행	C/C++	행	파이썬
1	`#include <stdio.h>`	1	
2	`int d[100];`	2	
3	`int main( ) {`	3	
4	`    int i, j, k, n, ans = 0, s = 0;`	4	`ans = 0`
5	`    scanf("%d", &n);`	5	`n = int(input( ))`
6	`    for( i=1; i<=n; i++ )`	6	`d = list(map(int, input( ).split( )))`
7	`        scanf("%d", &d[i]);`	7	`d =[0]+d`
8	`    ans = d[1];`	8	`m = d[1]`
9	`    for( i=1; i<=n; i++ ) {        //n회`	9	`for i in range(1, n+1) :        #n회`
10	`        for( j=i; j<=n; j++ ) {        //n회`	10	`    for j in range(i, n+1) :        #n회`
11	`            s = 0;`	11	`        s = 0`
12	`            for( k=i; k<=j; k++ ) {  //n회`	12	`        for k in range(i, j+1) :        #n회`
13	`                s = s+d[k];`	13	`            s = s+d[k]`
14	`            }`	14	
15	`            if( s>ans )`	15	`        if s>ans :`
16	`                ans = s;`	16	`            ans = s`
17	`        }`	17	
18	`    }`	18	
19	`    printf("%d\n", ans);`	19	`print(ans)`
20	`}`	20	

4. $O(n^2)$ 최대 연속 부분합

최대 연속 부분합을 구하기 위해서 어떤 위치까지의 누적합을 먼저 만들어둔다면, 그 누적합을 이용해서 원하는 구간의 부분합을 매우 빠르게 구할 수 있다.

예를 들어 9개의 정수가 −2, 1, −3, 4, −1, 2, 1, −5, 4라면 각 정수까지 모두 합한 누적합은 −2, −1, −4, 0, −1, 1, 2, −3, 1이 되고, 9개의 정수 중 두 번째 정수인 1부터 다섯 번째 정수인 −1까지의 연속합(1, −3, 4, −1)은 해당 부분의 누적합들을 이용해서 −1−(−2) 계산으로 한 번에 처리할 수 있다는 것을 알 수 있다.

정수	−2	1	−3	4	−1	2	1	−5	4
누적합	−2	−1	−4	0	−1	1	2	−3	1

처음부터 각 위치까지의 누적합은 처음 값부터 다음 값들을 순서대로 합쳐 누적해가는 $O(n)$의 알고리즘으로 만들 수 있다.

누적합을 미리 계산해 두었다면, 연속 부분합 구간의 시작 위치를 선택하기 위하여 n회, 종료 위치를 선택하기 위하여 n회, 선택한 구간의 합을 구하기 위하여 한 번의 계산만으로 구할 수 있다.

따라서, 전체적으로는 $O(n^2)$의 계산량으로 표현할 수 있다.

행	C/C++	행	파이썬
1	`#include <stdio.h>`	1	
2	`int d[100], dt[100] ;`	2	`dt = [0] *100`
3	`int main( ) {`	3	
4	`    int  i, j, n, ans = 0, s;`	4	`ans = 0`
5	`    scanf("%d", &n);`	5	`n = int(input( ))`
6	`    for( i=1; i<=n; i++ )`	6	`d = list(map(int,input( ).split( )))`
7	`        scanf("%d", &d[i]);`	7	`d = [0]+d`
8	`    //누적합 만들기`	8	`#누적합 만들기`
9	`    for( i=1; i<=n; i++ )`	9	`for i in range(1, n+1) :`
10	`        dt[i] = dt[i-1] + d[i];`	10	`    dt[i] = dt[i-1]+d[i]`
11	`    m = dt[1];`	11	`m = dt[1]`
12	`    for( i=1; i<=n; i++ ) {        //n회`	12	`    for i in range(1, n+1) :        #n회`
13	`        for( j=i; j<=n; j++ ) {    //n회`	13	`        for j in range(i, n+1) :    #n회`
14	`            s = dt[j]-dt[i-1];`	14	`            s = dt[j]-dt[i-1]`
15	`            if( s>ans )`	15	`            if s>ans :`
16	`                ans = s;`	16	`                ans = s`
17	`        }`	17	
18	`    }`	18	
19	`    printf("%d\n", ans);`	19	`print(ans)`
20	`}`	20	

답을 구하기 위해 누적합을 만드는 데 $O(n)$만큼의 시간이 필요하지만, 모든 구간의 합을 계산하기 위해 시작 위치와 마지막 위치를 선택한 후 누적합을 이용해서 그 구간의 합을 계산하는 계산

량인 $O(n^2)$가 더 크므로, 답을 구하는 데 필요한 전체 계산량은 $O(n^2)$만으로 표현할 수 있다.

빅-오 표기법에서는 일반적으로 알고리즘에서 가장 크게 영향을 받는 최고차항만 고려하여 표기한다.

5. O(n) 최대 연속 부분합

어떤 정수가 누적합을 만드는 마지막 값이라 생각하고 해당 부분합의 최댓값을 반복적으로 계산해 나가는 알고리즘을 사용하면 최대 연속 부분합을 빠르게 구할 수 있다. 그 과정은 다음처럼 진행할 수 있다.

처음 정수값을 최대 구간합의 마지막 값이라고 생각하면, 그 값은 −2이다.

정수	−2	1	−3	4	−1	2	1	−5	4
마지막 값이라고 생각했을 때의 최대 합	−2								

두 번째 값을 최대 구간합의 마지막 값이라고 생각하면, 두 번째 값을 구간합의 마지막으로 포함하는 부분합의 최댓값은 1이다. 왜냐하면, 왼쪽에 있는 −2와 1을 연속해서 더하면 −1이 되지만, 그냥 두 번째 값만으로 구간합을 만들면 1이 되기 때문이다. 즉, 그냥 두 번째 값만 선택하면 최대로 1 값을 만들 수 있다.

정수	−2	1	−3	4	−1	2	1	−5	4
마지막 값이라고 생각했을 때의 최대 합	−2	1							

계속해서 세 번째 값을 최대 구간합의 마지막 값이라고 생각하면, −3을 그냥 두는 것보다 왼쪽까지의 최대 연속 구간합인 1과 합쳐 −2를 만드는 것이 더 좋다. 따라서, −3까지 포함시켰을 때의 구간 최댓값은 −2가 된다.

정수	−2	1	−3	4	−1	2	1	−5	4
마지막 값이라고 생각했을 때의 최대 합	−2	1	−2						

같은 방법으로 네 번째 값에 대해서도 생각해보면, 왼쪽 값에 연속해서 더하는 것보다 그냥 1개의 값만 사용하는 것이 더 큰 값을 만들 수 있다는 것을 알 수 있다.

정수	−2	1	−3	4	−1	2	1	−5	4
마지막 값이라고 생각했을 때의 최대 합	−2	1	−2	4					

같은 방법으로 계속해서 표를 채워나가면 다음과 같은 표를 만들 수 있고, 최댓값은 각 정수를 마지막으로 포함시켰을 때의 값들 중에서 가장 큰 값이라는 것을 알 수 있다.

정수	-2	1	-3	4	-1	2	1	-5	4
마지막 값이라고 생각했을 때의 최대 합	-2	1	-2	4	3	5	6	1	5

이러한 알고리즘은 다음과 같은 방법으로 프로그래밍할 수 있다.

행	C/C++	행	파이썬
1	`#include <stdio.h>`	1	
2	`int d[100], dt[100];`	2	`dt = [0]*100`
3	`int main( ) {`	3	
4	`    int i, n, ans=0, t;`	4	`ans = 0`
5	`    scanf("%d", &n);`	5	`n = int(input( ))`
6	`    for( i=1; i<=n; i++ )`	6	`d = list(map(int,input( ).split( )))`
7	`        scanf("%d", &d[i]);`	7	`d = [0]+d`
8		8	
9	`    for( i=1; i<=n; i++ ) {        //n회`	9	`for i in range(1, n+1) :        #n회`
10	`        //해당 값을 연속해서 더해보기`	10	`    #해당 값을 연속해서 더해보기`
11	`        t = dt[i-1]+d[i];`	11	`    t = dt[i-1]+d[i]`
12	`        if( t>=d[i] )`	12	`    if t>=d[i] :`
13	`            dt[i] = t;`	13	`        dt[i] = t`
14	`        else`	14	`    else :`
15	`            dt[i] = d[i];`	15	`        dt[i] = d[i]`
16	`        if( ans<dt[i] )`	16	`    if m<dt[i] :`
17	`            ans = dt[i];`	17	`        ans = dt[i]`
18	`    }`	18	
19	`    printf("%d\n", ans);`	19	`print(ans)`
20	`}`	20	

이 알고리즘은 저장되어 있는 n개의 값들을 순서대로 한 번만 읽어서 답을 구할 수 있으므로, 전체적인 계산량은 O(n)으로 표현할 수 있다.

6. O(n) 순차 탐색

입력된 데이터들 중에서 원하는 데이터의 위치를 찾는 문제를 해결하려면 가장 간단한 방법으로 처음 데이터부터 마지막 데이터까지 원하는 데이터가 있는지를 순서대로 모두 탐색해보는 순차 탐색 방법을 사용해 볼 수 있다.

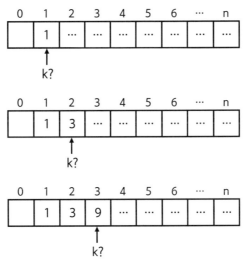

▲ 찾는 값을 순서대로 확인해보는 알고리즘

n개의 정수 데이터를 입력받은 후, k 값이 저장되어 있는 위치를 탐색하는 순차 탐색 알고리즘은 다음과 같이 구현할 수 있다.

행	C/C++	행	파이썬
1	`#include <stdio.h>`	1	
2	`int d[100];`	2	
3	`int main( ) {`	3	
4	`    int i, n, k;`	4	
5	`    scanf("%d", &n);`	5	`n = int(input( ))`
6	`    for( i=1; i<=n; i++ )`	6	`d = list(map(int,input( ).split( )))`
7	`        scanf("%d", &d[i]);`	7	`d = [0]+d`
8	`    scanf("%d", &k);`	8	`k = int(input( ))`
9	`    i = 1;`	9	`i = 1`
10	`    while( i<=n+1 && d[i]!=k )` //n회	10	`while i<=n+1 and d[i]!=k :` #n회
11	`        i = i+1;`	11	`    i = i+1`
12	`    if( i<=n )`	12	`if i<=n :`
13	`        printf("%d\n", i);`	13	`    print(i)`
14	`    else`	14	`else :`
15	`        printf("%d\n", -1);`	15	`    print(-1)`
16	`}`	16	

이 알고리즘은 저장되어 있는 n개의 값들을 순서대로 한 번씩 읽어서 비교하는 과정을 통해 답을 구할 수 있으므로, O(n)으로 표현할 수 있다.

7. O(log n) 이분 탐색

입력된 데이터들 중에서 원하는 데이터의 위치를 찾는 문제에서 입력되는 데이터들이 오름차순이나 내림차순으로 정렬되어 있다면, 주어진 데이터들의 가운데 값들만 비교해서 단계적으로 비교해 나가는 이분 탐색 방법을 사용해 볼 수 있다. 답을 찾기 위해서 탐색해봐야 하는 데이터들의 개수가 반씩 줄어든다고 하여 이분 탐색이라고 한다.

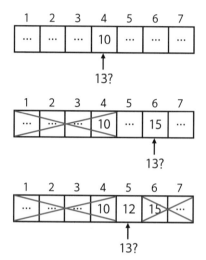

▲ 7개의 데이터 중에서 13이 저장된 위치를 찾는 이분 탐색 과정

n개의 정수 데이터를 입력받은 후, k 값이 저장되어 있는 위치를 탐색하는 이분 탐색 알고리즘은 다음과 같이 구현할 수 있다.

행	C/C++	행	파이썬
1	#include <stdio.h>	1	
2	int d[100];	2	
3	int main( ) {	3	
4	int i, n, s, e, k;	4	
5	scanf("%d", &n);	5	n = int(input( ))
6	for(i=1; i<=n; i++)	6	d = list(map(int, input( ).split( )))
7	scanf("%d", &d[i]);	7	d = [0]+d
8	scanf("%d", &k);	8	k = int(input( ))
9	s = 1;	9	s = 1
10	e = n;	10	e = n
11	while(s<=e) { //log n회	11	while s<=e : #log n회
12	i = (s+e)/2;	12	i = (s+e)//2
13	if(d[i]>k)	13	if d[i]>k :
14	e = i-1;	14	e = i-1
15	else if(d[i] < k)	15	elif d[i]<k :

행	C/C++	행	파이썬
16	`        s = i+1;`	16	`        s = i+1`
17	`    else`	17	`    else :`
18	`        break;`	18	`        break`
19	`    }`	19	
20	`    if( d[i]==k )`	20	`if d[i]==k :`
21	`        printf("%d\n", i);`	21	`    print(i)`
22	`    else`	22	`else :`
23	`        printf("%d\n", -1);`	23	`    print(-1)`
24	`}`	24	

이 알고리즘은 오름차순으로 저장되어 있는 n개의 값들 중 가운데에 있는 값들을 단계적으로 비교하는 과정을 통해 답을 구하는데, 한 단계씩 진행될 때마다 데이터를 찾는 범위가 반씩 줄어든다. 예를 들어, 임의로 1024개의 정수 데이터가 오름차순으로 입력되더라도 대략 10번 만에 원하는 데이터의 위치를 찾을 수 있다는 의미이다. 1024개, 512개, 256개…처럼 원하는 데이터를 찾기 위해서 확인해 볼 데이터의 개수가 이전의 반 정도씩으로 줄어든다.

처음 입력되는 데이터의 개수를 n이라고 하면, 한 단계씩 진행될 때마다 탐색해야 할 데이터의 개수가 이전 개수의 절반 정도씩 줄어들기 때문에 $O(\log_2 n)$으로 표현할 수 있다. 빅-오 표기법에서는 밑(base) 2를 생략해서 $O(\log n)$으로 표기하거나, $O(\lg n)$으로 표기하기도 한다(ISO 표기법에서는 로그의 밑 값에 따라 구분하여 로그를 다르게 표기한다. 밑이 10인 경우 $\log_{10} x=\lg x$, 밑이 2인 경우 $\log_2 x=\text{lb } x$, 밑이 자연상수 e인 경우 $\log_e x=\ln x$로 표기한다.).

8. $O(2^n)$ 피보나치수

처음에 1, 1로 시작하는 n번째 피보나치수를 구하는 문제는 n−2번째 수와 n−1번째 수를 참조해서 n번째 수를 구하는 가장 기본적인 재귀(recursion) 방법을 사용할 수 있다.

행	C/C++	행	파이썬
1	`#include <stdio.h>`	1	
2	`int f(int k) {`	2	`def f(k) :`
3	`    if( k<=2 )`	3	`    if k<=2 :`
4	`        return 1;`	4	`        return 1`
5	`    return f(k-2)+f(k-1);    //2회 호출`	5	`    return f(k-2)+f(k-1)    #2회 호출`
6	`}`	6	
7	`int main( ) {`	7	
8	`    int n;`	8	
9	`    scanf("%d", &n);`	9	`n = int(input( ))`
10	`    printf("%d\n", f(n));`	10	`print(f(n))`
11	`}`	11	

n번째 피보나치수를 구하기 위해서 이전의 2가지 피보나치수를 계산하는 과정에서 2번의 재귀 호출이 필요하고 n번 호출해야 하기 때문에, n번째 피보나치수를 구하기 위해 필요한 계산량은 $O(2^n)$으로 표현할 수 있다.

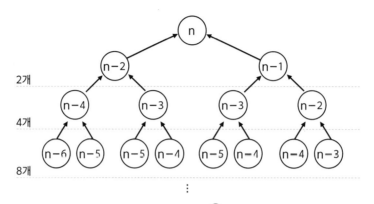

▲ 재귀 호출로 n번째 피보나치수 ⓝ을 구하는 알고리즘

하지만, 재귀 호출이라고 해서 무조건 지수승으로 계산량이 계산되는 것은 아니다. 호출 과정에서 참조하게 되는 데이터의 개수와 계산 횟수가 더 중요한 관점이라고 할 수 있다.

9. O(n) 피보나치수

처음에 1, 1로 시작하는 n번째 피보나치수를 구하는 문제는 n−2번째 수와 n−1번째 수를 참조해서 n번째 수를 구하는 가장 기본적인 재귀(recursion) 방법을 사용할 수 있는데, 한 번 계산했던 피보나치수를 배열에 저장해두는 방법을 사용하면, 계산량을 줄일 수 있다.

행	C/C++	행	파이썬
1	`#include <stdio.h>`	1	
2	`int dt[20];        //계산 결과 기록`	2	`dt = [0]*20        #계산 결과 기록`
3	`int chk[20];       //계산 여부 확인`	3	`chk = [0]*20       #계산 여부 확인`
4	`int f(int k) {`	4	`def f(k) :`
5	`    if( chk[k]==1 )`	5	`    if chk[k]==1 :`
6	`        return dt[k];`	6	`        return dt[k]`
7	`    chk[k] = 1;`	7	`    chk[k] = 1`
8	`    if( k<=2 )`	8	`    if k<=2 :`
9	`        return dt[k]=1;`	9	`        dt[k] = 1`
10	`    return dt[k] = f(k-2)+f(k-1);`	10	`        return dt[k]`
11		11	`    dt[k] = f(k-2)+f(k-1)`
12	`}`	12	`    return dt[k]`
13	`int main( ) {`	13	
14	`    int n;`	14	

행	
15	`    scanf("%d", &n);`
16	`    printf("%d\n", f(n));`
17	`}`

행	
15	`n = int(input( ))`
16	`print(f(n))`
17	

이러한 방법을 사용하면, 대략적으로 n번만 계산 여부를 확인하면 되기 때문에, n번째 피보나치 수를 구하기 위해 필요한 계산량을 O(n)으로 표현할 수 있다.

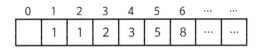

▲ 피보나치수를 기록해둔 값 배열

10. 평균적 O(nlog n) 퀵 정렬

입력된 데이터들을 오름차순이나 내림차순으로 정렬하는 문제는, 어떤 값을 기준으로 그 값보다 작은 데이터들과 그 값보다 큰 데이터들의 그룹으로 분리한 후 각각의 그룹에 대해서 같은 방법으로 정렬해 나가는 퀵 정렬(quick sort) 방법을 사용할 수 있다.

n개의 정수 데이터를 입력받은 후 각 구간의 첫 번째 값을 가운데(pivot) 값으로 하여 그보다 작거나 같은 값들은 왼쪽으로, 그보다 큰 값들은 오른쪽으로 이동시킨 후, 다시 각 그룹에 대해서 같은 방법으로 정렬해 가는 퀵 정렬 알고리즘을 다음과 같이 구현할 수 있다.

행	C/C++	행	파이썬
1	`#include <stdio.h>`	1	
2	`int d[100];`	2	
3	`void quick(int l, int r) {`	3	`def quick(l, r) :`
4	`    if( l>=r )`	4	`    if l>=r :`
5	`        return;`	5	`        return`
6	`    int v = d[l], p = l+1, q = r, t;`	6	`    v = d[l]`
			`    p = l+1`
			`    q = r`
7	`    while(true) {`	7	`    while True :`
8	`        while( d[p]<=v and p<r )`	8	`        while d[p]<=v and p<r :`
9	`            p++;`	9	`            p = p+1`
10	`        while( d[q]>v and q>l )`	10	`        while d[q]>v and q>l :`
11	`            q--;`	11	`            q = q-1`
12	`        if( p<q ) {`	12	`        if p<q :`
13	`            t = d[p];`	13	`            t = d[p]`
14	`            d[p] = d[q];`	14	`            d[p] = d[q]`
15	`            d[q] = t;`	15	`            d[q] = t`
16	`        }else{`	16	`        else :`

```
17          t = d[l];
18          d[l] = d[q];
19          d[q] = t;
20          break;
21        }
22      }
23      quick(l, q-1);          //작은 그룹
24      quick(q+1, r);          //큰 그룹
25    }
26    int main( ) {
27      int i, n;
28      scanf("%d", &n);
29      for( i=1; i<=n; i++ )
30        scanf("%d", &d[i]);
31      quick(1, n);
32      for( i=1; i<=n; i++ )
33        printf("%d ", d[i]);
34    }
```

```
17          t = d[l]
18          d[l] = d[q]
19          d[q] = t
20          break
21
22
23      quick(l, q-1)          #작은 그룹
24      quick(q+1, r)          #큰 그룹
25
26
27
28    n = int(input( ))
29    d = list(map(int, input( ).split( )))
30    d = [0]+d
31
32    quick(1, n)
33    for i in range(1, n+1) :
34        print(d[i], end=" ")
```

퀵 정렬 알고리즘은 주어진 데이터 집합을 어떤 기준값에 따라 작은 데이터들과 큰 데이터들의 집합으로 이동시켜 2개의 그룹으로 나누는 방법을 재귀적으로 사용하기 때문에, n개의 데이터가 입력되었을 때 대략적으로 $O(\log_2 n)$가지 정도의 분할 상태가 만들어지고, 각각의 상태에서 대략적으로 n번의 비교 횟수를 필요로 하기 때문에 $O(n\log_2 n)$ 정도의 계산량으로 표현할 수 있다.

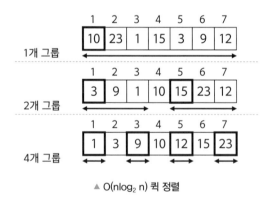

▲ $O(n\log_2 n)$ 퀵 정렬

단, 이러한 상황은 데이터들이 고르게 분산되어 있어서 대략 반 정도씩으로 잘 나눠질 수 있는 이상적인 경우의 계산량이라고 할 수 있다. 왜냐하면, 위와 같은 알고리즘에서 5개의 데이터가 1 2 3 4 5와 같이 입력되면 데이터들이 반씩 쪼개지지 않고 계속적으로 한 쪽으로 편중되어 몰리며 분할되는데, 그렇게 되면 최악의 경우에 n가지 분할 상태가 만들어지고 각각의 상태에서 대략

적으로 n번의 비교 횟수를 필요로 하기 때문에 $O(n^2)$ 정도의 계산량이 되기 때문이다.

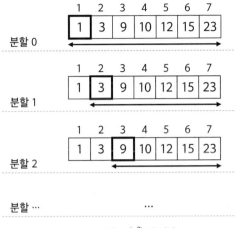

▲ 최악의 경우 $O(n^2)$ 퀵 정렬

그래서, 퀵 정렬 알고리즘은 일반적인 경우에는 $O(n\log n)$, 최악의 경우에는 $O(n^2)$로 계산량을 표현할 수 있다.

재귀 함수 호출과 관련한 알고리즘의 계산량은 마스터 정리(Master theorem)[3]라는 방법으로 분석할 수도 있다.

---

3 https://en.wikipedia.org/wiki/Master_theorem_(analysis_of_algorithms)

04 문제 해결의 절차

이번 SECTION에서는 프로그래밍으로 해결할 수 있는 계산 문제의 전형적인 형태를 알아보고, 이러한 문제를 해결하기 위해서 문제를 분석하고 알고리즘을 설계하기 위한 절차를 살펴본 후 이를 프로그래밍으로 구현하는 방법까지 체계적으로 안내한다.

프로그래밍으로 문제를 해결하기 위해서는 먼저 문제를 분석하는 과정이 필요하다. 문제를 분석하기 위해서는 먼저 프로그래밍 문제 해결 분야에서 주어지는 일반적인 문제의 형태에 대해서 이해할 필요가 있다.

🔢 문제의 형태

일반적으로 문제는 다음과 같은 형태로 구성된다.

❶

0-00 1부터 n까지의 합 구하기

문제 제시	❷ ⏱ 제한 시간: 1초

❸ 한 자연수 n을 입력받아서 1부터 n까지의 모든 자연수의 합을 구하는 프로그램을 작성하시오.
예를 들어 입력받은 자연수가 10이라면 1+2+3+4+5+6+7+8+9+10=55이므로 55를 출력한다.

❹ **>> 입력 설명**
100 이하의 자연수 하나가 입력된다.

❺ **>> 출력 설명**
1부터 입력된 자연수 n까지의 합을 출력한다.

❻ **>> 입출력 예시**

입력	출력
3 10	6 55

▲ 일반적으로 주어지는 문제 형태

① 문제의 제목

문제를 분석하는 데 있어서 제목이 힌트를 주는 경우가 있으므로 중요한 요소이다.

② 제한 시간

제한 시간은 일반적으로 10초 이내로 주어지는 경우가 많다. 이 시간은 대체로 테스트 케이스당 주어진 시간으로, 사용자가 작성한 프로그램이 입력을 받고 출력이 종료되는 시각까지의 시간에 대한 제한을 의미한다. 제한 시간이 1초라면 프로그램이 실행되고 결과가 출력될 때까지 1초의 시간이 주어진다는 의미이다. 제한 시간을 초과하면 Time Limit Exceeded 오류로 오답 처리된다.

③ 문제에 대한 배경 설명

문제 상황에 대한 설명으로 문제에 따라 진술 방법이 다른 경우가 많다. 수학적으로 구조화가 잘되어 있는 경우는 쉽게 분석이 가능하지만, 그렇지 않은 경우에는 문장 속에서 숨어있는 요소들을 잘 발견해야 한다. 따라서 배경 설명 부분의 이해는 문제를 분석하는 데 매우 중요한 요소이다.

④ 입력 형식

프로그램에 입력될 값에 대한 설명이 주어진다. 알고리즘을 작성할 때 이 형식에 맞추어 작성해야 한다. 그리고 입력 범위가 주어지는데 이는 알고리즘의 계산량을 결정하는 데 매우 중요한 요소이다. 예를 들어 입력 범위의 최댓값이 10만이라면 $O(n^2)$, $O(n^3)$은 제한 시간을 통과할 수 없다. 하지만 $O(n)$이나 $O(n\lg n)$, $O(n\sqrt{n})$은 가능하다. 이와 같이 입력값의 범위는 정확히 분석할 필요가 있다.

⑤ 출력 형식

프로그램의 실행 결과로 출력해야 하는 값에 대한 형식을 나타낸다. 이 형식에서 띄어쓰기, 쉼표 등 하나라도 형식에 맞지 않으면 Wrong Answer 오류로 오답 처리된다. Wrong Answer 처리가 된다면 먼저 출력 형식에 맞는지를 확인하는 것이 중요하다.

⑥ 입력과 출력에 대한 예시

입력과 출력에 대한 실제 예를 볼 수 있다. 프로그램을 완성하면 일단 먼저 이 예시에 있는 입력을 넣고 출력 결과가 제대로 나오는지 확인해야 한다. 만약 제대로 나온다면 입력과 출력에 대한 예시 이외의 다른 자료들도 확인할 필요가 있다. 여러 번 확인한 결과 제대로 출력되는 것으로 확인되면 온라인 저지(online judge)에 제출한 후 결과를 확인한다.

2 문제 해결 단계

앞에서와 같이 구성된 문제들을 해결하기 위해서는 다음과 같은 단계를 거친다.

1. 문제 분석을 통한 구조화

문제를 분석하려면 문제의 배경 설명, 입력과 출력 등의 각 요소들에서 문제를 해결하는 데 꼭 필요한 핵심 요소들을 추출한다. 이 추출한 핵심 요소들을 기반으로 문제를 해결할 수 있는 형태로 구조화한다. 구조화는 탐색을 할 수 있는 형태로 하는 방법과 관계를 기반으로 하는 방법이 있는데, 이 책에서는 탐색을 할 수 있는 형태로 구조화하는 방법에 대해서만 다룬다. 관계를 기반으로 하는 방법은 추후 다른 교재를 통하여 다룰 것이다.

앞의 예제 문제에서 핵심 요소로는 다음과 같은 것들이 있다.

> 1, n, 합

이 문제는 수학적으로 이미 구조화되어 있기 때문에 특별한 어려움 없이 프로그래밍에 필요한 요소들을 찾을 수 있다.

핵심 요소를 추출했다면 이를 이용하여 탐색할 수 있는 형태로 구조화할 수 있다. 이 문제는 1부터 n까지의 합을 탐색으로 구할 것이므로 1부터 n까지를 다음과 같이 선형 구조로 표현할 수 있다.

$$1 — 2 — 3 \cdots n$$

2. 상태의 정의

상태를 정의한다는 것은 문제 전체를 하나의 상태 표현으로 정의한다는 것을 의미한다. 즉, 상태를 하나의 함수 형태로 표현하면 문제를 더 쉽게 이해하는 데 도움이 된다. 예제의 경우라면 상태를 다음과 같이 정의할 수 있다.

> $S(x)$ = 현재 x 위치를 탐색 중인 상태

물론 문제를 해결하는 방법에 따라서 형태는 다양해질 수 있다. 자신만의 방법으로 상태를 정의하는 연습을 할 필요가 있다.

3. 초기 상태와 목표 상태의 설정

상태를 정의했으면 이 표현을 이용하여 초기 상태와 목표 상태를 설정해야 한다. 이는 문제를 해결하기 위한 출발이기 때문에 매우 중요하다.

초기 상태	목표 상태
S(1)	S(n)

4. 현재 상태로부터 다음 상태로 나아가기 위한 수행 작업 설정

문제 해결이란 현재 상태와 목표 상태가 일치한 상태이다. 따라서 현재 상태를 초기 상태로부터 목표 상태까지 이동할 수 있도록 해야 문제를 해결할 수 있다. 이때 목표 상태까지 도달하기 위하여 어떤 단계를 거쳐서 이동하느냐가 바로 문제를 해결하기 위한 전략이 되며, 이 단계가 적을수록 더 효율적이라고 할 수 있다.

문제 해결을 처음 시작할 때는 현재 상태로부터 가능한 모든 상태를 방문하며 확실히 목표 상태에 도달하는 방법을 먼저 연습해야 한다. 따라서 현재 상태로부터 가능한 다음 상태를 모두 탐색하고 다음 상태로 이동하기 위해서는 어떤 작업을 해야 하는지 파악하는 것이 중요하다. 여기서 현재 상태로부터 다음 상태로 이동하기 위해 해야 할 작업을 '수행 작업'이라고 한다.

예제 문제의 경우 다음과 같이 구조화했기 때문에 현재 상태로부터 가능한 다음 상태는 한 가지이다.

$$1 - 2 - 3 \cdots\cdots n$$

이와 같이 현재 상태로부터 가능한 다음 상태가 한 가지로 한정되는 경우의 구조를 선형 구조라고 한다. 따라서 현재 상태, 다음 상태, 수행 작업을 다음과 같이 정할 수 있다.

현재 상태	다음 상태	수행 작업
1	2	ans = ans + 1

현재 상태를 x로 일반화하면 다음과 같이 표현할 수 있다.

현재 상태	디음 상태	수행 작업
x	x+1	ans = ans + x

5. 알고리즘 설계 및 코드 구현

문제를 분석한 후 상태를 정의하고 초기 상태, 목표 상태, 수행 작업이 정해졌으면 이를 코드로 구현하는 일은 그렇게 복잡하지 않다. 이와 같은 단계를 거치면 코드를 구현하는 역량이 향상될 수 있다.

다음은 앞의 예제를 코드로 구현한 것이다.

행	C/C++	행	파이썬
1	`#include <stdio.h>`	1	
2	`int main( ) {`	2	
3	`    int ans = 0, n;`	3	`ans = 0`
4	`    scanf("%d", &n);`	4	`n = int(input( ))`
5	`    for( i=1; i<=n; i++ )`	5	`for i in range(1, n+1) :`
6	`        ans = ans+i;`	6	`    ans = ans+i`
7	`    printf("%d\n", ans);`	7	`print(ans)`
8	`}`	8	

05 온라인 저지를 통한 알고리즘 검증

설계한 알고리즘을 프로그래밍으로 구현한 후 이 결과물이 제대로 동작하는지를 검증하는 과정은 매우 중요하다. 이 과정은 절대로 소홀히 할 수 없다. 일반적으로 몇 개의 데이터로 스스로 검증할 수도 있지만, 이로는 알고리즘의 정당성을 보장할 수 없다. 이번 SECTION에는 작성한 알고리즘을 검증할 수 있는 다양한 온라인 저지 사이트들을 안내한다.

1 온라인 저지(online judge)

온라인 저지라는 도구는 작성한 알고리즘을 올바르게 검증하는 데 큰 도움이 된다. 왜냐하면 온라인 저지는 이미 많은 대회 등에서 검증된 문제들을 탑재하고 이를 테스트할 수 있는 수많은 데이터들을 가지고 프로그램을 검증하고 있기 때문이다.

온라인 저지는 온라인으로 제출된 프로그래밍 코드를 서버에서 컴파일하고, 제한 시간 및 허용된 메모리 내에서 정확한 답을 출력하는지를 실시간으로 채점하는 시스템이다. 채점에 대한 결과를 즉시 볼 수 있어 자기주도적 프로그래밍 학습에 효율적이다. 현재 정보올림피아드 및 대학생 프로그래밍 경시대회 등 여러 프로그래밍 대회에서 사용되고 있다.

온라인 저지를 운영하는 사이트는 매우 많은데 국내뿐만 아니라 해외에서도 운영되고 있다. 온라인 저지는 일반적으로 프로그래밍 문제를 제시하고, 실시간 채점 현황을 보여준다. 여기에 각 저지 사이트마다 특색있는 기능을 추가하여 운영하고 있다. 요즘 해외 유명 온라인 저지들은 자체 대회를 열어 사용자들이 프로그래밍 실력을 겨루고 순위를 확인하여 자신의 프로그래밍 실력을 점검할 수 있도록 하고 있는 추세이다.

이 책에서는 현재 가장 많은 학교에서 이용하고 있는 대표적인 온라인 저지인 '코드업(http://codeup.kr)'과 경기과학고등학교 등에서 활용하고 있는 '코이스터디(http://koistudy.net)'를 이용하여 채점할 수 있는 문제들을 다룬다.

1. 국내 온라인 저지

(1) 코드업

코드업은 2012년에 만들어져 현재까지 운영되고 있는 국내 온라인 저지 사이트 중 하나이다. 현재 코드업을 정보 수업에 활용하고 있는 학교가 500개가 넘을 만큼 인기가 높다. 이 책에서 사용될 온라인 저지로서 자세한 사항은 뒤에서 다시 안내한다.

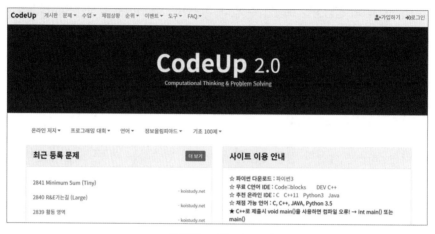

▲ 코드업(http://codeup.kr)

(2) 코이스터디

이 책에서 다루게 될 또 다른 온라인 저지인 코이스터디는 경기과학고등학교, 매탄고등학교가 수업 시간에 주로 활용하는 사이트이다. 코드업에 비해서 사용자 수는 적으나 난이도가 높은 문항들이 많아서 실력이 우수한 학생들이 많이 활용한다.

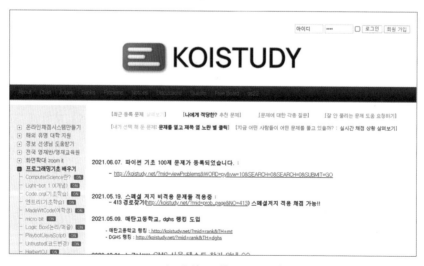

▲ 코이스터디(http://koistudy.net)

(3) 저지 온

경남과학고등학교에서 운영하는 온라인 저지로 학교 수업에도 활용되고 있다. 쉬운 문제와 어려운 문제가 잘 배분되어 있으며, 프로그래밍과 문제 해결 전략을 차근차근 배울 수 있도록 구성되어 있다.

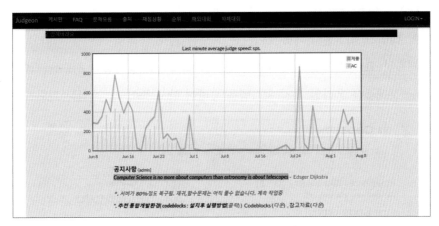

▲ 저지 온(http://www.judgeon.net)

(4) 기타 국내 온라인 저지

이 외에도 국내 최대 규모이며 다양한 기능을 제공하고 있는 '백준 온라인 저지(http://acmicpc. net)', 프로그래밍 초고수들이 존재하는 '알고스팟(http://algospot.com)', 프로그래밍 및 문제 해결 전략 동영상 강좌와 알고리즘 실험실을 제공하는 'Coding is fun(http://koi.codingfun.net)' 등이 있다.

▲ 백준 온라인 저지(http://acmicpc.net)

2. 해외 온라인 저지

(1) 코드 포스(CODEFORCES)

러시아의 Saratov State 대학교에서 운영하고 있는 온라인 저지로서, 사용자들의 프로그래밍 실력을 겨룰 수 있는 대회를 정기적으로 열고 있다. 이 대회에는 전 세계 프로그래밍 초고수들이 참가하며 난이도가 비교적 낮은 Div4, Div3과 그 보다 높은 수준의 Div2, 가장 높은 수준의 Div1로 나뉘어 대회가 운영된다. Hack이라는 요소를 통해 대회의 재미를 더하고 있는데, 이는 다른 사람이 제출한 코드의 약점을 찾아내어 점수를 획득하고 상대방의 점수는 깎아내리는 것이다. 대회가 끝난 문제들은 온라인 저지 시스템을 통하여 다시 풀어 볼 수 있는 기회가 있다.

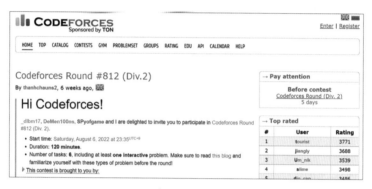

▲ 코드 포스(http://codeforces.com)

(2) 앳 코더(AtCoder)

일본의 AtCoder 사가 운영하는 프로그래밍 대회 사이트로, 코드 포스와 유사하게 정기적으로 프로그래밍 대회를 열고 있다. 초보자들이 참가하는 ABC(Atcoder Beginner Contest) 대회와 실력자들이 참가하는 ARC(Atcoder Regular Contest), 최고의 고수들이 참가하는 AGC(Atcoder Grand Contest) 대회로 나뉘어 운영되고 있다. 문제가 일본어로 제시되지만, 일본어를 한국어로 번역하는 프로그램이 우수하여 문제 내용을 파악하기 어렵지 않다. 대회 운영 시간이 우리나라에서 부담 없이 참가할 수 있는 시간대이기 때문에 점차 국내 참가자가 늘어날 것으로 예상된다.

▲ 앳 코더(http://atcoder.jp)

(3) USACO

미국의 Clemson 대학교에서 운영하며, 국제정보올림피아드를 준비하는 중등학생들을 위한 사이트이다. 매년 6번의 대회를 실시하여 미국 국가대표를 선발하며, 타국인도 관람자로서 대회에 참가하여 채점 결과를 받을 수 있다. 문제 난이도에 따라 Bronze, Silver, Gold, Platinum의 4등급으로 대회가 운영된다. 대회 운영 외에도 알고리즘을 학습할 수 있는 트레이닝 사이트를 별도로 운영하고 있다(http://train.usaco.org/usacogate).

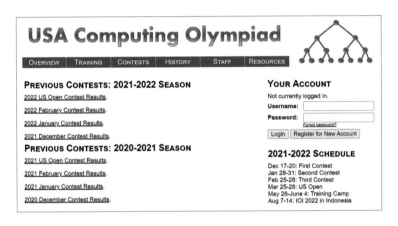

▲ USACO(http://usaco.org)

(4) POJ

중국의 북경대학교에서 대학생 프로그래밍 경시대회(ACM-ICPC) 연습을 위해 운영하는 온라인 저지이다. 2003년부터 운영되고 있어 역사가 깊고 회원 수와 문제 수가 많다. 문제는 영어와 중국어 중 선택하여 볼 수 있고, 다양한 프로그래밍 언어를 지원한다.

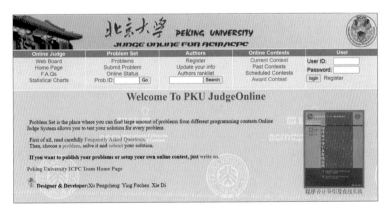

▲ POJ(http://poj.org)

2 코드업

1. 코드업 소개

국내외 대부분의 온라인 저지들은 프로그래밍 대회나 알고리즘 트레이닝 위주로 운영되어 프로그래밍에 입문하려는 학생들이 접근하기에는 다소 어려움이 있다. 이에 비해 코드업은 프로그래밍 입문자들이 쉽게 접근하여 프로그래밍에 흥미를 갖게 하고, 컴퓨팅 사고를 통해 문제를 해결하는 방법을 학습할 수 있는 국내 온라인 저지 사이트이다.

코드업은 프로그래밍의 기본인 입출력문, 조건문, 반복문, 배열, 함수, 재귀 함수, 파일 처리 등을 학습할 수 있는 다양한 문제들로 구성되어 있고, 다양한 피드백을 통해 문제를 올바르게 풀었는지 확인할 수 있다.

코드업은 웹 표준을 준수하는 웹 브라우저에서만 제대로 작동하기 때문에 크롬, 사파리, 파이어폭스, 엣지 등을 사용해야 한다. 인터넷 익스플로러 버전 11 미만에서는 화면 레이아웃이 깨지고 몇몇 기능이 작동하지 않으므로, 반드시 11 이상의 버전을 사용해야 한다.

2022년 8월 6일 기준, 코드업의 회원 수는 31만 명 이상이고 제출 코드는 2천 7백만 건을 넘어서고 있다.

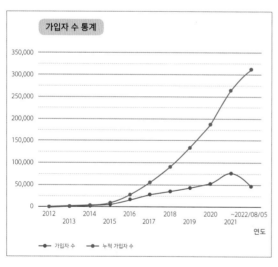

▲ 코드업 가입자 수 현황

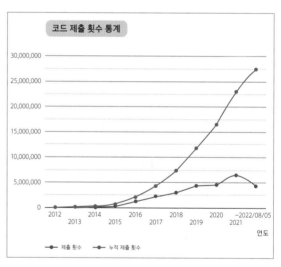

▲ 코드업 코드 제출 현황

(1) 코드업 서버 제원

CPU	Intel(R) Core i5 3.2GHz x 4	저장 장치	SSD 240GB
메모리	8GB	운영체제	UBUNTU(우분투) 16.04.5 LTS

(2) 채점 가능 언어 및 번역 명령

채점 가능 언어	번역기	번역 명령
C	GNU GCC	gcc Main.c −o Main −O2 −Wall −lm −−static −std=c99 −DONLINE_JUDGE
C++	GNU G++	g++ Main.cc −o Main −O2 −Wall −lm −−static −std=c++11 −DONLINE_JUDGE
JAVA	SUN_JAVA_JDK	javac −J−Xms32 −J−Xmx256 Main.java
Python	Python 3.8	python −c import py_comple; py_compile.compile(r'Main.py')

(3) 코드업 문제 분류

프로그래밍에 정답이 정해진 것은 아니지만, 학습을 위한 대략적인 문제 분류는 다음 표와 같다.

문제 번호	구분	비고	
1001~	기초 문제	1001~	기초100제
		1101~	입출력문
		1151~	조건문
		1251~	단일 반복문
		1351~	다중 반복문
		1401~	1차원 배열
		1501~	2차원 배열
		1601~	함수
		1701~	수행 평가 및 쉬운 수준의 대회
		1901~	재귀 함수, 파일 입출력
2001~	중급 문제	약간의 문제 해결력이 필요한 문제	
3001~	자료 구조, 알고리즘, 문제 해결 전략	3001~	탐색 및 정렬, 기본 알고리즘
		3101~	기본 자료 구조 및 STL
		3201~	트리 & 그래프 등
		3301~	욕심쟁이 기법
		3401~	DFS, BFS, 백트래킹, 분할 정복 등
		3701~	동적 계획법(Dynamic Programming)
4001~	국내 대회 기출 문제	4001~	교원 프로그래빙 성신내회 기출 문제
		4201~	정보올림피아드 기출 문제
5001~	해외 대회 기출 문제	USACO, CCC 등	

2. 코드업 시작하기

(1) 회원 가입

❶ 메인 화면에서 상단 오른쪽 메뉴의 [가입하기]를 클릭한다.

▲ 메인 페이지

❷ 주어진 양식에 맞춰 내용을 입력하고 회원 가입을 진행한다. 민감한 개인 정보를 묻지 않으며, 별도의 인증 작업이 없어 가입 즉시 사용이 가능하다.

▲ 회원 가입 페이지

(2) 사용 방법

❶ 로그인 후 상단 메뉴에서 [문제]-[문제]를 누른다. 문제 목록이 나타나면 풀고 싶은 문제를 선택한다.

▲ 1001번 문제를 선택한 화면

❷ 문제 설명과 입출력 형식을 읽고 문제에 맞는 코드를 IDE(통합 개발 환경)에서 작성한 후 실행이 잘 되는지 확인한다. 자신의 코드를 채점하려면 [소스 제출] 버튼을 누른다.

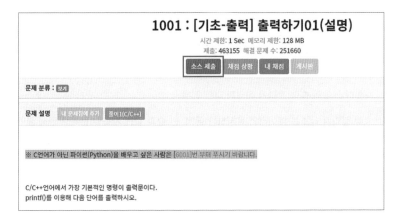

❸ 소스 코드 제출 화면의 [Language]에서 작성한 프로그래밍 언어를 선택한 후, IDE에서 작성한 코드를 복사하여 붙여 넣고 [제출] 버튼을 누른다. 코드업은 기본적으로 scanf( ), printf( )와 같은 표준 입출력 함수를 이용하여 코드를 작성해야 한다.

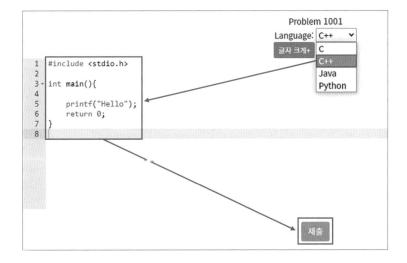

❹ 제출된 코드는 채점 후 그 결과를 알려준다.

사용자	문제 번호	결과	메모리	시간
admin	1001	정확한 풀이	1120	0

[결과]에서 [정확한 풀이]는 프로그램이 문제에 맞게 올바르게 작성되고 실행되었음을 의미한다. 만약 코드는 작동하지만 문제에서 원하는 결과를 출력하지 못했다면 [잘못된 풀이]를 받게 된다. 이때 [잘못된 풀이]를 클릭하면 실제 정답과 비교하여 무엇이 틀렸는지 정보를 확인할 수 있다.

사용자	문제 번호	결과	메모리	시간
admin	1001	잘못된 풀이(클릭)	1120	0

이 외에도 채점 결과로 다양한 피드백을 제공하는데 그 의미는 아래와 같다.

채점 결과	의미
정확한 풀이	제출한 코드가 올바르게 작동한 경우
잘못된 풀이	제출한 코드의 출력 결과가 정답과 다른 경우
표현 에러	출력 결과가 테스트 데이터와 유사하나 공백, 빈 줄과 같은 사소한 문제로 인해 출력 결과가 일치하지 않는 경우
시간 초과	제출한 코드가 제한된 시간 이내에 끝나지 않은 경우
메모리 초과	제출한 코드가 제한된 메모리보다 많이 사용한 경우
출력한계 초과	출력이 예상보다 많이 발생한 경우
실행 중 에러	실행 도중에 잘못된 메모리 참조(배열 인덱스 지정 오류), 0으로 나눈 경우 등의 에러가 발생하여 실행 도중에 프로그램이 뜻하지 않게 종료된 경우
컴파일 에러	컴파일러가 제출한 코드를 컴파일 중 오류가 발생한 경우

❺ 이와 같은 방법으로 다른 문제들도 선택하여 풀면 된다.

(3) 문제 검색하기

이 책에 사용된 예제나 문제에는 코드업에 등록된 문제 번호(ID)가 표시된다. 이 문제들을 코드업에서 찾는 방법을 소개한다.

• 문제 목록 페이지의 문제 검색란에 문제 번호를 입력하여 찾는 방법

• 인터넷 주소 입력창에서 문제 번호를 직접 입력하여 찾는 방법

3. 코드업의 기능과 활용

(1) 공통 기능

❶ 모범 소스 기능

학습자의 입장에서는 문제를 풀고 나면 자신이 작성한 코드가 올바른 풀이인지 의문을 갖게 되는 경우가 많다. 하지만 온라인 저지에서는 다른 사람의 코드를 볼 수 있는 기능을 제공하지 않는다. 코드업에서도 역시 다른 사용자의 코드를 볼 수는 없지만, 대신에 모범 소스 코드를 제공하여 학습자의 궁금증을 어느 정도 해소시켜주고 있다.

모범 소스 코드는 해당 문제를 풀어야만 볼 수 있으며, 그 문제를 풀지 못하면 볼 수 없다. 모든 문제에 모범 소스 코드가 있는 것은 아니며, 주로 기초 문제에만 제공하고 있다. 현재 C/C++ 언어와 파이썬 언어에 대한 모범 소스 코드를 같이 제공하고 있다.

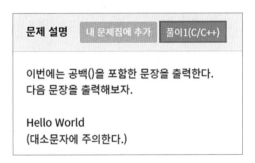

❷ 문제집 기능

전체 문제 목록이 문제 번호 순서로 정렬되어 있어 문제 해법별로 연습하기에는 어려움이 있다. 이를 보완하기 위해 등록된 문제들 중 학습자가 원하는 형태의 문제들을 빠르게 선택해서 푸는 기능이 문제집 기능이다. 메뉴 중 [내 문제집]은 내가 풀고 싶은 문제를 선택해 놓은 것으로, 일종의 즐겨찾기 기능으로 활용할 수 있다.

내 문제집		문제집 : 내 문제집		
C언어 기초 100제		(내가 등록해놓은 문제들입니다.)		
Python 기초 100제				
기초1. 출력문		번호	문제명	출처
기초2. 입출력문 및 연산자		1002	[기초-출력] 출력하기02(설명) X	기초100제

❸ 그룹 기능

학교에서 단체로 코드업을 이용하는 경우 정해진 기간 동안 신청을 받아 그룹으로 등록해주고 있다. 그룹의 등록 요청은 그룹을 관리하는 정보 교사가 해야 한다. 그룹이 등록되고 나면 교사와 같은 IP 주소로 접속되는 모든 ID는 해당 그룹으로 자동 편성되어 일일이 그룹을 신청할 필요가 없어진다. 그룹에 편성되었는지 확인하려면 로그인 후 우측 상단에 그룹명이 나타나는지 보면 된다.

해당 그룹의 네트워크 구성이 동일하지 않은 경우 학습자의 그룹 자동 편성이 잘 되지 않을 수 있다. 이 경우에는 [선생님ID 등록] 메뉴를 통해 수동으로 그룹을 신청해야 한다.

❹ 학교 수업과 개인 강의 기능

학교 수업은 해당 학교 그룹으로 등록된 사용자만 참여할 수 있고, 수업 생성은 해당 그룹의 교사만 생성할 수 있다.

수업번호	대상 그룹	수업 명
22229		기초파이썬 프로그래밍 수정 삭제 복사 비공개로
22228		1반 - 18차시
22227		1학년 2학기 수행1 연습 [1]
22226		2022 재귀함수 실습예제

개인 사용자는 개인 강의를 등록할 수 있다. 단, 강의 내용의 신뢰성을 높이기 위해 500문제 이상을 푼 사용자만 개인 강의를 등록할 수 있다.

개인 강의 목록

※ 개인 강의 게시판입니다. 문제 풀이 및 강의를 생성 할 수 있습니다. 아무나 생성

강의 생성

강의 번호	제목
6426	cout/printf 출력 시간 차이에 대한 강의 [15]
6308	숏코딩에 대하여(3월30일 재수정) [23]
6175	피보나치 수열~ [19]

⑤ 이벤트 기능

코드업에서는 대회(contest)를 이벤트라고 칭한다. 이벤트에는 공개/비공개/패스워드 이벤트가 있다. 공개 이벤트는 사이트 이용자 모두가 참여할 수 있는 대회이고, 비공개 이벤트는 특정 사용자를 미리 지정하여 참여할 수 있는 대회이다. 패스워드 이벤트는 학교별 수행 평가로 사용되며, 입장 코드를 알고 있는 사용자만 참여할 수 있는 대회이다.

이벤트 목록

서버 시간 : 2022-8-5 11:22:50
※ 이벤트 목록은 시작 시간과 가까운 순서로 정렬됩니다. 문의

ID	제목	상태(이벤트 시간)	구분
1036	2014 GSA 1-3	종료@2014-06-30 12:15:00	패스워드
1035	2014 GSA 1-5	종료@2014-06-30 09:15:00	패스워드
1033	2014 CSH 4	종료@2014-06-27 15:30:00	패스워드
1032	2014 CSH 3	종료@2014-06-26 10:40:00	패스워드
1031	2014 CSH 2	종료@2014-06-24 15:30:00	패스워드
1030	2014 CSH 1	종료@2014-06-23 10:40:00	공개

⑥ 게시판 기능

문제를 푸는 도중 질문이나 기타 의견이 있을 때는 게시판에 글을 작성하여 다른 사용자와 소통할 수 있다.

문제	제목
	공지 새로운 게시판 정책 안내(2020.08.27 17:00~) [24]
	공지 게시판 이용과 관련하여 말씀드립니다. [55]
	공지 [필독] 게시판 사용 안내 - 2019.02.10 작성 [25]
1351	숏코딩;;; New
1676	실행중에러가 뜨네요 [1] New
1407	저거 왜 붙어 있죠? [1] New

(2) 교사 권한

코드업에는 그룹 학생을 관리하고, 수업을 생성할 수 있는 교사 권한이 있다. 이 교사 권한은 중·고등학교의 정보 교사에게만 부여된다. 자세한 내용은 교사 권한 FAQ 페이지를 참고하기 바란다(http://codeup.kr/edufaq.php).

❶ 모범 소스 보기 기능

코드업에서는 문제를 푼 결과로 [정확한 풀이]를 받게 되면 일명 '모범 소스'를 볼 수 있다. 모범 소스란 많은 사람이 푼 일반적인 방법의 소스 코드이다. 그런데 교사 권한을 갖게 되면 문제를 풀지 않고도 모범 소스를 볼 수 있다. 이는 교사의 수업 준비 시간을 단축하기 위한 용도이다. 하지만 문제를 깊이 있게 이해하기 위해서는 직접 풀어보는 것을 권장한다.

❷ 수업 기능

코드업에는 1,000개 이상의 많은 프로그래밍 문제가 등록되어 있기 때문에, 이 중에서 교사가 필요한 문제만 몇 개씩 선택하여 수업을 진행할 수 있도록 수업 게시판이 따로 존재한다. 수업 게시판에는 소속 그룹 학생들이 문제를 풀면 누가 어떤 문제를 풀었는지 표시된다. 이를 통해 교사는 학생들의 진도를 확인할 수 있고, 누가 어떤 문제에서 어려움을 느끼는지도 파악할 수 있다.

문제 ID	문제명	인원	푼 사람 / 푼 사람명단 리셋	수업 마감하기
1251	1 부터 100까지 출력하기	23 🔍	gnu221501 / gnu221503 / gnu221505 / gnu221506 / gnu221514 / gnu221521 / gnu221508 / gnu221507 / gne221519 / gnu221510 / gnu221523 / gnu221511 / gnu221509 / gnu221517 / gnu221520 / gnu221522 / gnu221518 / gnu221524 / gnu221516 / gnu221504 / gnu221502 / gnu221512 / gnu221515 /	
1252	1 부터 n 까지 출력하기	22 🔍	gnu221501 / gnu221514 / gnu221503 / gnu221508 / gnu221505 / gnu221507 / gne221519 / gnu221510 / gnu221511 / gnu221506 / gnu221517 / gnu221509 / gnu221518 / gnu221516 / gnu221520 / gnu221522 / gnu221504 / gnu221502 / gnu221512 / gnu221524 / gnu221523 / gnu221515 /	

수업 게시판에서는 교사 권한을 가진 사람만 수업을 생성할 수 있다. 또한, 소속 그룹의 학생 수준이 공개되는 것을 막기 위해 다른 그룹의 수업 내용은 볼 수 없다.

수업 생성

수업 제목 :	제목을 입력하세요.
수업 내용 :	Version: 2.8.2.12056

학습 목표 :

수업내용 :

아래 영역을 드래그하여 입력창 크기를 조절

↕ 입력창 크기 조절

문제 번호 :	콤마로 분리해서 공백없이 입력. 예) 1001,1010,1120
공개 범위 :	○전체 공개 ●그룹 공개 ○비공개

수업 생성 문제를 많이 등록하면 효율이 떨어집니다. 1차시 분량으로 생성하는 것이 좋습니다.

③ 학생 관리 기능

그룹으로 편성된 학생 ID는 교사가 관리할 수 있도록 기능을 제공하고 있다. 그룹 학생의 비밀번호 분실 시에도 교사가 직접 비밀번호를 변경해 줄 수 있다.

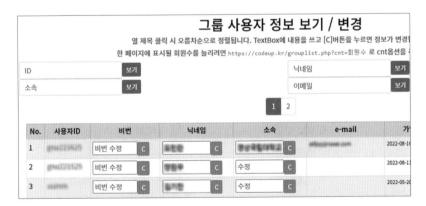

④ 이벤트 기능

이벤트 메뉴를 이용하여 학교 수행 평가를 실시할 수 있다. 수행 평가는 관리자(admin)에게 이벤트를 요청하여 진행되며, 미리 정해놓은 시간에 자동으로 시작되고 종료된다. 수행 평가 중 순위표를 빔 프로젝트나 전자칠판에 띄워 놓으면 실시간으로 누가 어떤 문제를 풀었는지 확인할 수 있다. 순위표를 이용하면 수행 평가 후 채점도 편리하게 할 수 있다.

					이벤트 순위 (GNUBS 1학년 9)			
					순위판 다운로드 · 문제풀이 다운로드			
				구분 :	정확한 풀이(최초) · 정확한 풀이(-틀린횟수) · 잘못된 풀이(-시도횟수)			
순위	ID	이름	해결	페널티	A	B	C	D
1	gnubs213408	*****	6	58:15:59	01:12:24(-2)	01:12:52	01:22:48	01:28:56
2	gnubs213506	*****	5	31:44:28	01:18:26	01:20:11	01:21:51	01:31:20(-3)
3	gnubs213510	*****	5	55:40:21	01:16:13(-1)	01:24:24	01:28:54	25:06:34(-1)
4	GNUBS213411	*****	5	78:34:11	01:13:44	01:27:24	25:12:43	25:10:36

⑤ 소스 보기 차단 기능

수행 평가 시 학생들이 기존에 제출한 소스 코드를 볼 수 없도록 하고, 부정행위의 소지가 있는 기능(게시판 및 쪽지)을 사용하지 못하게 막는 기능이다. 이 기능은 교사가 원 클릭 토글(toggle) 방식으로 변경할 수 있고, 즉시 적용된다.

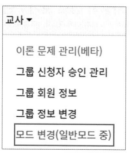

▲ 일반 모드

▲ 수행 모드: 소스 보기, 게시판 및 쪽지 기능 차단

3 코이스터디

코이스터디는 2009년 만들어져 현재까지 운영되고 있는 문제 해결 프로그래밍 학습 사이트이다. 코이스터디에서는 학생들이 학원이나 과외 등의 사교육 없이 스스로 생각하고 궁금한 것들을 검색할 수 있으며, 프로그래밍 언어 기초/문법을 배울 수 있는 문제들을 풀며 프로그래밍 기초를 익힐 수 있다. 코이스터디에서 꾸준히 연습하면 세계적인 온라인 문제 해결 프로그래밍 대회에 참여해 문제를 풀 수 있는 기초 · 기본 능력을 키울 수 있다.

코이스터디는 현재 여러 학교 내 정보 교과 수업/동아리 활동 등에 활용되고 있으며, 누구나 무료로 사용할 수 있지만 학원 등 영리 목적의 사교육 활동에 활용하는 것은 금지된다. 또한 자기주도적 학습을 방해하는 솔루션 자료 공개 및 배포도 금지된다. 간단한 회원 가입을 통해 누구나 사용할 수 있으며, 개인 정보 등은 일체 수집 · 활용되지 않는다.

1. 코이스터디 시작하기

❶ 검색 사이트에서 'koistudy'를 검색한다. 검색 결과에서 공식 사이트의 링크를 누른다(koistudy. net).

❷ 로그인을 해야만 채점할 수 있으므로 회원 가입이 필요하다. 오른쪽 상단의 [회원 가입] 버튼을 클릭한다.

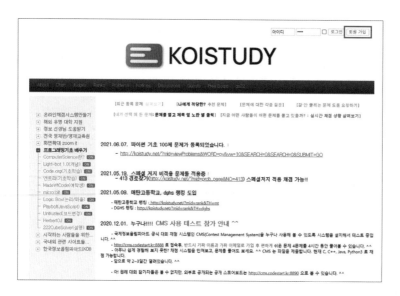

❸ 빨간색 별표(*)가 표시된 필수 항목들만 입력하고 제출한다.

❹ 가입 후에는 먼저 [Guests] 게시판의 공지사항을 읽고 사용법에 대해 알아본다. 특히 무료 공개 IDE를 설치하는 방법을 이용하면 무료로 활용할 수 있는 IDE를 설치할 수 있다.

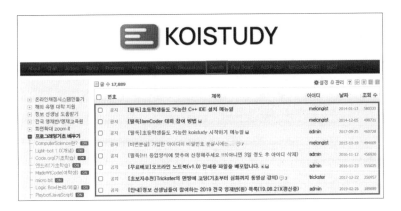

2. 문제 검색과 채점하기

❶ 먼저 해결하고자 하는 문제를 선택해야 한다. 문제를 검색하려면 상단 메뉴에서 [Problems]를 클릭한 후 [Search] 창에 문제 제목이나 문제 번호를 입력하고 [GO] 버튼을 클릭한다. 참고로 이 책에 수록된 문제들은 모두 문제 번호가 제공된다.

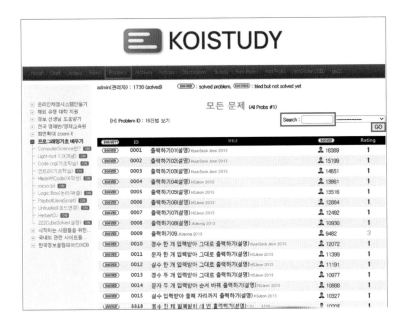

❷ 문제를 읽고 알고리즘을 설계한 후 IDE에 코드를 완성했다면 제출할 수 있다. 제출을 위해서는 [Submit]에서 원하는 언어를 클릭하면 된다.

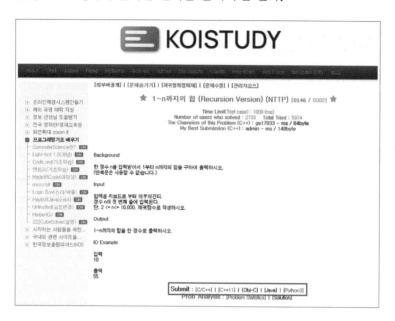

❸ 코드 제출 창이 나타나면 작성한 코드를 IDE로부터 복사한 후 붙여넣기 하고 [전송] 버튼을 클릭한다.

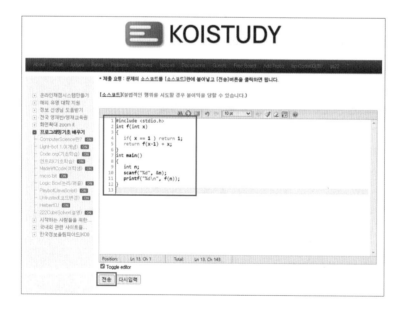

❹ 제출 후 결과를 확인하면 된다. 'Accepted!!'라고 출력되면 프로그램이 정상적으로 답을 출력한 것이다.

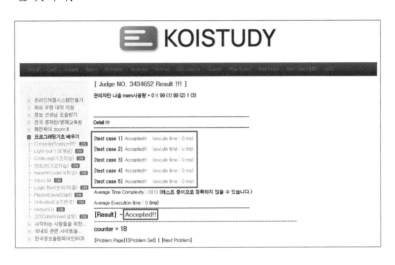

06 문제 해결 프로그래밍과 다양한 대회

이번 SECTION에서는 문제 해결 도구로서의 프로그래밍의 특징을 간단히 살펴보고, 문제 해결 역량을 평가하는 다양한 대회들에 대해 알아본다. 한국정보올림피아드(KOI), 넥슨 청소년 프로그래밍 챌린지(NYPC)와 같이 수준 높은 역량을 요구하는 대회로부터 프로그래밍을 처음 배우는 학생들도 즐겁게 참여할 수 있는 학교 친구 프로그래밍 챌린지(SFPC)와 같은 대회까지 다양하게 살펴본다.

📗 문제 해결 프로그래밍의 특징

프로그래밍은 다양한 용도로 활용할 수 있는 도구이다. 기본적으로 우리가 이용하는 대부분의 소프트웨어는 프로그래밍 언어를 이용하여 만들어진다. 즉, 프로그래밍 언어는 대부분의 소프트웨어를 만들 수 있는 매우 강력한 개발 도구이다. 소프트웨어 공학은 이러한 소프트웨어를 개발하고 유지보수하기 위한 내용을 다루는 학문으로, 다양한 프로그래밍 기법들을 다룬다.

그런데 일반적으로 알려진 소프트웨어 공학에서의 프로그래밍 기법과 이 책에서 다루는 문제 해결 프로그래밍 기법은 다르다는 점을 먼저 알아야 한다. 이 책에서 다루는 프로그래밍 기법은 문제를 해결하기 위한 기법이지, 소프트웨어를 개발하기 위한 것이 아니다. 따라서 소프트웨어 개발에 필요한 다양한 기법들과는 차이가 있을 수 있다.

이러한 차이의 대표적인 예로 전역 변수나 재귀 함수의 활용 등을 들 수 있다. 사실 일반적인 함수형 프로그래밍에서는 전역 변수는 함수의 독립성을 저해하기 때문에 잘 활용하지 않는 경향이 있으며, 재귀 함수도 시스템의 성능을 저하시키기 때문에 되도록 반복문으로 구현하는 것이 좋다고 알려져 있다. 하지만, 문제 해결 프로그래밍에서는 전역 변수를 활용하면 더 효율적으로 문제를 해결할 수 있기 때문에 종종 사용되며, 재귀 함수 또한 알고리즘을 간단하게 설계하는 데 유용하여 다양하게 쓰인다.

간단히 정리하자면, 소프트웨어 개발에 활용되는 프로그래밍은 대부분 특정 시스템에 한정된 프로그램을 개발해야 하기 때문에 시스템에 대한 구조를 이해하고 이에 맞도록 설계하는 경우가 대부분이다. 또한 다양한 개발자들이 협업하면서 소스 코드를 공유하는 경우가 많으므로 변수명이나 함수명도 정해진 약속에 따라 정하여 작성하는 것이 일반적이다. 따라서 매우 많은 지식과 경

험이 필요하다.

하지만, 문제 해결 프로그래밍은 일상생활 속의 문제나 다양한 학문 분야의 문제들을 해결하는 것이 목적이기 때문에 소프트웨어 개발에 활용되는 복잡한 프로그래밍 지식이 없어도 학습할 수 있다. 따라서 프로그래밍 문법이나 시스템에 대한 이해보다는 문제를 해결하기 위한 아이디어나 알고리즘을 설계하는 절차에 초점을 맞춰서 공부하는 것이 좋다.

문제 해결 프로그래밍은 각 프로그래밍 언어에서 표현할 수 있는 순차 구조, 조건 구조, 반복 구조를 표현하는 문법까지만 익혀도 충분히 도전할 수 있기 때문에 프로그래밍 문법을 학습하는 시간을 최소화할 수 있다. 여기서 나아가 재귀 관계를 활용할 수 있는 재귀 구조까지만 익히면 대부분의 문제들을 해결할 수 있다. 따라서 재귀 함수까지 원활하게 지원하는 프로그래밍 언어를 선택하여 익히는 것이 좋다. 이 교재에서는 C/C++ 및 파이썬(Python)을 기반으로 설명한다.

② 문제 해결 프로그래밍을 다루는 다양한 대회

문제 해결 프로그래밍에 소질이 있는 학생들이 겨룰 수 있는 다양한 국내 대회들이 있다. 여러분도 이 책을 기반으로 꾸준히 공부한다면 이런 대회들에 도전할 기회를 얻을 수 있을 것이다.

1. 한국정보올림피아드(KOI; Korea Olympiad in Informatics)

우리나라에서 개최되는 가장 권위 있는 문제 해결 프로그래밍 대회로 40년 가까운 역사를 지녔다. 이 대회에서 우수한 성적을 얻은 학생들은 국제정보올림피아드(IOI; International Olympiad in Informatics)에 참가할 수 있는 자격이 주어지기도 한다.

대회 진행 절차에 대한 자세한 사항은 홈페이지를 통해 알 수 있다.

▲ 한국정보올림피아드 홈페이지(http://koi.or.kr)

2. NYPC(Nexon Youth Programming Challenge)

넥슨에서 개최하는 매우 수준 높은 문제 해결 프로그래밍 대회이며, 우수한 성적을 거둔 학생들에게 장학금과 노트북을 부상으로 주기 때문에 인기가 높다.

▲ NYPC 대회 모습

2022년부터 대회 진행 방식이 바뀌었는데, 자세한 사항은 홈페이지를 통해 알 수 있다.

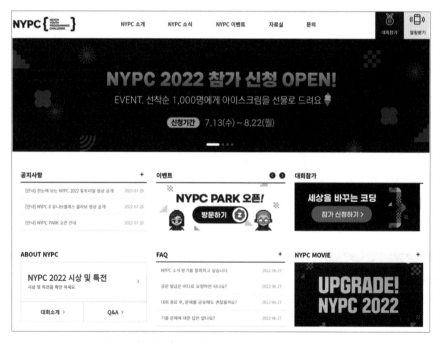

▲ NYPC 홈페이지(https://www.nypc.co.kr/main/main.do)

3. SFPC(School Friends Programming Challenge)

한국정보교사연합회(KAIT; Korea Association of Informatics Teachers)에서 개최하는 대회이다. 팀별로 협업을 통한 문제 해결 프로그래밍 역량을 평가하며, 단순히 순위를 겨루기보다는 다양한 도전 과정에 대해서 시상하는 챌린지 형식이다. 팀은 같은 학교 친구 3명으로 구성하면 된다.

▲ SFPC 홈페이지(https://www.kait.re.kr/sfpc)

SFPC는 다른 대회에 비해서 진입 장벽이 낮은 편이라 문제 해결 프로그래밍 입문용으로 적합한 대회이다. 이 책에서 다루는 정도의 내용을 익히면 일반고 학생들도 충분히 고득점을 받을 수 있는 대회로, 프로그래밍에 관심있는 친구들이 있으면 함께 도전해볼 만하다.

대회 진행 절차는 다음과 같다.

❶ 준비하기

실전과 같은 형식으로 시스템에 적응할 수 있는 문항들로 구성되며, 도전하기 전날 같은 시간에 진행된다. 문제는 10여 개의 문항들로 구성되는데 출력문만 익혀도 해결할 수 있는 문항들이 다수 포함된다.

❷ 도전하기

준비하기와 유사한 형태로 문항이 구성되며, 마찬가지로 출력만 익혀도 해결할 수 있는 문항들이 다수 포함된다. 충분히 고민하면 대부분의 문제를 해결할 수 있다.

II

탐색 기반 설계

탐색 기반 설계법은 컴퓨터의 빠른 속도를 이용하여 문제를 상태 공간으로 정의하고 이를 탐색하여 답을 구하는 알고리즘 설계 방법이다. 탐색 기반 설계법 중 특히 전체 탐색법은 알고리즘 설계에 있어서 가장 기본이 되는 매우 중요한 방법이므로 정확하게 이해해야 한다.

그런데 대부분 탐색 공간의 크기가 너무 크기 때문에 전체 탐색을 하다 보면 문제에서 요구하는 시간 내에 해를 구하지 못하는 경우가 많다. 따라서 전체 탐색법을 적절히 응용하는 알고리즘 설계법까지 익힐 필요가 있다.

이 단원에서는 전체 탐색법을 기반으로 한 다양한 응용법을 익히기 위하여 먼저 기본적인 탐색 방법을 학습하고, 이를 활용하여 주어진 문제를 통해서 알고리즘 구현 방법을 익힌다.

탐색은 문제를 해결하기 위한 알고리즘 설계에서 가장 먼저 익혀야 하는 기본적인 기법이다. 이 SECTION에서는 다양한 문제를 탐색으로 해결하는 방법을 제시한다.

정보과학의 문제 해결 분야에서 '탐색'은 매우 중요하게 다루어지는 주제 중 하나이다. 또한, 최근에 이슈가 되고 있는 인공지능을 활용한 문제 해결 분야에서도 탐색은 중요한 분야이다.

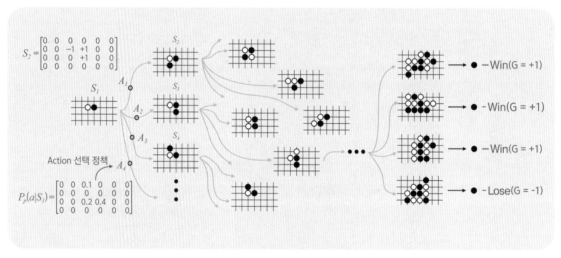

▲ 인공지능의 탐색 기반 문제 해결 예시

문제 해결에서 말하는 '탐색'이란 문제의 구조를 '상태 공간'으로 정의하고, 이 공간에서 원하는 '상태'를 찾는 모든 작업을 말한다. 따라서 문제를 해결하기 위해서는 주어진 문제 상황을 '상태'로 정의하고, 이 상태들을 탐색할 수 있도록 구조화하는 것이 중요하다.

문제의 특성에 따라 탐색의 구조가 명시적으로 드러나는 경우는 쉬운 문제에 속하고, 그렇지 않은 경우에는 효율적인 방법으로 구조화하여 탐색해야 하므로 난이도가 높은 문제라고 할 수 있다.

이 책에서는 탐색의 대상이 되는 구조를 선형과 비선형으로 나눈다. 일반적으로 현재 상태로부터 다음 상태가 항상 하나로 결정되는 구조를 선형 구조, 다음 상태가 하나 이상으로 구성되어 트리나 그래프의 형태로 표현되는 구조를 비선형 구조라고 한다.

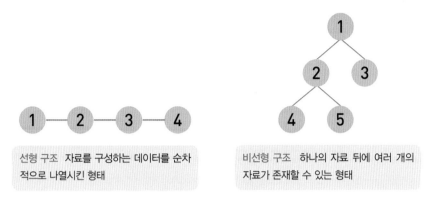

| 선형 구조 자료를 구성하는 데이터를 순차
적으로 나열시킨 형태 | 비선형 구조 하나의 자료 뒤에 여러 개의
자료가 존재할 수 있는 형태 |

▲ 선형 구조와 비선형 구조

예를 통해서 탐색 구조에 대해서 알아보자. 컴퓨터 운영체제는 사용자의 자료를 파일의 형태로 보관하고, 그룹화한 폴더를 이용하여 이러한 파일들을 관리한다.

스크 (C:) › Program Files (x86) › CodeBlocks › MinGW

이름	수정한 날짜	유형	크기
bin	2021-02-20 오전 9:25	파일 폴더	
doc	2021-02-20 오전 9:25	파일 폴더	
gdb32	2021-02-20 오전 9:25	파일 폴더	
include	2021-02-20 오전 9:25	파일 폴더	
lib	2021-02-20 오전 9:25	파일 폴더	
libexec	2021-02-20 오전 9:25	파일 폴더	
mingw32	2021-02-20 오전 9:25	파일 폴더	
share	2021-02-20 오전 9:25	파일 폴더	
COPYING.ISL.txt	2013-09-29 오전 4:43	텍스트 문서	2KB
COPYING.MinGW.txt	2013-09-21 오전 11:55	텍스트 문서	2KB
COPYING.RUNTIME-gcc-tdm.txt	2010-05-31 오전 4:44	텍스트 문서	4KB
COPYING.winpthreads.txt	2013-09-17 오전 8:08	텍스트 문서	3KB
COPYING3.LIB-gcc-tdm.txt	2010-05-31 오전 4:45	텍스트 문서	8KB
COPYING3-gcc-tdm.txt	2010-05-31 오전 4:45	텍스트 문서	35KB
COPYING3-gdb-tdm.txt	2010-05-31 오전 4:45	텍스트 문서	35KB
COPYING-expat.txt	2010-05-18 오전 4:54	텍스트 문서	2KB
LICENSE-python.txt	2012-04-11 오후 2:31	텍스트 문서	40KB
mingwvars.bat	2008-08-03 오전 4:27	Windows 배치 파일	1KB
README-gcc-tdm.txt	2015-06-27 오전 11:06	텍스트 문서	18KB
README-gdb32-tdm.txt	2015-06-22 오후 1:13	텍스트 문서	6KB

▲ 파일과 폴더의 구조

위 그림은 일반적으로 운영체제에서 볼 수 있는 파일과 폴더의 구조로서, 현재 한 폴더의 내용을 탐색 중인 윈도우 탐색기 화면이다. 탐색기의 화면은 탐색 구조를 탐색하고 있는 현재 상태를 나타낸다고 할 수 있다.

현재 상태에서 나타나는 폴더와 파일들은 다음 상태로 갈 수 있는 경로들이다. 다음 상태들 중 파일은 더 이상 탐색할 내용이 없는 '마지막' 상태이고, 폴더는 또 다른 파일과 폴더들을 포함한 '다음' 상태가 된다. 이와 같이 트리 형태의 탐색 구조 전체를 '탐색 공간'이라고 한다.

```
C:\Program Files (x86)\CodeBlocks\MinGW\lib>tree
폴더 PATH의 목록입니다.
볼륨 일련 번호는 EC62-87D7입니다.
C:.
└─gcc
    └─mingw32
        └─5.1.0
            ├─include
            │   ├─c++
            │   │   ├─backward
            │   │   ├─bits
            │   │   ├─debug
            │   │   ├─decimal
            │   │   ├─experimental
            │   │   ├─ext
            │   │   │   └─pb_ds
            │   │   │       └─detail
            │   │   │           ├─binary_heap_
            │   │   │           ├─binomial_heap_
            │   │   │           ├─binomial_heap_base_
            │   │   │           ├─bin_search_tree_
            │   │   │           ├─branch_policy
            │   │   │           ├─cc_hash_table_map_
            │   │   │           ├─eq_fn
            │   │   │           ├─gp_hash_table_map_
            │   │   │           ├─hash_fn
            │   │   │           ├─left_child_next_sibling_heap_
            │   │   │           ├─list_update_map_
            │   │   │           ├─list_update_policy
            │   │   │           ├─ov_tree_map_
            │   │   │           ├─pairing_heap_
            │   │   │           ├─pat_trie_
            │   │   │           ├─rb_tree_map_
            │   │   │           ├─rc_binomial_heap_
            │   │   │           ├─resize_policy
            │   │   │           ├─splay_tree_
            │   │   │           ├─thin_heap_
            │   │   │           ├─tree_policy
            │   │   │           ├─trie_policy
            │   │   │           └─unordered_iterator
            │   │   ├─mingw32
            │   │   │   ├─bits
            │   │   │   └─ext
            │   │   ├─parallel
            │   │   ├─profile
            │   │   │   └─impl
            │   │   ├─tr1
            │   │   └─tr2
            │   └─ssp
            ├─include-fixed
            ├─install-tools
            │   └─include
            └─plugin
```

▲ 탐색 공간

　위와 같은 구조에서 특정 파일을 찾으려면 어떤 탐색법이 필요할지 생각해 보는 것도 알고리즘 설계 능력을 키우는 데 큰 도움이 된다. 단순한 반복문으로는 모든 폴더를 빠짐없이 조사하는 알고리즘을 설계하기 어렵다.

　탐색은 문제를 해결하는 강력한 구조다. 예를 들어 백신 프로그램은 기본적으로 이와 같이 폴더와 파일로 이루어진 트리를 모두 탐색하여 바이러스를 찾아낸다. 탐색 기반 설계는 백신 프로그램과 같이 주어진 탐색 구조를 탐색하여 원하는 상태를 찾는 방법으로 문제를 해결하는 설계 방법이다. 이제부터는 탐색으로 문제를 해결하기 위해서 선형 구조의 탐색과 비선형 구조의 탐색에 대해서 알아본다.

선형 구조의 탐색

선형 구조의 탐색은 크게 순차 탐색과 이분 탐색으로 나눌 수 있다. 여기에서는 이 두 가지 탐색 방법에 대해 알아보고, 이를 활용하여 문제를 해결하는 방법을 학습한다.

선형 구조란 i번째 상태를 탐색한 다음 i+1번째 탐색해야 할 상태가 유일한 형태의 구조를 말한다. 선형 구조를 탐색하는 방법은 순차 탐색과 이분 탐색이 있다.

1 순차 탐색

순차 탐색은 첫 번째 상태에서 탐색을 시작하여 차례로 다음 상태를 탐색해 나가며 원하는 답을 찾아가는 방법이다. 순차 탐색에서 상태의 수가 n개 있을 때의 계산량은 $O(n)$이다.

순차 탐색의 순서를 그림으로 나타내면 다음과 같다.

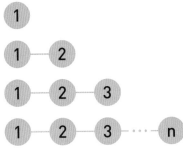

▲ 순차 탐색의 순서

다음은 n개의 원소 중에서 원하는 원소 k를 찾는 순차 탐색을 구현한 소스 코드이다.

행	C/C++	행	파이썬
1	`#include <stdio.h>`	1	
2	`int d[100], k;`	2	
3	`int find(int s, int e) {`	3	`def find(s, e) :`
4	`    int i;`	4	
5	`    for( i=s; i<=e; i++ )`	5	`for i in range(s, e+1) :`
6	`        if( d[i]==k )`	6	`        if d[i]==k :`

7	`return i;`
8	`return -1;`
9	`}`
10	`int main( ) {`
11	`int i, n;`
12	`scanf("%d %d", &n, &k);`
13	`for( i=0; i<n; i++ )`
14	`scanf("%d", &d[i]);`
15	`printf("%d\n", find(0, n-1));`
16	`}`

7	`return i`
8	`return -1`
9	
10	
11	
12	
13	`n, k = map(int, input( ).split( ))`
14	`d = list(map(int, input( ).split( )))`
15	
16	`print(find(0, n-1))`

2 이분 탐색

이분 탐색은 선형 구조에서 원하는 상태를 효율적으로 찾는 방법으로, 배열 s에 n개의 원소가 존재할 때 그 원소들 중에 k가 있는지를 찾을 때 활용할 수 있다. 이분 탐색을 하려면 원소들이 오름차순이나 내림차순 정렬 형태로 구조화되어 있어야 한다. 문제를 해결하기 위한 계산량은 $O(\log n)$이다.

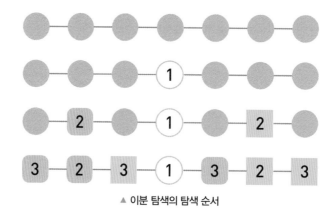

▲ 이분 탐색의 탐색 순서

위 그림에서 ●는 처음 접근하는 원소, ■는 찾은 곳의 값이 찾으려는 값보다 작으면 탐색하는 위치, ■은 그 값의 반대 조건일 경우에 탐색하는 위치로 조건의 결과에 따라 왼쪽 또는 오른쪽 중 하나를 탐색하게 된다.

다음은 이분 탐색을 구현한 소스 코드이다.

행	C/C++	행	파이썬
1	`#include <stdio.h>`	1	
2	`int d[100], n, k;`	2	
3	`int find(int s, int e) {`	3	`def find(s, e) :`
4	`    while(s<=e) {`	4	`    while s<=e :`
5	`        int m = (s+e)/2;`	5	`        m = (s+e)//2`
6	`        if( d[m]==k )`	6	`        if d[m]==k :`
7	`            return m;`	7	`            return m`
8	`        if( d[m]>k )`	8	`        if d[m]>k :`
9	`            e = m-1;`	9	`            e = m-1`
10	`        else`	10	`        else :`
11	`            s = m+1;`	11	`            s = m+1`
12	`    }`	12	
13	`    return -1;`	13	`    return -1`
14	`}`	14	
15	`int main( ) {`	15	
16	`    int i;`	16	
17	`    scanf("%d %d", &n, &k);`	17	`n, k = map(int, input( ).split( ))`
18	`    for( i=0; i<n; i++ )`	18	`d = list(map(int, input( ).split( )))`
19	`        scanf("%d", &d[i]);`	19	
20	`    printf("%d\n", find(0, n-1));`	20	`print(find(0, n-1))`
21	`}`	21	

이와 같이 기본적인 탐색법을 활용하여 다양한 문제들을 해결해 보자.

2-01 Linear Structure Search(tiny)

• 코드업 문제 번호 2082
• 코이스터디 문제 번호 136

문제 제시
⏱ 제한 시간: 1초

n개의 정수로 이루어진 수열이 있다. 이 정수열에서 k가 어느 위치에 있는지 검색하는 프로그램을 작성하시오.

>> 입력 설명

첫 번째 줄에는 자료의 수 n과 k가 공백을 기분으로 입력된다($1 \le n$).

두 번째 줄에는 n개의 정수가 입력된다. n개의 정수 중 i번째 원소는 m_i이고, 각 원소는 공백으로 구분되어 차례로 입력된다($s, m_i \le 100,000$).

>> 출력 설명

s가 몇 번째 자료인지 출력한다. 만약 s가 존재하지 않는다면 −1을 출력한다(단, 찾는 값이 여러 개 존재할 경우에는 제일 먼저 나오는 값의 인덱스 출력).

>> 입출력 예시

입력	출력
5 3 5 2 9 7 3	5
5 4 5 2 9 7 3	−1

✎ 문제 해설 136쪽

2-02 윤년 판단하기

- 코드업 문제 번호   1166
- 코이스터디 문제 번호   108

문제 제시

🕐 제한 시간: 1초

한 자연수를 입력받아서 윤년인지 아닌지를 판단하는 프로그램을 작성하시오. 단, 윤년은 다음과 같은 성질을 가진다.

❶ 400의 배수이면 윤년이다.

❷ ❶이 아닌 값 중에 4의 배수이면서 100의 배수가 아니면 윤년이다.

>> 입력 설명

자연수 n이 입력된다(단, n은 4,294,967,295 이하 자연수).

>> 출력 설명

입력받은 자연수가 윤년이라면 "Leap"를, 아니라면 "Normal"을 출력한다.

>> 입출력 예시

입력	출력
4	Leap

✎ 문제 해설 138쪽

2-03 터널 통과하여 운전하기

• 코드업 문제 번호   1230
• 코이스터디 문제 번호   110

문제 제시
🕐 제한 시간: 1초

경곽이는 자동차 운전 중이다. 경곽이의 차가 목적지까지 가려면 순서대로 3개의 터널을 통과해야 한다. 터널을 무사히 통과하려면 터널의 높이보다 차의 높이가 낮아야 한다. 그렇지 않으면 터널에 충돌할 것이나. 경곽이가 운전하는 차의 높이는 168이다.

세 터널의 높이가 순서대로 주어질 때 경곽이가 무사히 목적지에 도착할 수 있는지를 알아내는 프로그램을 작성하시오.

>> 입력 설명

각 터널의 높이 h1, h2, h3이 공백으로 구분되어 입력된다(단, h1~h3은 300 이하인 자연수).

>> 출력 설명

3개의 터널을 무사히 통과하여 목적지에 도달할 수 있으면 "NO CRASH"를 출력하고, 아니면 "CRASH x"를 출력한다. 이때 x는 충돌한 터널의 높이를 가리킨다.

>> 입출력 예시

입력	출력
180 160 170	CRASH 160

첫 번째 180 높이의 터널은 통과하지만 다음으로 나타나는 두 번째 터널은 160이므로 통과하지 못하고 충돌하여 더 이상 진행할 수 없다. 따라서 "CRASH 160"을 출력한다.

✎ 문제 해설 141쪽

홀수를 사랑한 세종이

문제 제시

 제한 시간: 1초

세송이와 충령이는 친한 친구 사이나. 보물찾기 대회에서 세쫑이와 충령이가 힌 딤이 되어 1~100의 숫자가 적힌 n개의 보물을 찾았다(같은 수가 적힌 보물이 여러 개 있을 수 있음). 세쫑이는 홀수를 좋아하고 충령이는 짝수를 좋아해서 대회가 끝나고 세쫑이는 홀수가 적힌 보물을, 충령이는 짝수가 적힌 보물을 나누어 가지기로 하였다.

대회가 끝나고 난 후 세쫑이가 가지게 될 보물의 수를 출력하시오.

>> 입력 설명

첫 번째 줄에는 보물의 수 n이 주어진다(1≤n≤100,000).

두 번째 줄에는 보물에 적힌 숫자 k가 공백을 기준으로 주어진다(1≤k≤100).

>> 출력 설명

세종이가 가지게 될 보물의 수를 출력한다.

>> 입출력 예시

입력	출력
5 1 2 3 4 5	3
10 2 4 6 8 10 10 8 6 4 2	0

✎ 문제 해설 144쪽

2-05 홀수의 합 구하기

- 코드업 문제 번호   4021
- 코이스터디 문제 번호   226

문제 제시
제한 시간: 1초

7개의 자연수가 주어질 때, 이들 중 홀수인 자연수들을 모두 찾아 그 합을 구하는 프로그램을 작성하시오.

예를 들어 12, 39, 40, 51, 75, 87, 92가 주어지면 이들 중 홀수는 39, 51, 75, 87이므로 합은 39+51+75+87=252가 된다.

>> 입력 설명

첫 번째 줄에 7개의 자연수가 공백으로 구분되어 주어진다(단, 주어지는 자연수는 100 미만의 수).

>> 출력 설명

홀수가 존재하지 않는 경우에는 첫 번째 줄에 −1을 출력하고, 홀수가 존재하는 경우 첫 번째 줄에 홀수의 합을 출력한다.

>> 입출력 예시

입력	출력
12 39 40 51 75 87 92	252

✎ 문제 해설 148쪽

2-06 3·6·9 게임의 왕이 되기

- 코드업 문제 번호   1083
- 코이스터디 문제 번호   82

문제 제시   🕐 제한 시간: 1초

   영일이는 친구들과 3 · 6 · 9 게임을 하는 중이다. 3 · 6 · 9 게임의 규칙은 여러 사람이 모여 정한 순서대로 1부터 숫자를 부르다가 자신의 순서에서 불러야 하는 숫자에 3, 6, 9가 들어가면 숫자를 말하는 대신 '박수'를 치는 것이며, 이때 실수를 하면 벌칙을 받는다.

   영일이는 연달아 벌칙을 받아서 화가 난 상태다. 영일이를 위해 3 · 6 · 9 게임의 왕이 되기 위한 마스터 프로그램을 작성하시오.

>> 입력 설명

   10보다 작은 정수 한 개가 입력된다.

>> 출력 설명

   1부터 입력받은 수까지 순서대로 공백을 두고 수를 출력하는데, 3 또는 6 또는 9인 경우 그 수 대신 영문 대문자 "x"를 출력한다.

>> 입출력 예시

입력	출력
4	1 2 x
9	1 2 x 4 5 x 7 8 x

✎ 문제 해설 152쪽

2-07 두 수의 최대공약수 구하기

• 코드업 문제 번호   2623
• 코이스터디 문제 번호   118

문제 제시
⏱ 제한 시간: 1초

a의 약수인 동시에 b의 약수인 수들을 공약수라고 하는데, 이중에서 가장 값이 큰 공약수를 최대공약수라고 한다. 예를 들어 12와 8의 경우 12의 약수는 1, 2, 3, 4, 6, 12이고 8의 약수는 1, 2, 4, 8이나. 이 때 1, 2, 4가 12와 8의 공약수이고, 이 중 가장 큰 수인 4가 12와 8의 최대공약수이다.

두 정수 a, b를 입력받아서 두 수의 최대공약수를 출력하시오.

>> 입력 설명

정수 a, b가 공백으로 구분되어 입력된다(단, a, b는 모두 10,000 이하의 자연수).

>> 출력 설명

입력받은 두 수 a, b의 최대공약수를 출력한다.

>> 입출력 예시

입력	출력
12 8	4
64 128	64

첫 번째 예시에서 12와 8의 최대공약수는 4이므로 4를 출력한다. 두 번째 예시에서 64와 128의 최대공약수는 64이므로 64를 출력한다.

✎ 문제 해설 157쪽

2-08 정수 뒤집기

- 코드업 문제 번호   1919
- 코이스터디 문제 번호   128

문제 제시
제한 시간: 1초

하나의 정수가 입력된다. 이 정수를 뒤집어서 출력하는 프로그램을 작성하시오. 예를 들어 입력된 정수가 123이라면 321을 출력하면 된다. 단, 12300과 같이 0으로 끝나는 수가 입력될 경우 00321을 출력하는 것이 아니라 321을 출력해야 함에 주의한다.

>> 입력 설명

첫 번째 줄에는 임의의 정수 N이 주어진다($1 \le N \le 50,000$).

>> 출력 설명

입력된 정수를 뒤집어서 출력한다.

>> 입출력 예시

입력	출력
123	321
12300	321

✎ 문제 해설 160쪽

2-09 무한히 많은 연산하기

- 코드업 문제 번호 2822
- 코이스터디 문제 번호 2646

문제 제시

⏱ 제한 시간: 1초

n개의 정수 a_i와 정수 k가 주어진다. n개의 정수 a_i를 이용하여 아래와 같은 연산을 k번 수행한다.

❶ n개의 정수 중 가장 큰 값을 선택한다.

❷ n개의 정수 a_i를 (최댓값 $-a_i$)로 바꾼다.

k번 연산 이후 n개의 정수 a_i를 출력하시오.

>> 입력 설명

첫 번째 줄에는 두개의 정수 $n(1 \leq n \leq 10^5)$과 $k(1 \leq k \leq 10^{18})$가 공백을 기준으로 입력된다.

두 번째 줄에는 n개의 정수 $a_i(-10^9 \leq a_i \leq 10^9)$가 공백을 기준으로 입력된다.

>> 출력 설명

k번 연산 결과 n개의 a_i를 공백을 기준으로 출력한다.

>> 입출력 예시

입력	출력
2 1 -100 100	200 0
1 2 100	0
3 2 134 -190 202	324 0 392

✎ 문제 해설 163쪽

2-10 가장 긴 막대의 길이 구하기

· 코드업 문제 번호　2821
· 코이스터디 문제 번호　2753

문제 제시   ⏱ 제한 시간: 1초

　세종이는 길이가 n이고 각 부분이 흰색 또는 검은색으로 칠해진 니무 막대를 갖고 있다. 각 부분의 길이는 최소 1이고, 각 색깔의 길이는 1의 배수이다. 세종이는 이 나무 막대에서 원하는 부분만 잘라내 하나의 막대로 만들려고 한다. 단, 잘린 조각을 연결하여 막대를 만들 수는 없다.

　같은 색깔로 만들 수 있는 가장 긴 막대의 길이를 구하는 프로그램을 작성하시오.

>> 입력 설명

　첫 번째 줄에는 나무의 길이 n이 주어진다($1 \le n \le 1,000$).

　두 번째 줄에는 각 부분의 색깔을 나타내는 길이가 n인 문자열 s가 주어진다($s_i = \{1, 0\}$ (1=검은색, 0=흰색)).

>> 출력 설명

　한 가지 색으로 만들 수 있는 가장 긴 막대의 길이를 출력한다.

>> 입출력 예시

입력	출력
10 0100111010	3

그림과 같이 파란색 부분 5, 6, 7로 하나의 막대를 만들면 길이가 3인 막대를 만들 수 있고 이보다 더 긴 막대를 만들 수 있는 방법은 없다.

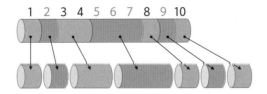

✎ 문제 해설 166쪽

문제 해결 실습해 보기

2-11 데이터 정렬하기(large)

• 코드업 문제 번호 **1452**
• 코이스터디 문제 번호 **3252**

문제 제시
제한 시간: 1초

N개의 데이터가 입력되면 오름차순된 결과를 출력하는 프로그램을 작성하시오.

>> **입력 설명**

첫 번째 줄에 N이 입력된다(1 ≤ N ≤ 100,000).

다음 줄부터 N개의 데이터가 한 줄에 한 개씩 입력된다.

>> **출력 설명**

오름차순 정렬한 결과를 한 줄에 하나씩 순서대로 출력한다.

>> **입출력 예시**

입력	출력
5 7 3 10 2 1	1 2 3 7 10

✎ 문제 해설 169쪽

2-12 이분 탐색하기

• 코드업 문제 번호   2083
• 코이스터디 문제 번호   3253

문제 제시

 제한 시간: 1초

n개로 이루어진 정수 집합에서 원하는 수의 위치를 찾으시오. 단, 입력되는 수는 오름차순으로 정렬되어 있으며 같은 수는 없다.

>> 입력 설명

첫 번째 줄에 한 정수 n과 찾고자 하는 값 s가 공백으로 구분되어 입력된다($2 \leq n \leq 1,000,000$).

두 번째 줄에 n개의 정수가 공백으로 구분되어 입력된다.

각 원소의 절댓값 크기는 100,000,000을 넘지 않는다.

>> 출력 설명

찾고자 하는 원소의 위치를 출력한다. 없으면 −1을 출력한다.

>> 입출력 예시

입력	출력
3 7 2 5 7	3

🖊 문제 해설 172쪽

2-13 완전제곱수 찾기

- 코드업 문제 번호   3006
- 코이스터디 문제 번호 3251

문제 제시

🕐 제한 시간: 1초

어떤 임의의 자연수 a가 $a = k * k = k^2$일 때 이 a를 완전제곱수라고 한다. n개의 자연수 a_1, a_2, $a_3 \cdots a_n$이 제시되면 각각의 수보다 같거나 작은 가장 큰 완전제곱수를 구하시오(단, $1 \leq i \leq n$).

≫ 입력 설명

첫 번째 줄에 n이 입력된다($1 \leq n \leq 10$).

두 번째 줄부터 각 줄에 하나씩 a_i가 입력된다($1 \leq a_i \leq 4{,}000{,}000{,}000{,}000{,}000{,}000$).

≫ 출력 설명

각 줄에 a_i를 넘지 않는 가장 큰 완전제곱수를 출력한다.

≫ 입출력 예시

입력	출력
2 10 100000000	9 100000000

첫 번째 예시에서 10의 경우 10 이하의 가장 큰 완전제곱수는 32=9이므로 9가 된다. 따라서 9를 출력한다.

두 번째 예시의 경우는 입력된 수 자체가 바로 완전제곱수이므로 입력된 100000000을 출력한다.

✎ 문제 해설 175쪽

인구수로 광역시 만들기

• 코드업 문제 번호   2629
• 코이스터디 문제 번호   986

문제 제시

제한 시간: 1초

좌표 평면상에 있는 삼양시에는 현재 P명의 인구가 살고 있고, 각 좌표 (x_i, y_i)에 있는 다른 도시들에는 p_i명씩 거주하고 있다. 삼양시는 반지름 r만큼 원형으로 도시를 확장하려 한다. 확장 영역에 포함되는 도시들의 인구는 삼양시로 편입된다. 이때 경계상에 위치하는 도시들도 포함되는 것으로 간주한다.

대한민국에서는 도시의 인구가 100만 명이 넘으면 광역시가 될 수 있는 필요 조건을 충족하게 된다. 각 정보가 주어질 때, 삼양시가 광역시가 되기 위해 필요한 최소 확장 반지름 r의 길이를 구하시오. 단, 삼양시의 위치는 (0,0)이다.

>> 입력 설명

첫 번째 줄에 도시의 수 N(1≤N≤10,000)과 삼양시의 인구 P(0≤P≤999,999)가 공백으로 구분되어 입력된다.

다음 줄부터 N줄에 걸쳐서 각 도시의 x_i(−10,000≤x_i), y_i(y_i≤10,000)와 p_i(0≤p_i≤999,999)가 공백으로 구분되어 입력된다.

>> 출력 설명

인구 100만 도시가 되기 위해 필요한 확장 거리 r의 최솟값을 소수점 4번째 자리에서 반올림하여 3번째 자리까지 출력한다. 만약 100만 도시가 되기 불가능하면 −1을 출력한다.

>> 입출력 예시

입력	출력
4 999998 1 1 2 2 2 1 3 3 1 2 −2 1	1.414

✎ 문제 해설 178쪽

문제해결 실습해 보기

2-15 정렬된 두 배열 합치기

• 코드업 문제 번호 1445
• 코이스터디 문제 번호 3254

문제 제시

⏱ 제한 시간: 1초

두 개의 정렬된 데이터 집합, 즉 배열이 주어진다. 두 배열을 합쳐서 하나의 정렬된 데이터로 출력하시오.

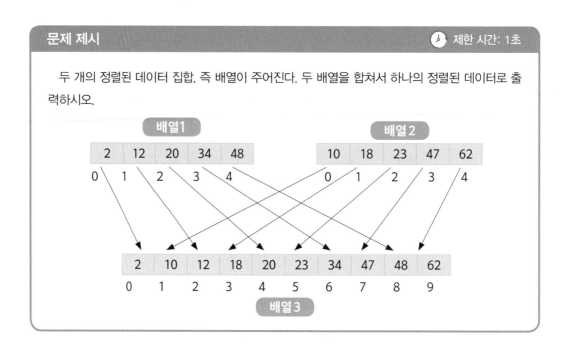

>> 입력 설명

첫 번째 줄에 두 배열의 크기 n, m이 입력된다. 두 배열의 크기는 각각 1000보다 작다.
두 번째 줄에 첫 번째 배열의 원소들이 오름차순의 정수로 입력된다.
세 번째 줄에 두 번째 배열의 원소들이 오름차순의 정수로 입력된다.

>> 출력 설명

두 배열을 합쳐서 오름차순 정렬된 배열을 출력한다.

>> 입출력 예시

입력	출력
3 4 1 2 3 1 3 4 6	1 1 2 3 3 4 6

✎ 문제 해설 182쪽

2-16 lower bound

· 코드업 문제 번호   2633
· 코이스터디 문제 번호   1057

문제 제시

 제한 시간: 1초

  n개로 이루어진 정수 집합에서 찾고자 하는 수 k보다 크거나 같은 수가 처음으로 등장하는 위치, 즉 lower bound를 찾으시오. 단, 입력되는 집합은 오름차순으로 정렬되어 있으며, 같은 수가 여러 개 존재할 수 있다.

>> 입력 설명

  첫 번째 줄에 한 정수 n이 입력된다(단, $2 \le n \le 1,000,000$이고 각 원소의 크기는 1,000,000을 넘지 않음).

  두 번째 줄에 n개의 정수가 공백으로 구분되어 입력된다.

  세 번째 줄에는 찾고자 하는 값 k가 입력된다.

>> 출력 설명

  찾고자 하는 원소의 위치를 출력한다. 만약 모든 원소가 k보다 작으면 n+1을 출력한다.

>> 입출력 예시

입력	출력
5 1 3 5 7 7 7	4
8 1 2 3 5 7 9 11 15 6	5
5 1 2 3 4 5 7	6

✎ 문제 해설 186쪽

2-17 2차원 지그재그 채우기

• 코드업 문제 번호   1469
• 코이스터디 문제 번호   1718

문제 제시

제한 시간: 1초

다음과 같은 n*n 배열 구조를 출력해 보자.

입력	출력
3	3 2 1 4 5 6 9 8 7
5	5 4 3 2 1 6 7 8 9 10 15 14 13 12 11 16 17 18 19 20 25 24 23 22 21

입력이 n인 경우의 2차원 배열을 출력하시오.

>> 입력 설명

첫 번째 줄에 배열의 행과 열의 크기 n이 입력된다($n \leq 100$).

>> 출력 설명

문제와 같이 n*n 크기의 배열을 채워 출력한다.

>> 입출력 예시

입력	출력
2	1 2 4 3

✎ 문제 해설 190쪽

2차원 빗금 채우기

문제 제시

제한 시간: 1초

다음과 같은 n*m 배열 구조를 출력해 보자.

입력	출력
3 4	1 2 4 7 3 5 8 10 6 9 11 12
4 5	1 2 4 7 11 3 5 8 12 15 6 9 13 16 18 10 14 17 19 20

입력이 n m인 경우의 2차원 배열을 출력하시오.

>> 입력 설명

첫 번째 줄에 배열의 행과 열의 크기인 n과 m이 입력된다(n≤100).

>> 출력 설명

문제와 같이 n*m 크기의 배열을 채워 출력한다.

>> 입출력 예시

입력	출력
2 3	1 2 4 3 5 6

✎ 문제 해설 193쪽

2-19 2차원 달팽이 채우기

• 코드업 문제 번호 1484
• 코이스터디 문제 번호 1733

문제 제시

⏱ 제한 시간: 1초

다음과 같은 n*m 배열 구조를 출력해 보자.

입력	출력
3 4	1 2 3 4 10 11 12 5 9 8 7 6
4 5	1 2 3 4 5 14 15 16 17 6 13 20 19 18 7 12 11 10 9 8

입력이 n m인 경우의 2차원 배열을 출력하시오.

>> 입력 설명

첫 번째 줄에 배열의 행과 열의 크기인 n과 m이 입력된다(n≤100).

>> 출력 설명

문제와 같이 n*m 크기의 배열을 채워 출력한다.

>> 입출력 예시

입력	출력
2 3	1 2 3 4 5 6

✎ 문제 해설 196쪽

2-20 삼각 화단 만들기 (small)

- 코드업 문제 번호 2625
- 코이스터디 문제 번호 960

문제 제시

🕐 제한 시간: 1초

주어진 화단 둘레의 길이를 이용하여 삼각형 모양의 화단을 만들려고 한다. 이때 만들어진 삼각형 화단 둘레의 길이는 반드시 주어진 화단 둘레의 길이와 같아야 한다. 또한, 화단 둘레의 길이와 각 변의 길이는 자연수이다. 예를 들어, 만들고자 하는 화단 둘레의 길이가 9m라고 하면 다음과 같은 3가지 경우의 화단을 만들 수 있다.

❶ 한 변의 길이가 1m, 두 변의 길이가 4m인 화단
❷ 한 변의 길이가 2m, 다른 변의 길이가 3m, 나머지 변의 길이가 4m인 화단
❸ 세 변의 길이가 모두 3m인 화단

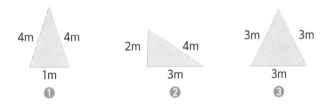

화단 둘레의 길이를 입력받아서 만들 수 있는 서로 다른 화단의 수를 구하는 프로그램을 작성하시오.

>> 입력 설명

화단의 길이 n이 주어진다($1 \leq n \leq 100$).

>> 출력 설명

입력받은 n으로 만들 수 있는 서로 다른 화단의 수를 출력한다.

>> 입출력 예시

입력	출력
9	3

✎ 문제 해설 200쪽

비선형 구조의 탐색

여기에서는 비선형 구조를 추상화한 그래프를 저장하는 방법을 익히고, 비선형 구조를 탐색하는 가장 기본적인 방법인 깊이 우선 탐색과 너비 우선 탐색을 활용한 문제를 해결하는 방법에 대해서 학습한다.

비선형 탐색이란 i번째 상태를 탐색힌 후 다음 상태인 i+1번째 상태가 2개 이상 존재하는 경우가 있는 구조로 탐색하는 방법을 말한다. 일반적으로 트리나 그래프로 상태들이 구성되어 있는 경우가 대표적인 비선형 구조이고, 이 트리나 그래프의 노드를 상태로 두고 이 상태들을 탐색해 나가는 방법을 비선형 탐색이라고 한다.

비선형 구조는 선형 구조와 달라서 모든 상태들을 단순히 반복문을 이용하여 탐색하기는 어렵다. 따라서 비선형 구조를 효율적으로 탐색하는 대표적인 알고리즘들을 익혀야 한다.

비선형 구조를 탐색하는 알고리즘은 크게 깊이 우선 탐색(DFS; Depth First Search)과 너비 우선 탐색(BFS; Breadth Firth Search)으로 나눌 수 있다. 이 단원에서는 먼저 비선형 구조의 대표적인 형태인 그래프를 프로그래밍으로 표현하기 위한 구현 방법을 학습한 후, 그래프를 탐색하는 대표적인 방법인 두 가지 탐색법을 알아보고 이를 활용하는 실습 문제들을 풀어본다.

1 그래프의 구현

그래프를 구현하는 방법은 크게 인접 행렬(adjacency matrix)과 인접 리스트(adjacency list)로 나눌 수 있다.

일반적으로 정보올림피아드를 비롯한 프로그래밍 대회에서 그래프의 정보는 정점(vertex)의 수, 간선(edge)의 수, 각 간선들이 연결하고 있는 정점 2개로 이루어진 경우가 대부분이다.

그림과 같이 실제로 그래프가 주어질 때, 이를 저장하는 인접 행렬과 인접 리스트의 2가지 방법을 살펴보자.

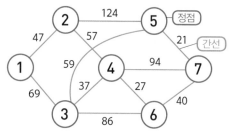

▲ 7개의 정점과 11개의 간선을 가지는 가중치(weighted) 그래프의 예 (간선에 시간, 거리 등의 값이 부여된 경우 이 값을 가중치라고 함)

이러한 그래프의 경우 일반적인 입력 데이터의 형식은 다음과 같다.

입력 형식	입력 데이터의 예
첫 번째 줄에 정점의 수 n과 간선의 수 m이 공백으로 구분되어 입력된다. 두 번째 줄부터 m개의 줄에 걸쳐서 간선으로 연결된 두 정점의 번호와 가중치가 공백으로 구분되어 입력된다.	7 11 1 2 47 1 3 69 2 4 57 2 5 124 3 4 37 3 5 59 3 6 86 4 6 27 4 7 94 5 7 21 6 7 40

▲ 그래프의 대표적인 입력 형식과 입력 데이터의 예

1. 인접 행렬의 구현

위 표의 입력 예시를 인접 행렬로 받기 위해서 2차원 배열을 이용한다. 먼저 최대 정점의 수에 맞추어 2차원 배열을 선언하고 각 배열의 칸에 연결된 정보를 저장한다. 위 그래프를 2차원 행렬을 이용하여 다음과 같이 저장한다.

	1	2	3	4	5	6	7
1	0	1	1	0	0	0	0
2	1	0	0	1	1	0	0
3	1	0	0	1	1	1	0
4	0	1	1	0	0	1	1
5	0	1	1	0	0	0	1
6	0	0	1	1	0	0	1
7	0	0	0	1	1	1	0

	1	2	3	4	5	6	7
1	0	47	69	0	0	0	0
2	47	0	0	57	124	0	0
3	69	0	0	37	59	86	0
4	0	57	37	0	0	27	94
5	0	124	59	0	0	0	21
6	0	0	86	27	0	0	40
7	0	0	0	94	21	40	0

왼쪽은 가중치가 없는 표현, 오른쪽은 가중치가 있는 표현이다. 예를 들어 3행 4열의 경우 왼쪽은 1, 오른쪽은 37이 기록되어 있다. 왼쪽은 0이면 간선 없음, 1은 간선이 있음을 의미한다. 오른쪽은 간선이 있을 때 가중치를 저장한다.

2차원 행렬을 이용하여 저장하는 소스 코드는 다음과 같다. 단, 최대 정점의 수는 100개로 가정한다.

행	C/C++	행	파이썬
1	#include <stdio.h>	1	
2	int G[101][101];	2	G=[[0]*110 for y in range(110)]
3	int main( ) {	3	
4	int i, n, m, a, b, w;	4	
5	scanf("%d %d",&n,&m);	5	n, m = map(int, input( ).split( ))
6	for(i=0; i<m; i++) {	6	for i in range(0, m) :
7	scanf("%d %d %d", &a, &b, &w);	7	a, b, w = map(int, input( ).split( ))
8	G[a][b] = G[b][a] = w;	8	G[a][b] = G[b][a] = w
9	}	9	
10	}	10	

2. 인접 리스트의 구현

인접 행렬에서는 그래프가 연결되지 않는 부분까지 모두 표현된다는 것을 앞에서 학습했다. 즉, 각 칸에 0이라고 기록된 부분은 연결이 되지 않은 부분을 의미한다. 사실 일반적인 그래프는 행렬 상에서 0이라고 표현되는 부분이 많을 가능성이 큰데, 알고리즘을 구현할 때 이 0이라고 표시된 부분까지 모두 조사해야 하므로 효율이 떨어진다. 이러한 단점을 극복하기 위하여 제안된 방법이 인접 리스트이다. 이 방법은 인접 행렬에서 0으로 표시된 부분은 저장하지 않으므로 더 효율적이다.

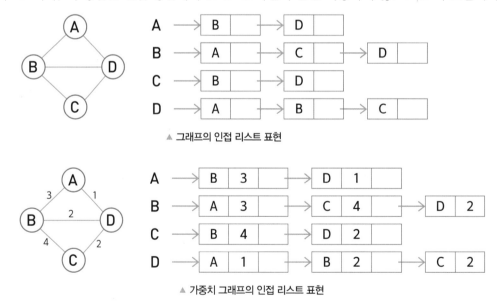

▲ 그래프의 인접 리스트 표현

▲ 가중치 그래프의 인접 리스트 표현

89쪽 입력 데이터의 예를 인접 리스트로 구현해 보자. 위 그림과 같이 연결 리스트 형태로 구현할 수도 있지만, STL에서 제공하는 std::vector를 이용하면 더 간단하다. 인접 리스트로 구현한 그림은 다음과 같다.

1	2	47	3	69			
2	1	47	4	57	5	124	
3	1	69	4	37	5	59	6	86
4	2	57	3	37	6	27	7	94
5	2	124	3	59	7	21		
6	3	86	4	27	7	40		
7	4	94	5	21	6	40		

　인접 리스트에서는 정점과 가중치의 쌍으로 간선이 있는 것만 연결한다. 예를 들어 1행의 경우 1-2 간선의 가중치는 47이고 1-3 간선의 가중치는 69라는 의미이다.

　위와 같이 std::vector를 이용하면 인접 행렬로 구현하는 것보다 공간을 적게 사용한다. 따라서 전체 탐색법을 구현할 때 당연히 탐색 시간도 줄일 수 있다. 계산량으로 표현하자면 인접 행렬로 모든 정점을 탐색하는 데 $O(nm)$의 시간이 드는데 반해, 인접 리스트로 표현하면 $O(n+m)$의 시간이 든다. 이렇듯 여러 가지 장점이 있기 때문에 대회에서는 주로 인접 리스트를 이용한 방법을 활용하는 경우가 많으므로 반드시 익혀둔다.

② 깊이 우선 탐색

　그래프 중 회로(cycle)가 없는 그래프를 '트리'라고 한다. 회로란 임의의 한 정점에서 출발하여 1개 이상의 간선을 거쳐서 다시 출발했던 정점으로 되돌아오는 경로를 말한다. 오른쪽 그림은 트리를 나타낸다. 이 트리의 가장 위에 있는 정점에서 출발하여 모든 정점들을 깊이 우선으로 탐색하는 순서를 알아보자.

　트리의 가장 위에 있는 정점에서 출발하고, 한 정점에서 이동 가능한 정점이 여러 개 있을 경우 왼쪽의 정점부터 방문한다고 가정하면, 단계별 탐색 과정은 다음과 같다.

▲ 10개의 정점과 9개의 간선을 가진 트리

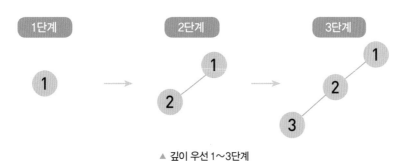

▲ 깊이 우선 1~3단계

깊이 우선 탐색 과정에서 3단계 이후 더 이상 진행할 수 있는 정점이 없다.

이처럼 더 이상 진행할 수 없을 때는 다시 이전 정점으로 되돌아가는 과정이 필요하다. 일반적으로 이 과정을 백트랙(backtrack)이라고 한다. 백트랙은 비선형 구조의 탐색에서 매우 중요하다. 백트랙은 스택(stack)이나 재귀 함수(recursion)를 이용하면 쉽게 구현할 수 있다.

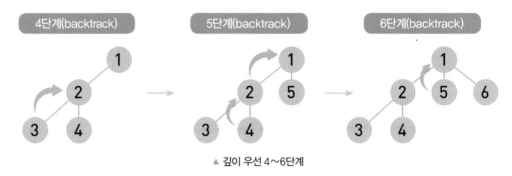

▲ 깊이 우선 4~6단계

4, 5, 6단계는 연속으로 백트랙이 발생한다. 이는 더 이상 진행할 수 없는 정점까지 도달했다는 것을 의미한다. 계속 해서 다음 단계로 진행하는 과정은 다음과 같다.

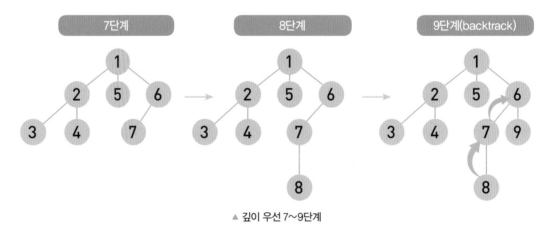

▲ 깊이 우선 7~9단계

위 단계에서 마지막 정점을 방문하면 깊이 우선 탐색이 완료된다.

▲ 탐색 종료

정리해 보면 깊이 우선 탐색이란 먼저 시작 정점에서 간선을 하나 선택하여 최대한 진행하고, 더 이상 진행할 수 없다면 백트랙하여 다시 다른 정점으로 진행하여 같은 과정을 반복하는 탐색법이다. 즉, 간선으로 연결된 모든 정점을 방문할 수 있는 탐색법이다.

깊이 우선 탐색의 알고리즘은 다음과 같다. 이 탐색법은 백트래킹(backtracking)이라는 알고리즘 설계 기법의 중심이다. 백트래킹 기법은 모든 문제를 해결할 수 있는 가장 기본적인 방법이므로 꼭 익혀둘 필요가 있다.

행	C/C++	행	파이썬
1	`bool visited[101];`	1	`visited = [0]*110`
2	`void dfs(int k) {`	2	`def dfs(k) :`
3	`    int i;`	3	
4	`    for( i=1; i<=n; i++ )`	4	`    for i in range(1, n+1) :`
5	`        if( G[k][i] && !visited[G[k][i]] ) {`	5	`        if G[k][i] and !visited[G[k][i]] :`
6	`            visited[G[k][i]] = true;`	6	`            visited[G[k][i]] = True`
7	`            dfs(G[k][i]);`	7	`            dfs(G[k][i])`
8	`        }`	8	
9	`    return;`	9	`    return`
10	`}`	10	

이 방법은 전체를 탐색하는 데 있어서 반복문을 n^2번 실행하게 된다. 따라서 평균적으로 인접 리스트보다 느리지만, 대신에 구현이 간편하므로 n 값이 크지 않은 문제라면 충분히 적용할 가치가 있다.

🟫 너비 우선 탐색

너비 우선 탐색은 깊이 우선 탐색과는 달리 현재 정점에서 깊이가 1인 정점을 모두 탐색한 뒤 깊이를 늘려가는 방식이다. 다음 그림의 트리를 통해서 너비 우선 탐색을 살펴보자.

먼저 1단계부터 4단계까지를 살펴보면 1에서 출발하여 깊이가 1인 세 정점을 모두 순차적으로 방문한다.

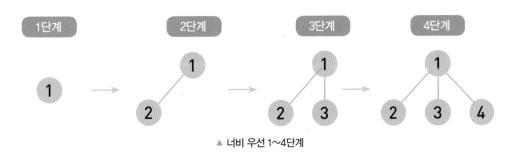

▲ 너비 우선 1~4단계

계속해서 너비 우선 탐색의 결과를 살펴보면 다음과 같다.

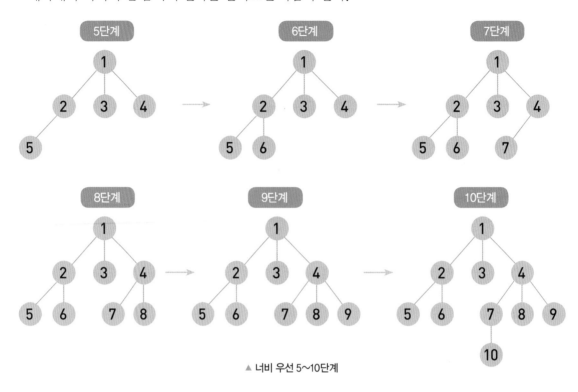

▲ 너비 우선 5~10단계

너비 우선 탐색은 백트랙을 하지 않는다. 대신에 현재 정점으로부터 깊이가 1인 정점을 모두 방문해야 하므로 큐(queue)라는 선입선출(FIFO; first in, first out) 자료 구조를 활용한다. 즉, 현재 정점에서 깊이가 1만큼 더 깊은 모든 정점을 순차적으로 큐에 저장하여 탐색에 활용한다. 따라서 STL에서 제공하는 std::queue를 활용하는 방법을 익힐 필요가 있다.

너비 우선 탐색 알고리즘은 다음과 같다.

행	코드	참고
1	`#include <queue>`	1: queue를 이용하기 위함
2	`using namespace std;`	
3	`bool visited[101];`	3: 방문했는지 체크해 두는 배열
4	`void bfs(int k) {`	
5	`    int i, current;`	
6	`    queue<int> Q;`	6: queue를 선언
7	`    Q.push(k);`	7: 출발 정점을 queue에 삽입
8	`    visited[k] = 1;`	
9	`    while(!Q.empty( )) {`	9: queue가 빌 때까지 반복
10	`        int current = Q.front( );`	
11	`        Q.pop( );`	11: queue에서 하나 삭제
12	`        for( i=0; i<G[current].size( ); i++ )`	12: 연결된 정점 모두 검사

행	코드	참고
13	`    if(!visited[G[current][i]]) {`	13: 아직 방문하지 않았으면
14	`        visited[G[current][i]] = 1;`	14,15: 체크 후 queue에 추가
15	`        Q.push(G[current][i]);`	
16	`    }`	
17	`}`	
18	`}`	

이 방법은 그래프를 인접 리스트에 저장하는 경우에 활용할 수 있으며, 전체를 탐색하는 데 있어서 반복문의 실행 횟수는 모두 m번이 된다. 인접 리스트로 저장하는 방법은 인접 행렬로 저장하는 방법보다 속도가 더 빠르기 때문에 자주 활용된다. 만약 인접 행렬로 그래프를 저장했다면 다음과 같이 작성하면 된다.

행	코드	참고
1	`#include <queue>`	1: queue를 이용하기 위함
2	`using namespace std;`	
3	`bool visited[101];`	3: 방문했는지 체크해 두는 배열
4	`void bfs(int k) {`	
5	`    int i, current;`	
6	`    queue<int> Q;`	6: queue를 선언
7	`    Q.push(k);`	7: 출발 정점을 queue에 삽입
8	`    visited[k] = 1;`	
9	`    while(!Q.empty( )) {`	9: queue가 빌 때까지 반복
10	`        int current = Q.front( );`	
11	`        Q.pop( );`	11: queue에서 하나 삭제
12	`        for( i=1; i<=n; i++ )`	12: 연결된 정점 모두 검사
13	`            if( G[current][i] && !visited[G[current][i]] ) {`	13: 검사하는 정점이 현재 정점과 연결되어 있고, 아직 방문하지 않았으면
14	`                visited[G[current][i]] = 1;`	14, 15: 체크 후 queue에 추가
15	`                Q.push(G[current][i]);`	
16	`            }`	
17	`    }`	
18	`}`	

이 방법은 전체를 탐색하는 데 있어서 반복문을 n^2번 실행하게 된다. 따라서 평균적으로 인접 리스트보다 느리지만, 대신에 구현이 간편하므로 n 값이 크지 않은 문제라면 충분히 적용할 가치가 있다.

3-01 상태 정의와 탐색하기 ①

- 코드업 문제 번호 2832
- 코이스터디 문제 번호 3119

문제 제시

⏱ 제한 시간: 1초

현진이가 계단을 올라가려고 한다. 계단은 모두 n칸으로 구성되어 있고, 현진이는 한 번에 1칸 또는 2칸을 오를 수 있다. 현진이가 0번째 칸에서 출발하여 n번째 칸으로 올라가는 서로 다른 방법의 수를 구하는 프로그램을 작성하시오.

예를 들어 만약 n이 3이면 다음과 같이 모두 3가지 경우가 있다.

```
1 1 1
1 2
2 1
```

>> 입력 설명

첫 번째 줄에 계단의 수를 나타내는 정수 n이 입력된다($1 \le n \le 15$).

>> 출력 설명

계단을 올라가는 서로 다른 경로의 수를 출력한다.

>> 입출력 예시

입력	출력
3	3

✎ 문제 해설 203쪽

• 코드업 문제 번호　2833
• 코이스터디 문제 번호　3120

문제 제시

⏱ 제한 시간: 1초

　현진이가 계단을 올라가려고 한다. 계단은 모두 n칸으로 구성되어 있고, 현진이는 한 번에 1칸이나 2칸 또는 3칸을 오를 수 있다. 현진이가 0번째 칸에서 출발하여 n번째 칸으로 올라가는 서로 다른 방법의 수를 구하는 프로그램을 작성하시오.

　예를 들어 만약 n이 3이면 다음과 같이 모두 4가지 경우가 있다.

```
1 1 1
1 2
2 1
3
```

>> 입력 설명

　첫 번째 줄에 계단의 수를 나타내는 정수 n이 입력된다($1 \leq n \leq 15$).

>> 출력 설명

　계단을 올라가는 서로 다른 경로의 수를 출력한다.

>> 입출력 예시

입력	출력
3	4

✎ 문제 해설 206쪽

3-03 상태 정의와 탐색하기 ③

• 코드업 문제 번호   2834
• 코이스터디 문제 번호   3121

문제 제시

현진이와 영미가 계단을 올라가려고 한다. 계단은 모두 n칸으로 구성되어 있고, 현진이와 영미는 한 번에 1칸 또는 2칸을 오를 수 있다. 현진이와 영미가 0번째 칸에서 출발하여 동시에 n번째 칸으로 올라가는 서로 다른 방법의 수를 구하는 프로그램을 작성하시오.

예를 들어 만약 n이 3이면 다음과 같이 모두 5가지 경우가 있다.

> (1, 1), (2, 2), (3, 3)
> (1, 1), (3, 3)
> (1, 2), (3, 3)
> (2, 1), (3, 3)
> (2, 2), (3, 3)

>> 입력 설명

첫 번째 줄에 계단의 수를 나타내는 정수 n이 입력된다(1≤n≤15).

>> 출력 설명

계단을 올라가는 서로 다른 경로의 수를 출력한다.

>> 입출력 예시

입력	출력
3	5

✎ 문제 해설 210쪽

3-04 상태 정의와 탐색하기 ④

- 코드업 문제 번호　　2835
- 코이스터디 문제 번호　3122

문제 제시

제한 시간: 1초

　현진이가 계단을 올라가려고 한다. 계단은 모두 n칸으로 구성되어 있고, 현진이는 한 번에 1칸이나 2칸 또는 3칸을 오를 수 있다. 그런데 현진이는 같은 행동을 연속으로 하는 것을 싫어하여 2번 연속으로 같은 칸 수만큼은 오르지 않는다. 예를 들어 1칸→2칸→1칸→3칸 순으로는 오르지만, 1칸→1칸 또는 2칸→2칸 순으로는 계단을 오르지 않는다. 현진이가 0번째 칸에서 출발하여 n번째 칸으로 올라가는 서로 다른 방법의 수를 구하는 프로그램을 작성하시오. 예를 들어 만약 n이 4이면 다음과 같이 모두 3가지 경우가 있다.

```
1 2 1
1 3
3 1
```

>> 입력 설명

　첫 번째 줄에 계단의 수를 나타내는 정수 n이 입력된다(1≤n≤15).

>> 출력 설명

　계단을 올라가는 서로 다른 경로의 수를 출력한다.

>> 입출력 예시

입력	출력
4	3

✎ 문제 해설 213쪽

3-05 극장 좌석 배치하기 ①

• 코드업 문제 번호   2651
• 코이스터디 문제 번호 1986

문제 제시

🕐 제한 시간: 1초

극장에 n개의 빈 좌석이 있다. 그리고 k명의 관객들이 영화를 보기 위해서 왔다. 이 관객들이 n개의 좌석에 앉을 수 있는 서로 다른 방법의 수를 구하는 프로그램을 작성하시오. 단, k명의 사람은 서로 구분되지 않는다.

>> 입력 설명

첫 번째 줄에 n과 k가 공백으로 구분되어 입력된다($1 \leq k \leq n \leq 30$).

>> 출력 설명

구한 답을 첫 번째 줄에 출력한다.

>> 입출력 예시

입력	출력
4 2	6

좌석 4개중 2개를 고르는 방법(검은색은 사람이 앉은 자리를 의미함)은 다음과 같이 6가지가 존재한다.

🖊 문제 해설 216쪽

문제 제시

제한 시간: 1초

극장에 n개의 빈 좌석이 있다. 그리고 k명의 관객늘이 영화를 보기 위해서 왔다. 이 관객들이 n개의 좌석에 앉을 수 있는 서로 다른 방법의 수를 구하는 프로그램을 작성하시오. 단, k명의 사람은 서로 구분되지 않으며, 한 명이 좌석에 앉으면 그 왼쪽이나 오른쪽 중 적어도 하나는 비어 있도록 배치해야 한다.

>> 입력 설명

첫 번째 줄에 n과 k가 공백으로 구분되어 입력된다($1 \leq k \leq n \leq 30$).

>> 출력 설명

구한 답을 첫 번째 줄에 출력한다.

>> 입출력 예시

입력	출력
4 2	4

좌석 4개중 2개를 고르는 방법(검은색은 사람이 앉은 자리를 의미함)은 다음과 같이 4가지가 존재한다.

✎ 문제 해설 220쪽

3-07 2*n 격자판에 도미노 채우기

• 코드업 문제 번호 2824
• 코이스터디 문제 번호 1063

문제 제시

 제한 시간: 1초

2*n의 격자판이 있다. 이 격자판을 도미노(1*2 또는 2*1 모양의 타일)를 이용하여 채울 수 있는 서로 다른 경우의 수를 구하시오. 단, n은 90 이하의 자연수이며 해의 크기가 int 범위를 초과할 수 있으므로 주의한다.

>> 입력 설명

첫 번째 줄에 n이 입력된다(1≤n≤20).

>> 출력 설명

서로 다른 모양으로 채우는 방법의 개수를 출력한다.

>> 입출력 예시

입력	출력
2	2

다음과 같이 2가지 방법이 있다.

문제 해설 224쪽

2*n 격자판에 2*2 타일과 도미노 비대칭 채우기

• 코드업 문제 번호   **2825**
• 코이스터디 문제 번호   **2281**

문제 제시

🕐 제한 시간: 1초

2*1 또는 2*2 크기의 타일로 2*n의 격자판을 좌우 대칭이 되지 않도록 채우는 경우의 수를 구하시오. 단, 타일은 회전시켜 사용할 수 있다.

>> 입력 설명

첫 번째 줄에 n이 입력된다(1 ≤ n ≤ 30).

>> 출력 설명

서로 다른 모양으로 좌우 대칭이 되지 않도록 채우는 방법의 개수를 출력한다.

>> 입출력 예시

입력	출력
3	4

다음과 같이 4가지 방법이 있다.

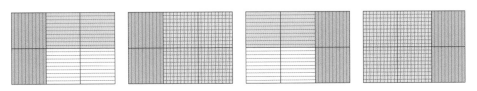

📎 문제 해설 227쪽

3-09 동아리 회장 선출하기

- 코드업 문제 번호   2608
- 코이스터디 문제 번호   3255

문제 제시

유동이가 속해 있는 정보 동아리에서 회장을 선출하려고 한다. 그런데 올해는 단일 후보만 등록하여 찬반 투표를 실시하기로 했다. n명의 학생이 O, X로 의사 표현을 한다면 나올 수 있는 경우를 모두 출력하시오. 예를 들어 2명이 투표하는 경우 나올 수 있는 경우는 OO / OX / XO / XX 이다.

>> 입력 설명

투표자 수 n이 입력된다($1 \leq n \leq 7$).

>> 출력 설명

나올 수 있는 경우를 출력한다.

>> 입출력 예시

입력	출력
2	OO OX XO XX

✎ 문제 해설 231쪽

숫자 1 만들기

- 코드업 문제 번호 4069
- 코이스터디 문제 번호 1981

문제 제시

⏱ 제한 시간: 1초

교원이는 숫자 1을 가장 좋아한다. 그래서 1이 아닌 숫자 n을 자신의 능력을 동원하여 1로 바꾸기를 즐겨한다. 교원이는 다음의 세 가지 능력을 가지고 있다.

① n이 2로 나누어떨어지면 2로 나눈다.

② n이 5로 나누어떨어지면 5로 나눈다.

③ n에서 1을 뺀다.

그렇다면 숫자 n을 1로 만들기 위한 교원이의 능력 사용 최소 횟수를 알려주는 프로그램을 작성하시오. 예를 들어, n이 10이라면 10→5→4→2→1로 네 번만에 1이 될 수도 있고, 10→2→1로 두 번만에 1이 될 수도 있다. 따라서 능력을 사용하는 최소 횟수는 2이다.

>> 입력 설명

첫 행에 1이 아닌 자연수 n이 주어진다(단, $1 \le n \le 100{,}000$).

>> 출력 설명

교원이의 능력 사용 최소 횟수를 출력한다.

>> 입출력 예시

입력	출력
10	2

✎ 문제 해설 234쪽

3-11 네모네모 로직

• 코드업 문제 번호   404
• 코이스터디 문제 번호   4033

문제 제시

제한 시간: 1초

네모네모 로직은 숫자를 이용하여 그림을 만드는 퍼즐로서 picross로 불리기도 한다. 네모네모 로직에 흥미를 느낀 길동은 이 퍼즐을 컴퓨터 프로그램으로 풀어보기로 하고, 우선 하나의 줄에 대해서 몇 가지 경우가 있는지를 헤아려 보기로 하였다.

아래의 그림에서 왼쪽이 15x15 크기의 퍼즐이다. 여기에 적혀진 숫자는 연속해서 칠해야 하는 칸의 수를 나타낸다. 예를 들어, "4 3"은 4칸 연속해서 칠한 다음에 3칸을 연속해서 칠한다는 의미이다. 그러나 칠해진 4칸과 칠해진 3칸 사이에는 최소한 1개 이상의 칠해지지 않은 칸이 있어야 한다. 왼쪽 문제에 대한 답은 오른쪽의 그림이다.

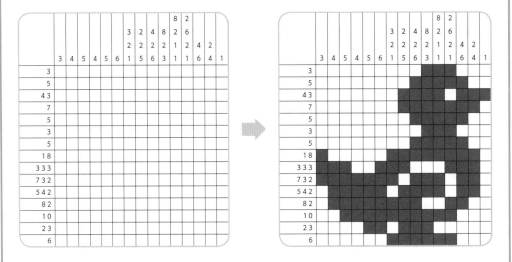

한 줄에 있는 칸의 수와 칠해야 되는 연속 칸을 나타내는 수들이 입력되었을 때, 몇 가지의 경우가 가능한지를 구하는 프로그램을 작성하시오.

>> 입력 설명

첫 번째 줄에는 전체 칸의 수 n이 입력된다(1≤n≤20).

두 번째 줄에는 연속 칸의 개수 k가 입력된다(1≤k≤n).

세 번째 줄에는 k개의 자연수가 공백으로 분리되어 입력된다. 이 숫자들은 각각의 연속 칸의 크기를 나타낸다. 입력은 최소한 1개 이상의 경우를 만들 수 있는 수들이 입력된다. 즉, n이 15일 때 "10 2 2"와 같이 색 칠하기가 불가능한 수는 입력되지 않는다.

>> 출력 설명

주어진 입력에 대하여 몇 가지의 칠하기가 가능한지를 하나의 정수로 출력한다.

>> 입출력 예시

입력	출력
15 3 5 4 3	4

> 문제 해설 238쪽

3-12 규칙에 맞는 이진수 만들기(small)

- 코드업 문제 번호 2653
- 코이스터디 문제 번호 1989

문제 제시

⏱ 제한 시간: 1초

다음 두 가지 규칙을 지키면서 이진수를 만들고자 한다. 가능한 서로 다른 이진수의 개수를 구하는 프로그램을 작성하시오.

- 규칙1 - 길이는 n이다.
- 규칙2 - 0이 연속으로 존재하면 안 된다.

예를 들어 길이가 3이라면, 길이가 3인 이진수는 000, 001, 010, 011, 100, 101, 110, 111의 8가지가 있다. 이 중 0이 연속으로 사용된 3개를 제외한 010, 011, 101, 110, 111 이렇게 5가지가 답이 된다.

>> 입력 설명

이진수의 길이 n이 입력된다(단, n은 20 이하의 자연수).

>> 출력 설명

가능한 경우의 수를 출력한다.

>> 입출력 예시

입력	출력
3	5

✎ 문제 해설 241쪽

3-13 자연수 분할하기

- 코드업 문제 번호   2826
- 코이스터디 문제 번호   2607

문제 제시

🕐 제한 시간: 1초

자연수 n을 입력받아서 n 이하의 자연수 합으로 분할할 수 있는 서로 나른 경우의 수를 구하는 프로그램을 작성하시오.

예를 들어 n이 5일 때 서로 다른 분할 방법은 다음과 같이 7가지가 있다.

```
5
4 1
3 2
3 1 1
2 2 1
2 1 1 1
1 1 1 1 1
```

>> 입력 설명

첫 번째 줄에 자연수 n이 주어진다($1 \leq n \leq 20$).

>> 출력 설명

n의 자연수 분할 방법의 개수를 출력한다.

>> 입출력 예시

입력	출력
5	7

🖎 문제 해설 244쪽

3-14 초등학생의 문제 해결

• 코드업 문제 번호   2823
• 코이스터디 문제 번호 2208

문제 제시

제한 시간: 1초

올해 초등학교에 입학한 경곽이는 학교에서 덧셈과 뺄셈을 배운 뒤로 숫자들이 나열된 수열만 보면 각 숫자들 사이에 '+'와 '−' 기호를 넣어 등식을 만드는 놀이를 하곤 한다. 예를 들어 수열 '8 3 2 4 8 7 2 4 0 8 8'이 있다면 '8+3−2−4+8−7−2−4−0+8=8'과 같이 만드는 것이다. 이때, 등호(=)는 마지막 앞의 원소에만 쓸 수 있다.

경곽이는 자신이 만든 등식이 성립하는지는 판단할 수 있지만, 아직 초등학교 1학년이기 때문에 음수는 이해할 수 없으며, 20을 초과하는 수에 대해서도 계산할 줄을 모른다. 따라서 계산 중간의 결과가 0 이상 20 이하인 경우로 구성된 등식에 대해서만 성립 여부를 판단할 수 있다.

입력된 수열을 이용해 경곽이가 만들 수 있는 모든 등식의 개수를 구하는 프로그램을 작성하시오.

>> 입력 설명

첫 번째 줄에는 수열의 길이를 나타내는 정수 n이 입력된다.

두 번째 줄에는 0 이상 9 이하의 정수가 n개 주어진다. 단, 정수들은 공백으로 구분되어 있다. n은 15 이하의 자연수이다.

>> 출력 설명

경곽이가 확인할 수 있는 올바른 등식의 모든 경우의 수를 출력한다.

>> 입출력 예시

입력	출력
11 8 3 2 4 8 7 2 4 0 8 8	10

✎ 문제 해설 247쪽

3-15 예산 관리하기

- 코드업 문제 번호 3510
- 코이스터디 문제 번호 1980

문제 제시

🕐 제한 시간: 1초

정보 교사인 승우는 모 부서에서 일하고 있다. 이 부서는 예산이 많은 편인데, 학기말이 가까워지면서 부서의 예산을 가급적 모두 집행해야 하는 상황이다. 승우는 예산 범위를 넘지 않는 범위 내에서 다양한 활동을 하고 싶어 한다. 지금 남은 예산(b)이 40만 원, 예산을 사용할 수 있는 활동(n)은 6개가 있다. 6개의 활동에 각각 드는 비용은 7, 13, 17, 19, 29, 31이다. 40만 원을 초과하지 않는 범위에서 가능한 활동들 중 일부를 나열하면 다음과 같다.

$$7+13+17=37$$
$$7+31=38$$
$$7+13+19=39$$

가능한 경우를 모두 구해보면 40만 원을 초과하지 않으면서 예산을 최대로 사용할 수 있는 비용은 39만 원이다. 승우를 도울 수 있는 프로그램을 작성하시오.

>> 입력 설명

첫 번째 줄에 b가 입력된다($10 \le b \le 35{,}000$).

두 번째 줄에 n이 입력된다($1 \le n \le 21$).

세 번째 줄에 n개 활동비가 공백으로 구분되어 입력된다.

>> 출력 설명

남은 예산을 초과하지 않으면서 최대로 사용할 수 있는 비용을 출력한다.

>> 입출력 예시

입력	출력
40 6 7 13 17 19 29 31	39

✎ 문제 해설 250쪽

3-16 담벼락 이동하기

• 코드업 문제 번호   2827
• 코이스터디 문제 번호   2887

문제 제시

제한 시간: 1초

송죽마을에는 벽돌로 이루어진 커다란 담벼락이 있다. 담벼락의 크기는 가로축에 놓인 벽돌의 최대 개수 n, 세로축에 놓인 벽돌 개수 m개로 아래와 같은 모양이다.

(1,7)	(2,7)	(3,7)	(4,7)	(5,7)	(6,7)
	(1,6)	(2,6)	(3,6)	(4,6)	(5,6)
(1,5)	(2,5)	(3,5)	(4,5)	(5,5)	(6,5)
	(1,4)	(2,4)	(3,4)	(4,4)	(5,4)
(1,3)	(2,3)	(3,3)	(4,3)	(5,3)	(6,3)
	(1,2)	(2,2)	(3,2)	(4,2)	(5,2)
(1,1)	(2,1)	(3,1)	(4,1)	(5,1)	(6,1)

▲ n(6) m(7) 모양의 담벼락

경곽이는 담벼락의 임의의 시작 지점 S(s1, s2)에서 목표 지점 G(g1, g2)로 이동할 수 있는 방법의 수를 알고 싶다. 다른 벽돌로는 다음과 같은 방법으로 이동할 수 있으며, 벽돌이 없는 곳으로는 이동할 수 없다.

(1,7)	(2,7)	(3,7)	(4,7)	(5,7)	(6,7)
	(1,6)	(2,6)	(3,6)	(4,6)	(5,6)
(1,5)	(2,5)	(3,5)	(4,5)	(5,5)	(6,5)
	(1,4)	(2,4)	(3,4)	(4,4)	(5,4)
(1,3)	(2,3)	(3,3) 경곽 →(4,3)	(5,3)	(6,3)
	(1,2)	(2,2)	(3,2)	(4,2)	(5,2)
(1,1)	(2,1)	(3,1)	(4,1)	(5,1)	(6,1)

▲ 임의의 벽돌 위치에서 인접한 벽돌로 이동할 때는 인접한 오른쪽, 왼쪽 상단, 오른쪽 상단 세가지 방향으로만 이동할 수 있다.

시작 지점 S에서 목표 지점 G로 이동하는 서로 다른 방법의 개수를 출력하는 프로그램을 작성하시오.

>> 입력 설명

첫 번째 줄에는 담벼락의 크기 n, m이 공백을 기준으로 주어진다($1 \leq n$, $m \leq 10$).

두 번째 줄에는 시작 지점 좌표 s1, s2와 목표 지점 좌표 g1, g2가 공백을 기준으로 주어진다.

>> 출력 설명

시작 지점 S에서 목표 지점 G로 이동하는 서로 다른 방법의 개수를 출력한다.

>> 입출력 예시

입력	출력
6 7 2 3 6 7	878

✎ 문제 해설 254쪽

3-17 숫자 생성 머신

- 코드업 문제 번호 2828
- 코이스터디 문제 번호 2602

문제 제시

🕐 제한 시간: 1초

경곽이에게는 수를 만드는 머신이 있다. 이 머신에 자연수 n과 m을 초깃값으로 설정한 후 숫자 p를 입력하면 각각의 초깃값에 입력한 숫자 p를 곱하여 출력해 준다. 예를 들어 2, 3을 처음 초깃값으로 입력하고 5를 넣으면 10과 15를 순서대로 만들어 준다. 경곽이는 머신에 n과 m의 초깃값을 설정한 후 1을 넣었고, 이후 머신이 만드는 수를 차례대로 계속 넣었다. 이때 k번째로 만들어지는 수를 구해보자.

예를 들어 2와 3을 초깃값으로 설정하고 1을 넣으면 2, 3이 나오고 나온 2와 3을 차례대로 넣으면 4, 6, 6, 9가 차례대로 나온다. 만약 2와 3을 입력하고 1부터 넣어서 다섯 번째 수를 찾기 위해 머신에서 나온 수를 순서대로 쓰면 2, 3, 4, 6, 6, 9이고 다섯 번째 수는 6, 여섯 번째 수는 9가 된다.

>> 입력 설명

첫 번째 줄에 n, m, k가 공백을 기준으로 순서대로 입력된다(1≤n, m≤10, 1≤k≤ 1,000,000).

>> 출력 설명

k번째로 만들어지는 수를 출력한다.
단 1,000,000,007로 나눈 나머지를 출력한다.

>> 입출력 예시

입력	출력
2 3 5	6

📝 문제 해설 257쪽

나이트 이동하기 ①

• 코드업 문제 번호　　2829
• 코이스터디 문제 번호　2605

문제 제시

⏱ 제한 시간: 1초

그림과 같이 5*5 체스판의 (3, 3)에 나이트(N)가 위치하고 있다. 나이트는 ×로 표시된 위치로 한 번에 이동할 수 있다.

경곽이는 n*m 체스판의 (x, y)에 나이트가 위치하고 있을 때 모든 칸에 최소 몇 번 만에 올 수 있는지 알고 싶다. 경곽이를 위해 n, m, x, y가 주어질 때 최소 몇 번 만에 해당 칸에 위치할 수 있는지 출력해 보시오.

```
○  ×  ○  ×  ○
×  ○  ○  ○  ×
○  ○  N  ○  ○
×  ○  ○  ○  ×
○  ×  ○  ×  ○
```

>> 입력 설명

첫 번째 줄에는 n, m이 공백을 기준으로 입력된다(1≤n, m≤1000).

두 번째 줄에는 x, y가 공백을 기준으로 입력된다(1≤x≤n, 1≤y≤m).

>> 출력 설명

n*m 체스판에 최소 몇 번 만에 갈 수 있는지 출력한다.

만약 갈 수 없는 위치면 −1을 출력한다.

>> 입출력 예시

입력	출력
3 3 1 1	0 3 2 3 −1 1 2 1 4

※ (2, 2)는 갈 수 없다.

✎ 문제 해설 260쪽

3-19 나이트 이동하기 ②

• 코드업 문제 번호   2830
• 코이스터디 문제 번호   2620

문제 제시

⏰ 제한 시간: 1초

그림과 같이 5*5 체스판의 (3, 3)에 나이트(N)가 위치하고 있다. 나이트는 x로 표시된 위치로 한 번에 이동할 수 있다.

경곽이는 n*m 체스판의 (x, y)에 나이트가 위치하고 있을 때 정확히 k번 이동하여 도착할 수 없는 칸의 개수를 알고 싶다. 경곽이를 위해 n, m, x, y, k가 주어질 때 정확히 k번 이동하여 도착할 수 없는 칸의 개수를 출력해 보시오. 참고로 같은 칸을 2번 이상 방문할 수 있으며, (2*3) 체스판의 경우 다음과 같은 6개 칸으로 이루어져 있다.

```
○ × ○ × ○
× ○ ○ ○ ×
○ ○ N ○ ○
× ○ ○ ○ ×
○ × ○ × ○
```

(1,1) (1,2) (1,3)
(2,1) (2,2) (2,3)

>> 입력 설명

첫 번째 줄에는 n과 m이 공백을 기준으로 입력된다(1≤n, m≤100,000).
두 번째 줄에는 x, y가 공백을 기준으로 입력된다(1≤x≤n, 1≤y≤m).

>> 출력 설명

정확히 k번 이동하여 도착할 수 없는 칸의 개수를 출력한다.

>> 입출력 예시

입력	출력
3 3 1 1 1	7

✎ 문제 해설 263쪽

3-20 미로 개척하기

- 코드업 문제 번호   2831
- 코이스터디 문제 번호   2617

문제 제시
제한 시간: 1초

크기가 H*W인 미로가 있다. 이 미로의 길은 '.', 벽은 '#'으로 구성되어 있으며 시작 위치 S와 도착 위치 G가 존재한다.

삼양이의 목표는 시작 위치 S에서 상, 하, 좌, 우로만 이동하여 도착 위치 G에 최단 거리로 도달하는 것이다. 그런데 삼양이는 미로에서 단 하나의 '#'을 '.'으로 만들 수 있는 능력이 있다. 위에서 제시한 각 정보가 주어질 때, S 위치로부터 G 위치까지의 최단 거리를 구하는 프로그램을 작성하시오. 단, 벽 하나를 길로 만들어도 도달할 수 없다면 −1을 출력한다.

>> 입력 설명

첫 번째 줄에 H와 W가 공백으로 구분되어 입력된다(단, H와 W는 5 이상 100 이하의 자연수).

두 번째 줄부터 H줄에 걸쳐서 W개로 이루어진 문자열이 입력된다. S와 G의 위치는 서로 다르다.

>> 출력 설명

출발지로부터 도착지까지의 최단 경로의 길이를 출력한다.

>> 입출력 예시

입력	출력
5 5 #S### #...# ##### #.... ###G#	6

📎 문제 해설 266쪽

3-21 상태 정의와 탐색하기 ⑤

• 코드업 문제 번호　2836
• 코이스터디 문제 번호　3124

문제 제시

🕐 제한 시간: 1초

현진이가 계단을 올라가려고 한다. 계단은 모두 n칸으로 구성되어 있고, 현진이는 한 번에 1칸이나 2칸 또는 3칸을 오를 수 있다. 그런데 현재 m번째 계단을 공사하고 있어서 현진이는 해당 계단을 사용할 수 없다. 현진이가 0번째 칸에서 출발하여 n번째 칸으로 올라가는 서로 다른 방법의 수를 구하는 프로그램을 작성하시오.

예를 들어 만약 n=4, m=2이면 다음과 같이 모두 3가지 경우가 있다.

> 1 2 1
> 1 3
> 3 1

>> 입력 설명

첫 번째 줄에 계단의 수 n과 사용할 수 없는 m번째 계단이 주어진다(1≤n≤15, 1≤m≤n).

>> 출력 설명

계단을 올라가는 서로 다른 경로의 수를 출력한다.

>> 입출력 예시

입력	출력
4 2	3

✎ 문제 해설 271쪽

탐색 공간의 배제

이번 SECTION에서는 알고리즘의 효율을 높일 수 있는 두 가지 설계 방법에 대해서 학습한다. 이 설계 방법을 이용하면 탐색 공간을 배제하여 탐색의 효율을 높일 수 있다.

탐색 공간 전체를 탐색하는 '전체 탐색법'은 원하는 답을 확실히 찾을 수 있는 알고리즘이다. 하지만 탐색 시간이 길다 보니 제한 시간 내에 문제를 해결할 수 없을 때가 많다. 전체 탐색법 구현 시 이러한 문제를 해소하기 위해 더 이상 탐색하지 않아도 답을 구하는 데 문제가 없는 부분을 판단하고 이 부분을 탐색 공간에서 배제하여 탐색의 효율을 높일 수 있는데, 이를 '탐색 공간의 배제'라고 한다.

탐색 공간의 배제는 불필요한 탐색 공간을 탐색하지 않음으로써 알고리즘의 효율을 향상시킨다. 방법은 다양한데, 기본적으로는 전체 탐색법으로 시작하여 탐색 공간을 줄일 수 있는 특정한 조건이 있다면 이 조건을 이용하여 탐색 영역을 배제하는 것이다.

배제되는 공간이 많으면 많을수록 알고리즘의 효율은 더 향상된다. 하지만 자칫 답이 존재하는 상태를 배제하면 원하는 정답을 구할 수 없는 경우가 발생할 수도 있다. 따라서 탐색 영역을 배제할 때는 엄밀한 접근이 필요하다.

1 수학적 배제를 이용한 설계

탐색 공간에서 배제할 영역을 결정할 때 해당 영역에는 구하는 답이 존재하지 않음을 수학적으로 증명할 수 있다. 예를 들어 앞에서 소개했던 이분 탐색 알고리즘의 경우 배제되는 탐색 영역에는 절대로 원하는 해가 없음을 수학적으로 보일 수 있다. 이와 같은 방법으로 탐색 공간을 줄여나가는 것이 수학적 배제 기법이다.

수학적 배제로 알고리즘을 설계하는 방법은 현재 상태와 이어진 여러 개의 다음 상태들 중 수학적으로 답이 존재할 가능성이 없는 다음 상태 전체를 배제하는 것이다. 이와 같은 방법을 해를 찾을 때까지 반복 적용하면 문제를 해결할 수 있다.

현재 상태와 이어진 여러 개의 다음 상태들 중 수학적으로 답이 존재할 가능성이 있는 하나만 선택하여 탐색하는 방법, 즉 비선형 구조의 탐색 공간으로부터 선형과 같은 형태로 탐색하여 해를 구하는 이러한 방법은 대표적인 알고리즘 설계법 중 하나인 '탐욕법(Greedy)'의 일종이라고 할 수 있다. 그런데 기존의 탐욕법은 항상 가장 좋은 상태만 선택해 나가는 방법이므로 이와 구분하기 위해서 여기에서는 '수학적 탐욕법(Mathematical Greedy)'이라는 용어를 사용하겠다.

다음 예는 루트 정점에서 출발하여 각 정점의 값을 누적하면서 마지막 정점까지의 합을 최대화하는 문제이다. 이 문제의 목적은 각 상태 값들의 합을 최대화하는 것이므로 '탐색 영역 배제의 규칙'을 적용하여 탐색 영역을 배제해 나가보자.

> **탐색 영역 배제의 규칙**
>
> 현재 상태에서 다음으로 탐색할 수 있는 정점들 중 더 높은 점수가 있는 정점으로 탐색한다.
> 즉, 더 작은 점수가 있는 정점의 영역을 배제한다.

이 규칙은 수학적으로 설득력이 있어 보인다. 왜냐하면 값을 최대화하기 위해서는 작은 값보다는 큰 값이 이득이기 때문이다. 이 방법으로 탐색을 진행하는 과정은 다음과 같다.

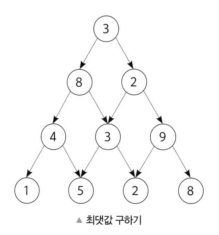

▲ 최댓값 구하기

처음 출발점인 루트에 적힌 3점을 획득하여 현재 점수는 3점이다. 다음으로 이동할 수 있는 정점들은 왼쪽 아래로 연결된 8점이 기록된 정점과 오른쪽 아래로 연결된 2점이 기록된 정점의 2가지이다. 이 상태에서 '탐색 영역 배제의 규칙'을 적용하여 값이 더 큰 8점이 기록된 정점을 선택하고 2점이 기록된 정점을 배제하고 진행한다. 이 규칙을 적용하여 마지막까지 탐색하면 다음 그림과 같이 3-8-4-5를 선택하게 되며, 이때 얻은 점수는 3+8+4+5=20이 된다.

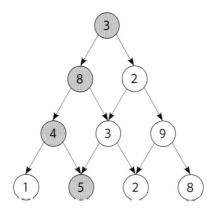

그렇다면 과연 20점 이상을 획득할 수 있는 경로는 존재하지 않을까? 아래에서 왼쪽 그림을 보자.

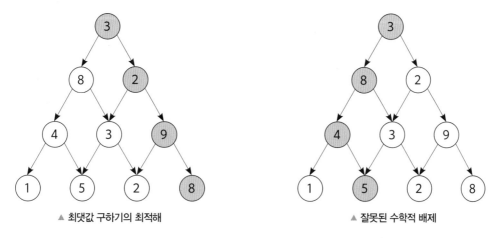

▲ 최댓값 구하기의 최적해   ▲ 잘못된 수학적 배제

위 결과를 보면 알 수 있듯이 3+2+9+8=22의 경로가 존재한다. 즉 이전에 영역을 배제했던 규칙이 잘못됐음을 알 수 있다.

이렇듯 수학적 배제로 문제를 해결하고자 할 때 엄밀한 접근 없이 단순히 직관적으로 탐색 공간 배제의 규칙을 결정하면 올바른 답을 구할 수 없다. 하지만 구현이 간단하며 정답과 차이가 크지 않은 해를 효율적으로 구할 수 있다는 장점이 있으므로 휴리스틱 탐색법 등에 응용할 수 있다.

2 경험적 배제를 이용한 설계

경험적 배제란, 탐색 중 획득한 정보들을 활용하여 더 이상 탐색할 필요가 없는 다음 상태들을 배제하는 것을 말한다. 탐색 중에 얻은 정보를 활용한다는 점에서 수학적 배제와 다르다.

탐색 공간을 배제하기 위해서는 다음 상태를 탐색할 필요가 있는지의 여부를 결정하는 조건을 설정해야 한다. 이 조건은 탐색을 시작할 때는 정할 수 없고, 탐색을 진행하는 동안 탐색 과정에서 획득한 정보를 이용하여 갱신해 나간다. 이와 같이 탐색 중 획득한 정보들을 활용하여 배제 조건을 정하기 때문에 '경험적 배제'라고 한다.

경험적 배제는 일반적으로 '가지치기(branch & bound)'라고도 한다. 이는 탐색 구조를 나무로 비유하고 탐색하지 않는 분기를 자르는 것이 마치 나무를 관리할 때 가지를 쳐내는 것과 유사하여 붙여진 이름이다.

다음과 같은 탐색 구조를 가지는 문제의 예를 보자.

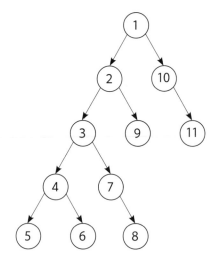

위 구조에서 각 번호는 탐색할 순서이다. 만약 2번에서 3번으로 진행하려고 할 때 3번 정점이 알고리즘에서 설정한 조건을 만족한다면 3번 정점 이하의 모든 정점들을 더 이상 탐색할 필요가 없으며, 바로 9번으로 진행할 수 있다.

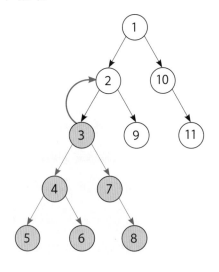

▲ 탐색 공간의 배제

위 그림은 더 이상 필요 없다고 판단한 영역을 배제하고 탐색한 결과를 나타낸다. 11회 탐색해야 할 문제를 6회 탐색만으로 동일한 결과를 얻을 수 있기 때문에 알고리즘의 효율을 향상시킨 결과가 된다.

일반적으로 더 이상 탐색할 정점이 없어서 되돌아오는 것을 '백트랙'이라고 하는데, 예시의 3번 정점에서 되돌아 온 흐름처럼 어떤 조건에 의해서 더 탐색할 공간이 있음에도 불구하고 돌아오는 흐름은 '바운딩(bounding)' 혹은 '커팅(cutting)'이라고 하여 백트랙과 구분한다.

▲ 바운딩

위 그림과 같이 바운딩은 공을 벽에 던지면 튕겨 나오는 상태를 말한다. 위의 예시에서 마치 3번 정점이 벽과 같아서 흐름이 튕기는 것처럼 느껴지기 때문에 바운딩이라는 용어를 쓴다. 이를 이해하면 가지치기(branch & bound)라는 이름의 의미를 알 수 있다.

경험적 배제 기법의 핵심은 더 이상 탐색할 필요가 없는 지점을 판단하는 기준을 정하는 것이다. 이 판단의 근거는 일반적으로 탐색 중에 얻을 수 있는 정보를 활용하는 경우가 대부분이다. 앞에서 다루었던 전체 탐색법의 예제들 중 분기 한정으로 효율을 향상시킬 수 있는 예제를 통하여 조건을 설정하는 방법을 익혀보자.

휴리스틱 탐색(Heuristic Search)

인공지능 분야에서는 완벽한 답을 구할 수 없더라도 허용 가능한 범위의 정답을 구할 수 있다면 많은 영역을 배제하는 탐색법도 매우 유용하게 활용된다. 이러한 탐색법을 휴리스틱 탐색이라고 하며 대표적인 방법으로는 언덕 오르기, 최선 우선 탐색, A* 알고리즘 등이 있다.

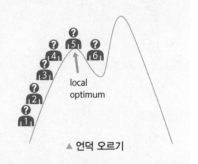

▲ 언덕 오르기

예를 들어 가장 높은 산봉우리를 찾는 것을 목표로 탐색을 진행할 때, 그림과 같이 현재 위치로부터 출발하여 더 이상 높은 곳으로 갈 수 없는 곳까지 진행하는 언덕 오르기 전략으로 접근할 수 있다. 하지만, 1-2-3-4-5-6과 같이 탐색을 진행하여 5가 봉우리라는 사실을 알았다고 해도 이 봉우리가 가장 높은 봉우리(global optimum)임을 장담할 수 없다. 왜냐하면 모든 봉우리를 다 찾아보기 전까지는 이 봉우리가 가장 높은 것임을 알 수 없기 때문이다. 따라서 이런 봉우리를 local optimum이라고 한다.

탐색 시간만 충분히 주어진다면 항상 가장 높은 봉우리를 찾을 수 있지만, 언덕 오르기와 같은 휴리스틱 탐색법은 가장 높은 봉우리는 아니더라도 문제 해결에 도움이 되는 적절한 local optimum을 찾을 수 있어서 인공지능 등에서 활용된다.

4-01 약수의 합 구하기

- 코드업 문제 번호   2635
- 코이스터디 문제 번호   188

문제 제시

⏱ 제한 시간: 1초

한 정수 N을 입력받는다. 1부터 N의 자연수들 중 N의 약수의 합을 구하는 프로그램을 작성하시오. 예를 들어 N이 10이라면 10의 약수는 1, 2, 5, 10이므로 구하고자 하는 값은 1+2+5+10의 결과인 18이 된다.

>> 입력 설명

첫 번째 줄에 정수 N이 입력된다($1 \le N \le 10,000,000,000$).

>> 출력 설명

N의 약수의 합을 출력한다.

>> 입출력 예시

입력	출력
10	18

✎ 문제 해설 274쪽

4-02 1~n에서 소수의 합 구하기

- 코드업 문제 번호   2624
- 코이스터디 문제 번호   117

문제 제시

🕐 제한 시간: 1초

한 정수 N을 입력받는다. N번째로 큰 소수를 구하여 출력한다. 예를 들어 N이 5라면 자연수들 중 소수는 2, 3, 5, 7, 11, 13…이므로 구하고자 하는 5번째 소수는 11이 된다.

>> 입력 설명

첫 번째 줄에 정수 N이 입력된다($1 \leq N \leq 100,000$).

>> 출력 설명

N 이하의 소수들의 합을 구하여 출력한다.

>> 입출력 예시

입력	출력
5	11
77	389

🖊 문제 해설 279쪽

4-03 삼각 화단 만들기(advance)

- 코드업 문제 번호 **4017**
- 코이스터디 문제 번호 **204**

문제 제시

⏱ 제한 시간: 1초

주어진 화단 둘레의 길이를 이용하여 삼각형 모양의 화단을 만들려고 한다. 이때 만들어진 삼각형 화단 둘레의 길이는 반드시 주어진 화단 둘레의 길이와 같아야 한다. 또한, 화단 둘레의 길이와 각 변의 길이는 자연수이다. 예를 들어, 만들고자 하는 화단 둘레의 길이가 9m라고 하면 다음과 같은 3가지 경우의 화단을 만들 수 있다.

❶ 한 변의 길이가 1m, 두 변의 길이가 4m인 화단
❷ 한 변의 길이가 2m, 다른 변의 길이가 3m, 나머지 변의 길이가 4m인 화단
❸ 세 변의 길이가 모두 3m인 화단

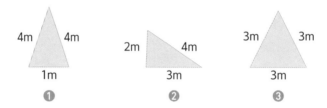

화단 둘레의 길이를 입력받아서 만들 수 있는 서로 다른 화단의 수를 구하는 프로그램을 작성하시오.

>> 입력 설명

화단의 길이 n이 주어진다($1 \leq n \leq 50,000$).

>> 출력 설명

입력 받은 n으로 만들 수 있는 서로 다른 화단의 수를 출력한다.

>> 입출력 예시

입력	출력
9	3

✎ 문제 해설 283쪽

철사로 직각삼각형 만들기(tiny) · 코드업 문제 번호 2838
· 코이스터디 문제 번호 690

문제 제시   ⏱ 제한 시간: 1초

길이가 L인 철사를 두 번 꺾어서 삼각형을 만들 수 있다. 다음 두 조건을 지켜서 삼각형을 만들어 보자.

❶ 세 변 모두 정수이어야 한다.

❷ 직각삼각형이어야 한다.

위 조건들을 만족시키면서 직각삼각형을 만들면 각 변의 길이는 아래와 같다.

* L이 12인 경우: 3, 4, 5
* L이 20인 경우: 없음
* L이 24인 경우: 6, 8, 10
* L이 40인 경우: 8, 15, 17
      :
* L이 120인 경우: (30, 40, 50), (20, 48, 52), (24, 45, 51)

길이 L을 입력받아서 L 이하의 수들 중 12, 24, 40과 같이 정확하게 한 가지의 직각삼각형만 만들 수 있는 수를 구하는 것이 목적이다.

>> 입력 설명

한 정수 N이 입력된다(N < 251).

>> 출력 설명

한 가지 직각삼각형만 만들 수 있는 개수를 출력한다.

>> 입출력 예시

입력	출력
15	1

✎ 문제 해설 286쪽

4-05 연구 활동 가는 길(large)

• 코드업 문제 번호   2840
• 코이스터디 문제 번호   479

문제 제시

🕐 제한 시간: 1초

삼양이는 집에서 출발하여 연구 활동 교수님을 뵈러 A 대학교를 가려고 한다. 출발점과 도착점을 포함하여 경유하는 지역 n개, 한 지역에서 다른 지역으로 가는 방법이 총 m개이며 삼양이의 집은 지역 1이고, A 대학교는 지역 n이라고 할 때 대학까지 최소 이동 거리를 구하시오.

다음 그래프는 예를 보여준다.

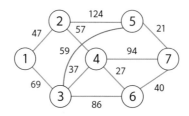

- 최소 이동 거리가 되는 경로: 1→3→5→7
- 최소 이동 거리: 69+59+21=149

>> 입력 설명

첫 번째 줄에 정점의 수 n과 간선의 수 m이 공백으로 구분되어 입력된다($3 \le n \le 1000$, $n-1 \le m \le 100,000$).

다음 줄부터 m줄에 걸쳐서 두 정점의 번호와 가중치($1 \le$ 가중치 $\le 100,000$)가 입력된다. 이때 루프 간선과 멀티 간선이 있을 수 있다.

- **루프 간선**: 한 정점에서 출발하여 그 정점에 도달하는 간선, 즉 자기 자신으로 연결된 간선
- **멀티 간선**: 정점 a에서 정점 b로 이동하는 2개 이상의 간선

>> 출력 설명

대학까지 가는 데 최소 이동 거리를 출력한다. 만약 갈 수 없다면 "−1"을 출력한다.

>> 입출력 예시

입력	출력
7 11 1 2 47 1 3 69 2 4 57 2 5 124 3 4 37 3 5 59 3 6 86 4 6 27 4 7 94 5 7 21 6 7 40	149

✎ 문제 해설 290쪽

4-06 물고기의 활동 영역

- 코드업 문제 번호　　2839
- 코이스터디 문제 번호　1185

문제 제시

⏱ 제한 시간: 1초

　정원이는 GS라는 물고기에 대한 연구를 하고 있다. GS는 수온이 일정하게 유지될 때 안정적으로 활동할 수 있다고 한다. 정원이는 연구를 위하여 직사각형 형태의 대형 수족관을 만들었다. 수족관의 크기는 세로, 가로가 각각 n, m이다. 각 단위 영역의 온도를 조사한 결과 GS가 활동할 수 있는 곳은 1, 그렇지 않은 곳은 0으로 표시한 표를 만들었다. 이 표를 바탕으로 할 때, GS가 활동할 수 있는 총 영역의 수를 구하는 프로그램을 작성하시오. 단 '활동할 수 있는 영역'이란 1로 표시된 임의의 영역으로부터 상, 하, 좌, 우로 인접한 1로 표시된 영역들의 집합(덩어리)을 의미한다.

>> 입력 설명

　첫 번째 줄에 수족관의 크기를 나타내는 정수 n과 m이 공백으로 구분되어 입력된다(n, m≤ 1,000).
　다음 줄부터 n줄에 걸쳐서 각 줄에 m개의 0 또는 1로 이루어진 문자열이 입력된다.

>> 출력 설명

　최대 영역의 개수를 출력한다.

>> 입출력 예시

입력	출력
3 4 1111 1000 1111	1
5 5 11111 10001 10101 10001 11111	2

✎ 문제 해설 295쪽

최소 합 구하기(tiny)

문제 제시

🕐 제한 시간: 1초

n개의 행과 n개의 열로 이루어진 행렬이 주어신나. 이때 한 행에서 한 숫자를 고르되, 행과 관계없이 한 번 선택한 열은 제외하면서 n개의 수를 선택한다.

즉, 총 n개의 수를 뽑을 것이다, 그리고 각 수는 100 이하의 값이다. 이 n개의 수의 합을 구할 때 최솟값을 구하시오.

>> **입력 설명**

첫 번째 줄에 n이 입력된다(1≤n≤10).

다음 줄부터 n+1줄까지 n개씩의 정수가 입력된다.

>> **출력 설명**

구한 최소 합을 출력한다.

>> **입출력 예시**

입력	출력
3 1 2 5 2 4 3 5 4 3	7

1행 2열의 "2", 2행 1열의 "2", 3행 3열의 "3"을 고르면 2+2+3이므로 7이 된다.

✎ 문제 해설 298쪽

4-08 가장 적은 수의 동전으로 거스름돈 주기

• 코드업 문제 번호   2634
• 코이스터디 문제 번호   167

문제 제시

제한 시간: 1초

경수는 프로그래밍 실력을 인정받아 전 세계적으로 사용할 수 있는 자동판매기용 프로그램의 개발을 의뢰받았다. 의뢰 내용은 거스름돈에 사용될 동전의 수를 최소화해달라는 것이다.

거슬러 줘야 할 돈의 액수와 그 나라에서 이용하는 동전의 가지 수 그리고 동전의 종류가 입력되면 거스름돈을 주는 여러 가지 방법들 중 가장 적은 동전의 수를 구하는 프로그램을 작성하시오.

>> 입력 설명

첫 번째 줄에는 거슬러 줘야 할 돈의 액수 M이 입력된다($10 \le M \le 10{,}000$).

다음 줄에는 그 나라에서 사용되는 동전의 종류의 수 N이 입력된다($1 \le N \le 10$).

마지막 줄에는 동전 수만큼의 동전 액수가 오름차순으로 입력된다($10 \le$ 액수 $\le M$).

>> 출력 설명

서로 다른 모양으로 좌우 대칭이 되지 않도록 채우는 방법의 개수를 출력한다.

>> 입출력 예시

입력	출력
730 5 10 50 100 500 1250	6

✎ 문제 해설 303쪽

4-09 공평하게 선물 나눠주기

· 코드업 문제 번호   4030
· 코이스터디 문제 번호   247

문제 제시

🕐 제한 시간: 1초

길동이, 길순이, 길삼이는 세쌍둥이인데 차례대로 첫째, 둘째, 막내이다. 3남매의 생일을 맞이하여 전국 각지에서 친지들이 보내온 수많은 선물이 도착하였다. 길동이 부모는 이 선물들을 3남매에게 어떻게 나누어 줄 것인가로 고민하고 있다. 선물의 크고 작음 때문에 발생할 수도 있는 남매 간의 다툼을 미연에 방지하고자 길동이 가족은 다음과 같이 나누기로 결정하였다.

❶ 선물의 내용을 미리 보지 않고 무게만을 기준으로 배분한다.

❷ 한 사람이 가지는 선물의 개수는 배분의 기준이 아니다.

❸ 선물이 공평하게 나누어질 수 있도록 3남매가 각각 가지는 선물들의 무게 합의 차이가 최소가 되도록 한다.

❹ 선물의 무게가 똑같이 나누어지지 못하는 경우에는 길동−길순−길삼의 순으로 무게의 합이 크도록 배분한다.

❺ 3남매가 가지게 되는 무게가 결정되면, 길삼−길순−길동의 순으로 선물을 선택한다.

길동이 부모의 수고를 덜어주고자 길동이 3남매가 가지게 될 선물의 무게를 계산하고자 한다. 선물 무게에 따른 선물 배분의 세부적인 조건은 다음과 같다.

조건1 아래의 d가 최소가 되도록 한다.

$$d = (길동\ 선물의\ 무게\ 합) - (길삼\ 선물의\ 무게\ 합)$$

조건2 같은 d가 되는 배분 방법이 여럿 존재하는 경우에는 길동의 선물의 무게 합이 적은 방법을 선택한다.

예를 들어 선물이 6개이고 그 무게가 '6, 1, 1, 1, 6, 9'와 같다면 길동은 무게의 합계가 12 길순은 12, 길삼은 9를 가지도록 배분하면 조건1에 따라 d는 12−9=3으로 최소가 된다. 길동 13,

✎ 문제 해설 308쪽

길순 10, 길삼 10으로 배분하는 방법도 13−10=3으로 차이가 3이 되지만, 조건2에 따라 답이 되지 못한다.

　그렇다면 선물의 무게가 입력되었을 때 3남매에게 나누어줄 선물의 무게 합을 구하는 프로그램을 작성하시오.

>> 입력 설명

　첫 번째 줄에 선물의 개수를 나타내는 정수 k가 입력된다(3≤k≤20).

　다음 줄에 선물의 무게를 나타내는 k개의 정수가 공백으로 분리되어 입력된다(0< 선물의 무게<100).

>> 출력 설명

　길동, 길순, 길삼의 순으로 3개의 정수를 하나의 공백으로 분리하여 출력한다.

>> 입출력 예시

입력	출력
6 6 4 4 4 6 9	12 12 9

문제 해결
실습해 보기

해설

> ### ☀ 해결 아이디어
>
> n개의 정수 집합에서 원하는 수 k가 몇 번째 위치에 있는지 탐색하는 문제로, 순차 탐색과 이분 탐색을 고려할 수 있다. 최대 n의 크기가 100,000이므로 처음부터 끝까지 차례대로 원하는 데이터인지 하나씩 비교해 가면서 k의 위치를 찾을 수 있다. 이렇듯 처음부터 끝까지 차례대로 비교하여 원하는 데이터를 찾는 것을 순차 탐색이라 한다.

❶ 상태의 정의 및 구조화

입력 데이터가 n개인 경우 배열(파이썬은 리스트)의 인덱스와 위치가 혼동되지 않도록 인덱스 0은 임의의 데이터를 넣고, 인덱스 1부터 실제 데이터를 저장한다. 탐색 구조를 다음과 같이 구성할 때, 초기 상태는 n개의 데이터 중 가장 앞에 있는 [1]이고, 목표 상태는 인덱스가 i인 경우 m[i]가 s인 상태 또는 s가 존재하지 않음을 발견한 상태가 된다.

이 문제의 계산량은 $O(n)$이다.

❷ 문제 해결을 위한 변수 설계

변수명	의미	입력값의 범위	비고
n	입력값(크기)	100,000 이하의 자연수	
s	입력값(찾는 값)	100,000 이하의 자연수	
d	데이터 배열		
found	목표 상태 탐색 여부		초깃값 = 1

❸ 문제 해결 코드 구현

반복문을 이용하여 순차 탐색하여 해를 구한다.

행	C/C++	행	파이썬
1	`#include <stdio.h>`	1	
2	`int d[101000];`	2	
3	`int main( ) {`	3	
4	`    int i, n, s, found = 1;`	4	`found = 1`
5	`    scanf("%d %d", &n, &s);`	5	`n, s = map(int,input( ).split( ))`
6	`    for( i=1; i<=n;i++ )`	6	`d = list(map(int,input( ).split( )))`
7	`        scanf("%d", &d[i]);`	7	`d = [0]+d`
8	`    for( i=1; i<=n; i++ ) {`	8	`for i in range(1,n+1) :`
9	`        if( d[i]==s ) {`	9	`    if d[i]==s :`
10	`            printf("%d\n", i);`	10	`        print(i)`
11	`            found = 0;`	11	`        found = 0`
12	`            break;`	12	`        break;`
13	`        }`	13	
14	`    }`	14	
15	`    if( found==1 )`	15	`if found==1 :`
16	`        printf("-1\n");`	16	`    print("-1")`
17	`}`	17	

코드에 대한 해설

   C/C++인 경우 반복문의 반복 변수 i를 1부터 n까지 반복하면서 입력받으면 되지만, 파이썬은 인덱스 0을 가진 리스트에 입력 데이터를 추가 연결하여 리스트를 완성하면 된다. C/C++과 파이썬은 Boolean 타입의 변수를 지원하고 있어 참과 거짓만 저장할 수 있는 자료형이 존재한다. 이를 이용하면 가독성이 높은 코드를 작성할 수 있다. 참고로 C 언어는 bool 타입이 없어서 컴파일 에러가 발생한다. 만약 C 언어에서 이와 같은 기능을 사용하려면 int형에 0(false 상태)과 1(true 상태)을 넣어 해결할 수 있다. 순차 탐색의 반복문 코드는 1번부터 n번까지 하나씩 원하는 값인지 비교해 나가면서 해당 위치를 찾을 수 있다. found 변수이 상태에 따라 −1을 출력하다

해결 아이디어

조건문을 연습할 수 있는 좋은 문제로 다양한 형태로 해결할 수 있다. 먼저 문제를 분석해보자. 이 문제는 다음과 같은 3가지 조건을 이용할 수 있다.

• 조건1: 400의 배수이다.
• 조건2: 4의 배수이다.
• 조건3: 100의 배수가 아니다.

조건들을 다음과 같이 비교하면 정확한 답을 구할 수 있다.

① 조건1이 참이면 윤년
② 조건2가 참이고 조건3이 참이면 윤년
③ 조건2가 참이고 조건3이 거짓이면 평년
④ 조건2가 거짓이면 평년

위 과정을 순서도로 표현하면 다음과 같다.

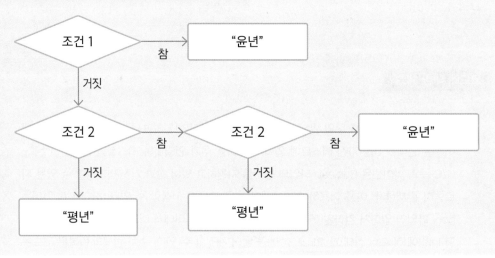

❶ 문제 해결을 위한 변수 설계

변수명	의미	값의 범위	비고
n	입력값(연도)	1~4,294,967,295	int 처리 불가

❷ 문제 해결 코드 구현

위 순서도를 조건문을 이용하여 코드로 구현한 결과는 다음과 같다.

행	C/C++	행	파이썬
1	`#include <stdio.h>`	1	
2	`int main( ) {`	2	
3	`    long long int n;`	3	
4	`    scanf("%lld", &n);`	4	`n = int(input( ))`
5	`    if( n%400==0 )`	5	`if n%400==0 :`
6	`        printf("Leap\n") ;`	6	`    print("Leap")`
7	`    else if( n%4==0 ) {`	7	`elif n%4==0 :`
8	`        if( n%100!=0 )`	8	`    if n%100!=0 :`
9	`            printf("Leap\n");`	9	`        print("Leap")`
10	`        else`	10	`    else :`
11	`            printf("Normal\n");`	11	`        print("Normal")`
12	`    } else`	12	`else :`
13	`        printf("Normal\n");`	13	`    print("Normal")`
14	`}`	14	

코드에 대한 해설

C/C++ 언어에서는 int의 최댓값이 2,147,483,647이므로 long long int를 활용했으나, 파이썬은 정수형이 매우 큰 수를 다룰 수 있으므로 위와 같이 작성해도 된다.

• 약수를 판단하는 방법

n이 m의 약수인지 판단하는 가장 일반적인 방법은 n을 m으로 나눈 나머지가 0인지 확인하는 것이다. 따라서 n은 400의 약수인지 판단하기 위해서 다음 조건을 활용할 수 있다.

```
n%400==0
```

다음으로 n을 m으로 나눈 후 다시 곱한 값이 n인지 비교해도 약수인지 판단할 수 있다. 예를 들어 n이 400의 배수인지 판단하기 위해서 다음과 같은 조건을 활용할 수도 있다.

```
n/400*400==n
```

C 언어에서 정수 간 나누기는 몫을 구하는 연산이므로, 어떤 정수 x를 정수 y로 나눈 후 다시 정수 y를 곱해도 x가 되지 않을 수 있다. 따라서 이 원리를 이용하여 n이 400의 배수인지 판단할 수 있다. 다음 표를 보면 400의 배수일 경우만 참임을 알 수 있다.

n	n/400	n/400*400	n/400*400==n
:	:	:	:
799	1	400	거짓
800	2	800	참
801	2	800	거짓
802	2	800	거짓

해설 2-03 터널 통과하여 운전하기

🔆 해결 아이디어

if∼else문의 중첩 구조를 학습할 수 있는 좋은 문제이다. 현재는 터널이 3개로 고정되어 있으므로 반복문을 활용할 필요가 없지만, 만약 터널의 개수가 변수일 경우에는 반복문을 활용해야 한다. 이 문제는 if문을 이용하여 각 터널의 높이가 168을 초과하는지를 판정하면 해결할 수 있다.

❶ 상태의 정의 및 구조화

처음 프로그램을 작성할 때는 명령의 종류와 순서를 결정하기 어렵다. 이럴 때는 문제의 상태를 순서도와 비슷하게 그림이나 도표로 정리해 보면 쉽게 코드로 옮길 수 있다.

다음은 이 문제의 전체 상태를 그래프(트리) 형태로 표현한 것이다.

초기 상태로부터 출발하여 각 상태를 거쳐서 목표 상태에 도달하면 문제를 해결한 것이다. 각 목표 상태는 어떤 터널에 충돌하거나 모든 터널을 통과한 상태가 된다. 목표 상태 1, 2, 3은 각 터널에 충돌하여 종료한 상태고, 목표 상태 4는 모든 터널을 통과하여 목적지에 도달한 상태를 의미한다.

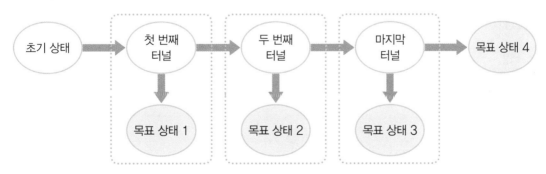

위 그림에서 점선으로 표시된 영역들을 보면 같은 과정을 3번 반복하고 있는 것을 알 수 있다. 이러한 구조는 반복 구조인 for문을 활용하여 쉽게 구현할 수 있는데, 3개로 정해져 있기 때문에 if~else 구조의 중첩으로도 해결할 수 있다.

❷ 문제 해결을 위한 변수 설계

변수명	의미	값의 범위	비고
h1	첫 번째 터널 입력	300 이하의 자연수	–
h2	두 번째 터널 입력		–
h3	세 번째 터널 입력		–
i	탐색자(터널 위치)	0: 첫 번째 터널 1: 두 번째 터널 2: 세 번째 터널	탐색 구조를 반복문으로 탐색

❸ 문제 해결 코드 구현

● 조건문을 활용한 코드

행	C/C++	행	파이썬
1	`#include <stdio.h>`	1	
2	`int main( ) {`	2	
3	`    int h1, h2, h3;`	3	
4	`    scanf("%d %d %d", &h1, &h2, &h3);`	4	`h1, h2, h3 = map(int, input( ).split( ))`
5	`    if( h1<169 )`	5	`if h1<169 :`
6	`        printf("CRASH %d\n", h1);`	6	`    print("CRASH", h1)`
7	`    else if( h2<169 )`	7	`elif h2<169 :`
8	`        printf("CRASH %d\n", h2);`	8	`    print("CRASH", h2)`
9	`    else if( h3<169 )`	9	`elif h3<169 :`
10	`        printf("CRASH %d\n", h3);`	10	`    print("CRASH", h3)`
11	`    else`	11	`else :`
12	`        printf("NO CRASH\n");`	12	`    print("NO CRASH")`
13	`}`	13	

● 반복문을 이용한 코드

행	C/C++	행	파이썬
1	`#include <stdio.h>`	1	
2	`int main( ) {`	2	
3	`    int i, h[3];`	3	
4	`    for( i=0; i<3; i++ )`	4	`h = list(map(int, input( ).split( )))`
5	`        scanf("%d", &h[i]);`	5	
6	`    for( i=0; i<3; i++ )`	6	`for i in range(3) :`
7	`        if( h[i]<169 ) {`	7	`    if h[i]<169 :`
8	`            printf("CRASH %d\n", h[i]);`	8	`        print("CRASH", h[i])`
9	`            return 0;`	9	`        exit(0)`
10	`        }`	10	
11	`    printf("NO CRASH\n");`	11	`print("NO CRASH")`
12	`}`	12	

코드에 대한 해설

for문의 탐색자 i를 이용하여 세 곳의 터널을 탐색하면서 답을 구하는 코드이다.

파이썬의 경우 출력문을 다음과 같이 문자열 형태로 연결할 수도 있고, C 언어처럼 형식지정자를 활용할 수도 있다.

문자열 형태로 연결	형식지정자 활용
`print("CRASH "+str(h1))`	`print("CRASH %d" % h1)`

파이썬의 경우 스페이스로 구분하여 여러 개의 정수를 다음과 같이 입력받을 수 있다.

`h1,h2,h3 = map(int, input().split(" "))`

스페이스로 구분할 때는 다음과 같이 구분자를 생략하여 활용해도 된다.

`h1,h2,h3 = map(int, input().split())`

홀수를 사랑한 세종이

💡 해결 아이디어

n개의 자연수를 입력받아서 홀수인지 짝수인지 판단하여 홀수의 개수를 출력하는 문제이다. n개의 자연수를 모두 탐색해야 하므로 선형 구조를 생각할 수 있다. 따라서 반복문을 이용하여 탐색하면 문제를 해결할 수 있다. 홀수인지 짝수인지를 판단하는 부분은 조건문을 활용할 수 있다.

❶ 상태의 정의 및 구조화

만약 탐색해야 하는 자연수의 개수가 5이고 자연수가 각각 1, 2, 3, 4, 5이면 상태는 다음과 같이 정의할 수 있다.

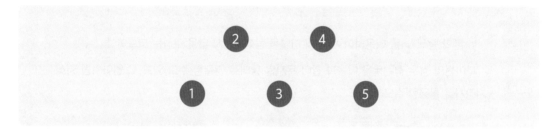

각 상태들을 탐색할 수 있도록 다음과 같이 구조화한다.

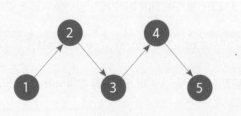

구조화된 선형 구조를 탐색하기 위해서 초기 상태와 목표 상태를 다음과 같이 설정할 수 있다.

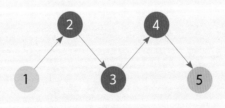

▲ 1은 초기 상태, 5는 목표 상태

탐색을 시작할 때의 현재 상태는 초기 상태이고 탐색이 종료될 때의 현재 상태는 목표 상태이다. 따라서 현재 상태가 목표 상태가 되면 문제를 해결할 수 있다. 초기 상태인 1에서 탐색을 시작하여 다음 상태인 2로 진행하기 위해서 필요한 수행 작업을 정해야 한다. 이 문제에서의 수행 작업은 다음과 같다.

> – 현재 상태의 값이 홀수이면 ans 값을 1 증가시킴
> – 다음 상태로 진행
>
> *ans: 답을 저장할 변수로 탐색 중에 현재 상태까지의 답을 저장함

따라서 조건문을 이용하여 수행 작업을 구현할 수 있다.

탐색의 과정과 ans의 값은 다음과 같다.

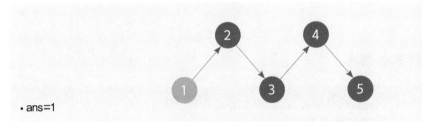

- ans=1

▲ 현재 상태가 1일 때(즉, 현재 상태=초기 상태)

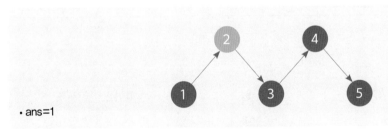

- ans=1

▲ 현재 상태가 2일 때

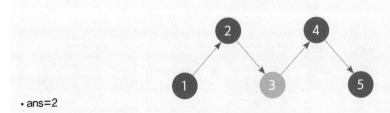

- ans=2

▲ 현재 상태가 3일 때

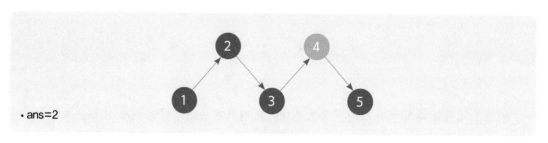

• ans=2

▲ 현재 상태가 4일 때

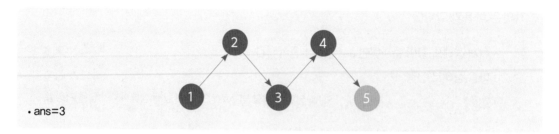

• ans=3

▲ 현재 상태가 5일 때(즉, 현재 상태=목표 상태)

이와 같이 탐색을 이용하여 문제를 해결할 수 있다. 선형 구조의 탐색은 반복문을 이용하여 쉽게 구현할 수 있다.

❷ 문제 해결을 위한 변수 설계

변수명	의미	입력값의 범위	비고
n	입력값(원소의 개수)		
d	배열(입력값 저장)		
ans	홀수의 개수 저장		초깃값 = 0

❸ 문제 해결 코드 구현

행	C/C++	행	파이썬
1	`#include <stdio.h>`	1	
2	`int d[10100];`	2	
3	`int main( ) {`	3	
4	`int n, i, ans = 0;`	4	`ans = 0`
5	`scanf("%d", &n);`	5	`n = int(input( ))`
6	`for( i=0; i<n; i++ )`	6	`d = list(map(int, input( ).split( )))`
7	`scanf("%d", &d[i]);`	7	
8	`for( i=0; i<n; i++)`	8	`for i in range( n ) :`
9	`if(d[i]%2==1)`	9	`if d[i]%2==1`

```
10              ans++;
11       printf("%d\n", ans);
12  }
```

```
10              ans += 1
11    print(ans)
12
```

코드에 대한 해설

for문과 탐색자 i를 이용하여 초기 상태인 1로부터 목표 상태인 n까지 탐색하여 문제를 해결해 나가는 코드이다. 조건문을 이용하여 홀수인지 짝수인지 판단한다.

홀수의 합 구하기

7개의 자연수를 입력받아서 홀수인지 짝수인지 판단하여 홀수들의 합을 출력하는 문제이다. 7개의 자연수를 모두 탐색해야 하므로 선형 구조를 생각할 수 있다. 따라서 반복문을 이용하여 탐색하면 문제를 해결할 수 있다. 홀수인지 짝수인지를 판단하는 부분은 조건문을 활용할 수 있다.

❶ 상태의 정의 및 구조화

만약 탐색해야 하는 자연수의 개수가 7이고 자연수가 각각 12, 39, 40, 51, 75, 87, 92이면 상태는 다음과 같이 정의할 수 있다.

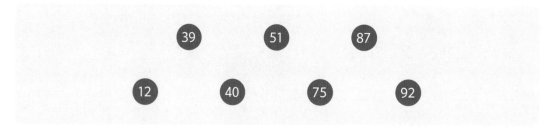

각 상태들을 탐색할 수 있도록 다음과 같이 구조화한다.

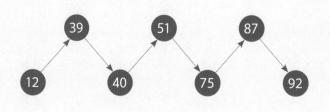

구조화된 선형 구조를 탐색하기 위해서 초기 상태와 목표 상태를 다음과 같이 설정할 수 있다.

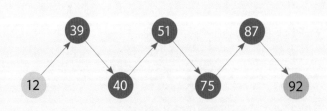

▲ 12는 초기 상태, 92는 목표 상태

탐색을 시작할 때의 현재 상태는 초기 상태이고 탐색이 종료될 때의 현재 상태는 목표 상태이다. 따라서 현재 상태가 목표 상태가 되면 문제를 해결할 수 있다. 12에서 탐색을 시작하여 다음 상태인 39로 나아가기 위해서 어떤 작업을 해야 할지 수행 작업을 정해야 한다. 이 문제에서의 수행 작업은 다음과 같다.

- 현재 상태의 값이 홀수이면 ans 변수에 상태의 값을 누적함
- 다음 상태로 진행

따라서 조건문을 이용하여 수행 작업을 구현할 수 있다.

탐색의 과정과 ans의 값은 다음과 같다.

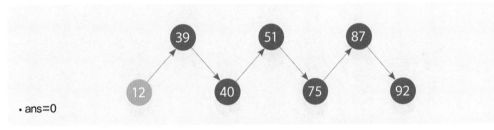

- ans=0

▲ 현재 상태가 12일 때(즉, 현재 상태=초기 상태)

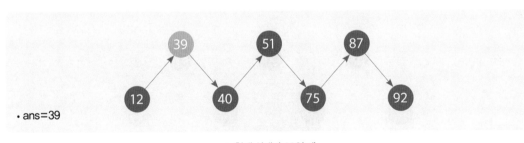

- ans=39

▲ 현재 상태가 39일 때

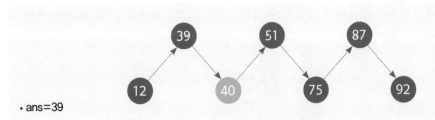

- ans=39

▲ 현재 상태가 40일 때

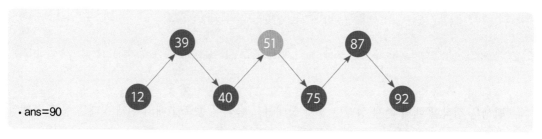

▲ 현재 상태가 51일 때

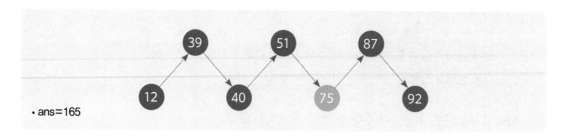

▲ 현재 상태가 75일 때

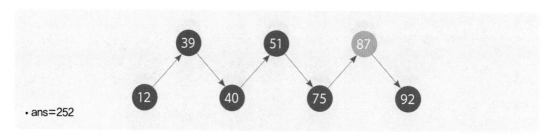

▲ 현재 상태가 87일 때

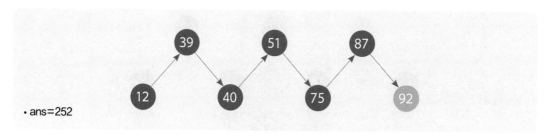

▲ 현재 상태가 92일 때(즉, 현재 상태=목표 상태)

이와 같이 탐색을 이용하여 문제를 해결할 수 있다. 선형 구조의 탐색은 반복문을 이용하여 쉽게 구현할 수 있다.

❷ 문제 해결을 위한 변수 설계

변수명	의미	입력값의 범위	비고
d	배열(입력값 저장)		
ans	홀수의 총합 저장		초깃값 = 0

❸ 문제 해결 코드 구현

행	C/C++
1	`#include <stdio.h>`
2	`int d[10];`
3	`int main( ) {`
4	`    int i, ans = 0;`
5	`    for( i=0; i<7; i++ )`
6	`        scanf("%d", &A[i]);`
7	`    for( i=0; i<7; i++ )`
8	`        if( A[i]%2==1 )`
9	`            ans += A[i];`
10	`    if( ans>0 )`
11	`        printf("%d\n", ans);`
12	`    else`
13	`        printf("-1\n");`
14	`}`

행	파이썬
1	
2	
3	
4	`ans = 0`
5	`d = list(map(int, input( ).split( )))`
6	
7	`for i in range(7) :`
8	`    if d[i]%2==1 :`
9	`        ans += d[i]`
10	`if ans > 0 :`
11	`    print(ans)`
12	`else :`
13	`    print(-1)`
14	

코드에 대한 해설

for문과 탐색자 i를 이용하여 초기 상태인 1로부터 목표 상태인 n까지 탐색하여 문제를 해결해 나가는 코드이다. 조건문을 이용하여 홀수인지 짝수인지 판단한다.

💡 해결 아이디어

하나의 자연수를 입력받아서 주어진 패턴을 출력하는 문제다. 이런 경우는 1부터 n까지 모든 자연수를 탐색해야 하는 선형 구조로 생각할 수 있으므로 반복문을 이용하여 탐색하면 문제를 해결할 수 있다. 또한 3, 6, 9의 포함 여부에 따라 X를 출력할지 판단하는 부분은 조건문을 활용할 수 있다.

❶ 상태의 정의 및 구조화

만약 입력받은 값 n이 7이라면 상태는 다음과 같이 자연수 1부터 7까지 각 자연수로 정의할 수 있다.

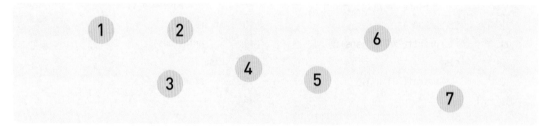

각 상태들을 탐색할 수 있도록 다음과 같이 구조화한다.

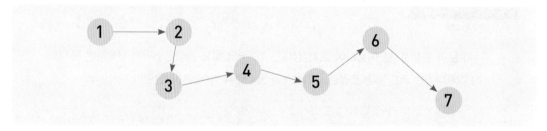

구조화된 선형 구조를 탐색하기 위해서 초기 상태와 목표 상태를 다음과 같이 설정할 수 있다.

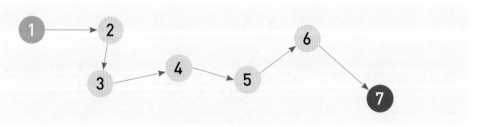

▲ 1은 초기 상태, 7은 목표 상태

탐색을 시작할 때의 현재 상태는 초기 상태이고 탐색이 종료될 때의 현재 상태는 목표 상태이다. 따라서 현재 상태가 목표 상태가 되면 문제를 해결할 수 있다.

1에서 탐색을 시작하여 다음 상태인 2로 나아가기 위해서 어떤 작업을 해야 할지, 즉 수행 작업을 정해야 한다. 이 문제에서의 수행 작업은 다음과 같다.

> 현재 상태의 값이 3, 6, 9이면 "X"를 출력하고 아니면 현재 상태를 출력한 후 다음 상태로 진행

따라서 조건문을 이용하여 수행 작업을 구현할 수 있다.

탐색의 과정 및 출력 결과는 다음과 같다.

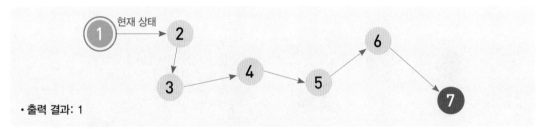

▲ 현재 상태가 1일 때(즉, 현재 상태=초기 상태)

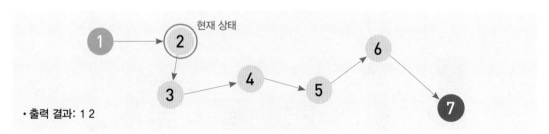

▲ 현재 상태가 2일 때

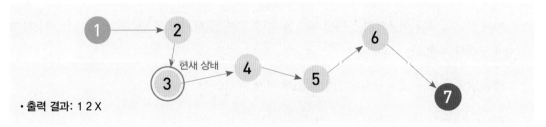

▲ 현재 상태가 3일 때

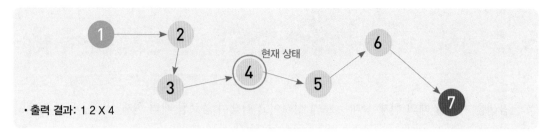

• 출력 결과: 1 2 X 4

▲ 현재 상태가 4일 때

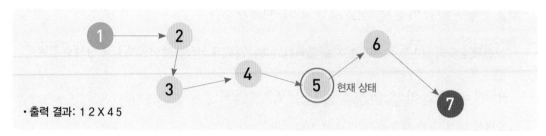

• 출력 결과: 1 2 X 4 5

▲ 현재 상태가 5일 때

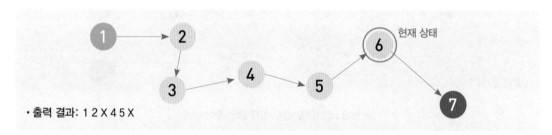

• 출력 결과: 1 2 X 4 5 X

▲ 현재 상태가 6일 때

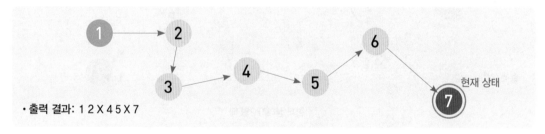

• 출력 결과: 1 2 X 4 5 X 7

▲ 현재 상태가 7일 때(즉, 현재 상태=목표 상태)

이와 같이 탐색을 이용하여 문제를 해결할 수 있으며, 선형 구조의 탐색은 반복문을 이용하여 쉽게 구현할 수 있다.

다음 입력에 대한 상태 변화도 한번 확인해 보자.

입력값: 9

● 탐색 중의 상태 변화

현재 상태	수행 작업(탐색 중인 현재 상태를 규칙에 맞도록 출력)	비고
1	1	초기 상태
2	2	
3	X	3, 6, 9이므로 X
4	4	
5	5	
6	X	3, 6, 9이므로 X
7	7	
8	8	
9	X	3, 6, 9이므로 X 목표 상태

이와 같이 상태 변화를 직접 확인하면 코드 작성할 때 큰 도움이 되므로 간단한 사례들은 직접 손으로 구현해보는 습관을 기르는 것이 좋다.

❷ 문제 해결을 위한 변수 설계

변수명	의미	값의 범위	비고
n	입력값	10 이하의 자연수	−
i	탐색자 (현재 상태)	1~n	현재 상태를 나타냄 초기 상태=1 목표 상태=n

❸ 문제 해결 코드 구현

반복문을 이용하여 선형 구조의 탐색을 구현한다.

행	C/C++	행	파이썬
1	`#include <stdio.h>`	1	
2	`int main( ) {`	2	
3	`    int i, n;`	3	
4	`    scanf("%d",&n);`	4	`n = int(input( ))`
5	`    for( i=1; i<n+1; i++ )`	5	`for i in range( 1, n+1 ) :`
6	`        if( i==3 or i==6 or i==9 )`	6	`    if i==3 or i==6 or i==9 :`
7	`            printf("X ");`	7	`        print("X", end=" ")`
8	`        else`	8	`    else :`
9	`            printf("%d ", i);`	9	`        print(i, end=" ")`
10	`}`	10	

for문과 탐색자 i를 이용하여 초기 상태인 1로부터 목표 상태인 n까지 탐색하여 문제를 해결해 나가는 코드이다.

파이썬 코드의 출력문은 오른쪽과 같이 나타낼 수도 있다.

`print(i, end=" ")`	`print("%d "%(i), end="")`

C 코드의 printf()문은 마지막에 줄 바꿈을 하지 않으나, 파이썬 코드의 print()는 기본적으로 줄을 바꾼다. 줄 바꿈을 하지 않으려면 마지막에 end를 이용해서 처리할 방법을 지정해야 한다.

해설 2-07 두 수의 최대공약수 구하기

💡 해결 아이디어

두 정수 a, b를 입력받아서 이들의 최대공약수를 구하는 문제이다. 두 정수의 약수를 모두 구하면 공약수를 알 수 있고 이 중 가장 큰 값을 찾는 방법으로 접근해 보자. 수학 공식을 쓰지 않고 이와 같은 문제를 어떻게 해결할 수 있을까?

이 문제는 컴퓨터의 빠른 속도를 이용한 탐색으로 해결하기에 적합하다. 따라서 탐색 구조를 잘 설계한 후 반복문으로 탐색하면 문제를 쉽게 해결할 수 있다.

❶ 상태의 정의 및 구조화

입력받는 값이 a, b로 2개이기 때문에 몇 개의 상태로 정의할지 고민해야 한다.

일반 컴퓨터가 1초 동안 탐색할 수 있는 상태의 수는 대략 1억 개 내외이므로 문제를 탐색으로 해결할 때는 상태의 수가 적을수록 좋다. 왜냐하면 상태의 수가 적으면 탐색해야 할 공간의 크기도 줄어들기 때문이다.

이 문제에서는 탐색할 상태의 수를 a, b 중 하나로 정할 수 있다. 물론 입력의 최대값인 10000으로 정해도 되지만 a, b 중 작은 값으로 하는 것이 효율적이므로 상태의 수는 min(a, b)로 한다.

각 상태들을 탐색할 수 있도록 다음과 같이 구조화한다.

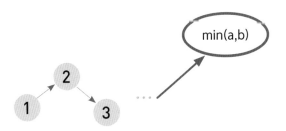

구조화된 선형 구조를 탐색하기 위해서 초기 상태와 목표 상태를 다음과 같이 설정할 수 있다.

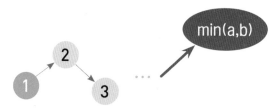

▲ 1은 초기 상태, min(a,b)는 목표 상태

초기 상태로부터 시작하여 목표 상태까지 탐색할 때 다음 상태로 진행하기 위한 수행 작업은 다음과 같이 정할 수 있다.

> 현재 상태를 c라 할 때, a와 b를 모두 c가 나눌 수 있으면 c를 답으로 지장한 후 다음 상태로 진행

위의 수행 작업을 잘 이해할 필요가 있다. 현재 상태의 값 c가 두 수 a, b를 모두 나눌 수 있으면 c는 a, b의 공약수이다. 따라서 답이 될 수 있는 후보이므로 저장한다. 탐색의 방향이 점점 큰 값으로 진행되므로 결국 마지막에 구한 c 값이 최대공약수가 된다. 따라서 모든 값을 저장할 필요 없이 새로운 c가 구해질 때마다 이전 답을 지우고 갱신해도 문제를 해결할 수 있다.

다음 입력에 대한 상태 변화도 한번 확인해 보자.

> 입력값: 8 20

● 탐색 중의 상태 변화

현재 상태	수행 작업(현재 상태가 8, 20의 공약수면 현재 상태 저장)	비고
1	1	초기 상태
2	2	
3	2	
4	4	
5	4	
6	4	
7	4	
8	4	목표 상태

❷ 문제 해결을 위한 변수 설계

변수명	의미	값의 범위	비고
a	첫 번째 입력값	10,000 이하의 자연수	–
b	두 번째 입력값		

변수명	의미	값의 범위	비고
c	탐색자	1~min(a, b)	현재 상태를 표현 초기 상태=1 목표 상태=min(a, b)
x	a와 b 중 최솟값 입력		

❸ 문제 해결 코드 구현

반복문을 이용하여 선형 구조의 탐색을 구현한다.

행	C/C++	행	파이썬
1	`#include <stdio.h>`	1	
2	`int main( ) {`	2	
3	`    int a, b, c, x, ans;`	3	
4	`    scanf("%d %d", &a, &b);`	4	`a, b = map(int, input( ).split( ))`
5	`    x=( a>b ? b : a );`	5	`x = a if a<b else b`
6	`    for( c=1; c<=x; c++ )`	6	`for c in range(1, x+1) :`
7	`        if( a%c==0 and b%c==0 )`	7	`    if a%c==0 and b%c==0 :`
8	`            ans = c;`	8	`        ans = c`
9	`    printf("%d\n",ans);`	9	`print(ans)`
10	`}`	10	

코드에 대한 해설

for문과 탐색자 c를 이용하여 초기 상태인 1로부터 목표 상태인 x까지 순차적으로 탐색하며 문제를 해결해 나간다.

두 수 중 작은 수를 x로 만드는 언어별 코드는 다음과 같다.

C/C++	파이썬
x=(a>b?b:a);	x = a if a<b else b

C 언어는 삼항연산자를 이용하여 a, b 중 작은 값을 x에 대입할 수 있다. 문법은 다음과 같다.

변수 = 조건 ? 참일 때 값 : 거짓일 때 값

파이썬의 경우에도 다음과 같이 if를 활용하여 처리할 수 있다.

변수 = 참일 때 값 if 조건 else 거짓일 때 값

☀ 해결 아이디어

임의의 자연수를 입력받아 상태 공간을 구성하고, 이 상태 공간을 반복문을 이용하여 탐색한 후 얻어진 결과를 출력하는 문제이다. 예를 들어, 12300을 입력받으면 그 처리 결과는 00321이다. 하지만 선두에 위치하는 0은 출력하지 않아야 하므로 321을 출력한다.

문제를 해결하기 위해서는 입력된 12300에서 만의 자리에 있는 1은 일의 자리로, 천의 자리에 있는 2는 십의 자리로, 백의 자리에 있는 3은 백의 자리로 옮겨야 한다. 즉, 12300에서 일의 자리 0은 $0*10^4$, 십의 자리 0은 $0*10^3$, 백의 자리 3은 $3*10^2$, 천의 자리 2는 $2*10$, 만의 자리 1은 1로 만들어서 더하면 다음과 같다.

$$0*10^4+0*10^3+3*10^2+2*10+1=321$$

따라서 12300을 321로 처리할 수 있다. 이와 같이 입력받은 수와 결과값을 저장하는 변수와 반복문을 이용하여 문제를 해결할 수 있다.

❶ 상태의 정의 및 구조화

(1) 현재 상태의 정의

S(x, y)=아직 뒤집지 않은 수는 x, 현재까지 뒤집어진 수가 y인 상태

(2) 초기 상태와 목표 상태의 설정

입력받은 값을 n에 저장하고 처리된 값을 0으로 초기화하여, 초기 상태를 (n, 0)으로 정의한다. 목표 상태는 입력값이 0이 되고 뒤집어진 수가 완성된 상태이므로 뒤집어진 수를 y라 하면 (0, ans)인 상태로 설정할 수 있다.

초기 상태	목표 상태
S(n, 0)	S(0, ans)

(3) 다음 상태와 수행 작업의 설정

현재 상태로부터 다음 상태로 진행하기 위하여 수행 작업을 설정해야 한다. 현재 상태 S(x, y)에서 수행 작업을 통해 다음 상태는 S(x/10, y*10+x%10)로 정의할 수 있다.

현재 상태	다음 상태
S(x, y)	S(x/10, y*10+x%10)

입력값이 12300이라면 다음과 같이 상태 변화를 거쳐 목표 상태에 도달할 수 있다.

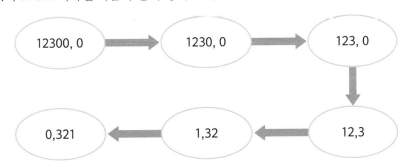

따라서 12300을 입력받아 처리한 후 321을 출력하면 문제를 해결할 수 있다.

다음 입력에 대한 상태 변화도 한번 확인해 보자.

입력값: 2021

● 탐색 중의 상태 변화

현재 상태	수행 작업(S(x,y) → S(x/10, y*10+x%10))	비고
S(2021, 0)	202, 1	초기 상태
S(202, 1)	20, 12	
S(20, 12)	2, 120	
S(2, 120)	0, 1202	
S(0, 1021)	–	목표 상태

❷ 문제 해결을 위한 변수 설계

변수명	의미	입력값의 범위	비고
n	입력값	50,000 이하의 자연수	
ans	출력값		0

❸ 문제 해결 코드 구현

반복문을 이용하여 해를 구한다.

행	C/C++	행	파이썬
1	`#include <stdio.h>`	1	
2	`int main( ) {`	2	
3	`    int n, ans = 0;`	3	`ans = 0`
4	`    scanf("%d", &n);`	4	`n = int(input( ))`
5	`    while( n>0 ) {`	5	`while n>0 :`
6	`        ans = ans*10;`	6	`    ans = ans*10`
7	`        ans = ans+n%10;`	7	`    ans = ans+n%10`
8	`        n = n/10;`	8	`    n = n//10`
9	`    }`	9	
10	`    printf("%d\n", ans);`	10	`print(ans)`
11	`}`	11	

코드에 대한 해설

현재 상태 (n, t)에서 n의 값이 0이 될 때까지 반복문을 이용하여 값을 처리하여 t에 저장한 후 반복문이 종료되면 t를 출력한다.

프로그램을 실행하고 12300을 입력하면 $(((0*10+0)*10+3)*10)+2)*10+1=321$ 과 같이 값을 처리하여 t에 321이 저장되고 321이 출력된다.

이와 같이 수를 뒤집는 알고리즘은 다른 문제에서도 자주 활용되므로 잘 익혀두도록 한다.

해설 2-09 무한히 많은 연산하기

해결 아이디어

k번의 연산을 모두 수행하려면 많은 시간이 필요하다. 따라서 모든 연산을 수행하지 않고도 해결하는 방법을 고민할 필요가 있는데, 연산을 반복하다 보면 규칙을 발견할 수 있다.

예를 들어 134 −190 202를 이용하여 연산을 100번 한다고 생각해 보자.

> 1번째 연산에서 최댓값은 202이고 계산 결과는 68 392 0이다.
>
> 2번째 연산에서는 최댓값이 392이고 계산 결과는 324 0 392이다.
>
> 3번째 연산에서는 최댓값이 392이고 계산 결과는 68 392 0이다.
>
> 4번째 연산에서는 최댓값이 392이고 계산 결과는 324 0 392이다.
>
> :
>
> (반복)

즉, k가 짝수인지 홀수인지에 따라 값이 일정한 규칙에 따라 계산됨을 알 수 있다. 따라서 k번 모두 연산할 필요 없이 0번, 1번 또는 2번 연산하면 결과를 알 수 있다.

❶ 상태의 정의 및 구조화

a_i를 이용한 상태와 수행 작업을 표현하면 아래와 같다.

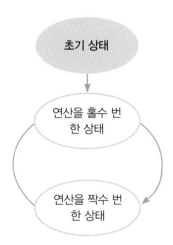

예를 들어 134 −190 202를 이용하여 수행 작업에 따른 상태 변화를 표현하면 다음과 같다.

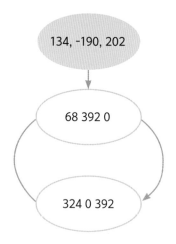

다음 입력에 대한 상태 변화도 한번 확인해 보자.

```
입력값
3 197
134 -190 202
```

● 탐색 중의 상태 변화

현재 상태	수행 작업(최댓값−현재값을 모든 원소에 적용)	비고
134−190 202	68 392 0	초기 상태
68 392 0	324 0 392	횟수 홀수인 목표 상태
324 0 392	68 392 0	횟수 짝수인 목표 상태

❷ 문제 해결을 위한 변수 설계

변수명	의미	입력값의 범위	비고
n	입력값(원소의 개수)	$1 \leq n \leq 10^5$	
k	입력값(연산 횟수)	$1 \leq k \leq 10^{18}$	
d	배열(입력값 저장)	$-10^9 \leq a_i \leq 10^9$	
mx	최댓값		

❸ 문제 해결 코드 구현

반복문을 이용하여 해를 구한다.

행	C/C++	행	파이썬
1	`#include <stdio.h>`	1	
2	`int d[100005];`	2	
3	`int main( ) {`	3	
4	`    int i, j, mx=0, n, k;`	4	
5	`    scanf("%d %d", &n, &k);`	5	`n, k = map(int, input( ).split( ))`
6	`    if( k%2==0 )`	6	`if k%2==0 :`
7	`        k = 2;`	7	`    k = 2`
8	`    else`	8	`else :`
9	`        k = 1;`	9	`    k = 1`
10	`    for( i=1; i<=n; i++ )`	10	`d = list(map(int, input( ).split( )))`
11	`        scanf("%d", &d[i]);`	11	
12	`    for( i=1; i<=k; i++ ) {`	12	`for i in range(k) :`
13	`        mx = -1000000001;`	13	`    mx = -1000000001`
14	`        for( j=1; j<=n; j++ ) {`	14	`    for j in range(n) :`
15	`            if( d[j]>mx )`	15	`        if d[j]>mx :`
16	`                mx = d[j];`	16	`            mx = d[j]`
17	`        }`	17	
18	`        for( j=1; j<=n; j++ )`	18	`    for j in range(n) :`
19	`            d[j] = mx-d[j];`	19	`        d[j] = mx-d[j]`
20	`    }`	20	
21	`    for( j=1; j<=n; j++ )`	21	`for a in d:`
22	`        printf("%d ", d[j]);`	22	`    print(a, end=" ")`
23	`}`	23	

코드에 대한 해설

k의 값이 홀수인지 짝수인지를 판단하여 연산 횟수를 1회 또는 2회로 결정한다. 반복문을 이용하여 최댓값을 계산한 후, 그 최댓값을 이용하여 다음 상태로 값을 변경한다.

연산이 끝난 후 결과 값을 출력한다.

-☆- **해결 아이디어**

조건문과 반복문을 이용하여 해결할 수 있는 문제다. 이 문제는 이전 상태의 색과 현재 상태의 색이 같은지 또는 다른지를 판단하여 연속/불연속 여부를 판단하는 것이다. 색이 연속된다면 길이를 증가시키고, 달라진다면 연속된 길이를 1로 바꾼다. 그 후 값이 최대 길이인지 조건문을 이용하여 판단한다.

❶ **상태의 정의 및 구조화**

(1) 현재 상태의 정의

S(x, y)=현재 x 색깔이고 연속으로 y개가 같은 색깔인 상태

(2) 초기 상태와 목표 상태의 설정

입력 받은 색깔의 처음 위치인 0에서부터 탐색을 시작하고 n−1까지 처리한 후 n이 될 때 종료해야 하므로 초기 상태와 목표 상태는 다음과 같이 설정할 수 있다.

초기 상태	목표 상태
S(0, 0)	S(n, y)

다양한 목표 상태들 중 가장 큰 y 값이 구하는 답이다.

(3) 다음 상태와 수행 작업의 설정

현재 탐색 중인 색깔과 다음 탐색할 색깔이 같은지 또는 다른지에 따라서 다음과 같이 다음 상태와 수행 작업을 설정할 수 있다.

현재 상태	다음 상태	비고
S(x, y)	S(x+1, y+1)	x와 x+1의 색이 같을 경우
	S(x+1, 1)	x와 x+1의 색이 다를 경우

초기 상태에서 탐색을 시작하여 색이 같으면 y에 1을 더하여 최댓값인지 비교하고, 다른 색이면 y의 값을 1로 설정한다. 이렇게 반복하며 y들 중 최댓값을 출력한다.

다음 입력에 대한 상태 변화도 한번 확인해 보자.

입력값
10
0100111010

● 탐색 중의 상태 변화

현재 상태	수행 작업 (x, y → x+ 1, y+1 또는 x+1, 1하며 y 중 최댓값 갱신)	비고
S(0, 0)	0	초기 상태
S(1, 1)	1	1로 갱신
S(2, 1)	1	
S(3, 2)	2	2로 갱신
S(4, 1)	2	
S(5, 2)	2	
S(6, 3)	3	3으로 갱신
S(7, 1)	3	
S(8, 1)	3	
S(9, 1)	3	
S(10, 1)	3	목표 상태

❷ 문제 해결을 위한 변수 설계

변수명	의미	입력값의 범위	비고
d	배열(막대기의 색을 저장)	{0, 1}	
n	입력값(막대기의 길이)	1,000 이하의 자연수	
ans	정답(최댓값)		
a	연속된 막대기의 길이		
k	이전 막대기의 색		
i	탐색자		

❸ 문제 해결 코드 구현

반복문을 이용하여 해를 구한다.

행	C/C++	행	파이썬
1	`#include<stdio.h>`	1	
2	`char d[1010];`	2	
3	`int main( ) {`	3	
4	`    int i, n, ans = 0, a = 0;`	4	`ans, a = 0, 0`
5	`    char k = 'a';`	5	`k = 'a'`
6	`    scanf("%d",&n);`	6	`n = int(input( ))`
7	`    scanf("%s", d);`	7	`d = input()`
8	`    for( i=0; i<n; i++ ) {`	8	`for i in range(n) :`
9	`        if( d[i]!=k ) {`	9	`    if d[i]!=k :`
10	`            k = d[i];`	10	`        k = d[i]`
11	`            a = 1;`	11	`        a = 1`
12	`        } else`	12	`    else :`
13	`            a++;`	13	`        a += 1`
14	`        if( ans<a )`	14	`    if ans<a :`
15	`            ans = a;`	15	`        ans = a`
16	`    }`	16	
17	`    printf("%d\n",ans);`	17	`print(ans)`
18	`}`	18	

코드에 대한 해설

　k는 막대기의 색을 표현하는데 0, 1이 아닌 다른 문자로 시작하면 처음에 색이 다름을 판단하여 오류를 줄일 수 있다.

　현재 막대의 색과 이전 막대의 색을 비교하면서 같으면 a를 1 증가시키고 다르면 a에 1을 넣어 같은 색으로 연속된 막대의 길이를 a에 저장한다. 그리고 막대의 위치가 1씩 증가할 때마다 a의 값과 m의 값을 비교하여 m에 막대의 최댓값을 저장하도록 한다.

　모든 막대의 부분을 탐색한 후 m의 값을 출력한다.

데이터 정렬하기(large)

🔅 해결 아이디어

문제는 매우 단순하다. n개의 데이터가 있고, 이를 오름차순 정렬하여 출력하면 된다. 이론으로 공부한 정렬 기법을 실전에 어떻게 사용해야 하는지 확인할 수 있는 문제다.

여기서 주의해야 할 것은 데이터의 개수 n에 따라 어떤 계산량을 가진 정렬을 사용해야 하는지 알아야 한다는 것이다. 프로그래밍 언어에서 기본적으로 제공하는 함수를 사용하면 배열이나 리스트를 간단하고 빠르게 정렬할 수 있다. 그런데 이 함수들은 어떤 정렬 방법을 사용하고 있는 것일까?

C++의 sort( ) 함수와 파이썬의 sort( ) 함수는 다른 방식을 사용하고 있지만, 둘 다 $O(n\log_2 n)$ 계산량을 가지고 있어 성능은 좋은 편이다. C++의 sort( ) 알고리즘은 인트로 정렬을 사용하고 있는데 이는 상황에 따라 높은 성능의 정렬을 다양하게 활용하는 형태이다. 퀵 정렬은 최악의 경우에 $O(n^2)$이 되지만 인트로 정렬은 데이터의 크기나 형태에 따라 최선의 정렬 방법을 선택하여 $O(n\log_2 n)$ 이상의 성능을 보장한다. 파이썬의 sort( ) 알고리즘은 TimSort 알고리즘을 사용하고 있으며, 어떤 상황에서도 $O(n\log_2 n)$ 이상을 보장한다.

이와 같이 두 함수 모두 빠르기 때문에 실전에서는 이 두 함수를 이용하면 코드 작성에 도움이 된다.

❶ 상태의 정의 및 구조화

이 문제는 데이터 입력 처리를 마친 다음 정렬 알고리즘을 수행하면 끝나기 때문에 크게 어려운 처리는 없다. 단지 이론적으로 잘 알려진 $O(n^2)$ 정렬 등을 사용할 경우 계산량이 $O(n^2)$이기 때문에 시간 초과에 걸릴 것이다.

데이터의 개수 n에 따라 $O(n\log_2 n)$과 $O(n^2)$ 정렬의 계산량을 비교해 보자.

n	$O(n\log_2 n)$	$O(n^2)$
1,000	9,966	1,000,000
10,000	132,877	100,000,000
100,000	1,660,964	10,000,000,000
1,000,000	19,931,569	1,000,000,000,000
10,000,000	232,534,967	100,000,000,000,000

대략 계산량이 1억일 때 1초 걸린다고 가정하면 n=1,000,000까지는 $O(n\log_2 n)$ 정렬로 무난하게 해결할 수 있다. n=10,000 정도까지는 $O(n^2)$ 정렬로도 해결할 수 있지만 $O(n\log_2 n)$과

비교하면 매우 느린 편이다. 따라서 실전 코드 작성에서는 $O(n\log_2 n)$ 정렬 알고리즘을 사용하자.

C++의 sort( ) 함수와 파이썬의 sort( ) 함수 사용 방법은 다음과 같다.

C/C++	파이썬

`#include <algorithm>`
`using namespace std;`
 	
`··· (생략) ···`
`// 배열 arr에 데이터가 저장된 경우`
`sort(arr, arr+n);`
	`··· (생략) ···`
	
	`# 리스트 arr에 데이터가 저장된 경우`
	`arr.sort( )`

❷ 문제 해결을 위한 변수 설계

변수명	의미	입력값의 범위	비고
n	입력값(개수)	100,000 이하의 자연수	
d	배열(데이터 저장)		

❸ 문제 해결 코드 구현

정렬 알고리즘을 이용하여 해를 구한다.

행	C/C++	행	파이썬
1	`#include <stdio.h>`	1	
2	`#include <algorithm>`	2	
3	`using namespace  std;`	3	
4	`int d[100000];`	4	`d = []`
5	`int main( ) {`	5	
6	`    int i, n;`	6	
7	`    scanf("%d", &n);`	7	`n = int(input( ))`
8	`    for( i=0; i<n; i++ )`	8	`for i in range(n) :`
9	`        scanf("%d",&d[i]);`	9	`    t = int(input( ))`
10		10	`    d.append(t)`
11	`    sort( d, d+n );`	11	`d.sort()`
12	`    for( i=0; i<n; i++ )`	12	`for i in d :`
13	`        printf("%d\n",d[i]);`	13	`    print(i)`
14	`}`	14	

코드에 대한 해설

n개의 데이터를 입력받아 sort() 함수를 이용하여 정렬한 다음 출력하는 코드이다. 두 언어의 제출 결과를 보면 실행 시간이 많이 차이나는 것을 알 수 있다.

제출 번호	사용자	문제 번호	결과	메모리	시간	사용 언어	코드 길이
20076241	admin	1452	정확한 풀이	1508	25	C++	300B
20076217	admin	1452	정확한 풀이	32048	964	Python	140B

대량의 데이터를 처리할 때는 파이썬보다 C++이 훨씬 빠르다. 실제 속도차는 입력 부분에서 많이 나는데, 어떤 입출력 함수를 사용하느냐에 따라 속도가 달라진다. C++은 일반적으로 scanf() 함수가 cin 명령보다 빠르며, 파이썬도 input() 명령보다 sys.stdin.readline() 명령이 빠르다. 위의 코드에서 input() 명령 대신 sys.stdin.readline()를 사용하면 다음과 같은 결과를 확인할 수 있다.

제출 번호	사용자	문제 번호	결과	메모리	시간	사용 언어	코드 길이
20076261	admin	1452	정확한 풀이	32048	133	Python	18B

속도가 무려 7배나 차이가 남을 알 수 있다.

n개의 정수 집합에서 원하는 수 s가 몇 번째 위치에 있는지 탐색하는 문제로, 순차 탐색과 이분 탐색을 고려할 수 있다. 최대 n의 크기가 1,000,000이므로 순차 탐색으로도 충분히 1초 안에 문제를 해결할 수 있지만, 데이터가 오름차순으로 정렬되어 있는 경우 이분 탐색을 이용하면 훨씬 빠르다. 이분 탐색으로 문제를 해결할 수 있는 방법을 알아보자.

① 상태의 정의 및 구조화

입력 데이터가 n개인 경우 배열(파이썬은 리스트)의 인덱스와 위치가 혼동되지 않도록 인덱스 0은 임의의 데이터를 넣고, 인덱스 1부터 실제 데이터를 저장한다.

탐색 구조를 위와 같이 구성할 때, 초기 상태는 n개의 데이터 중 한가운데 데이터인 $m[\frac{(1+n)}{2}]$이고, 목표 상태는 현재 인덱스가 i인 경우 $m[i]$가 s인 상태 또는 s가 존재하지 않음을 발견한 상태가 된다.

이분 탐색을 하면 탐색 구간이 계속 반씩 줄어들기 때문에 매우 빠른 속도로 원하는 값을 찾을 수 있다. 예를 들어 n=10일 때 1부터 10의 데이터가 순서대로 저장되어 있고 찾는 수 s가 7이라고 가정하면 아래 단계를 거쳐 찾을 수 있다.

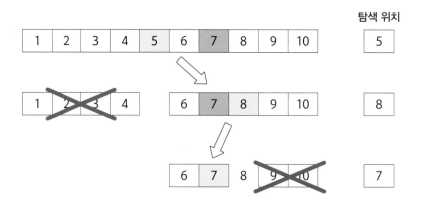

순차 탐색으로 7을 찾으려면 7번의 탐색이 필요하지만, 위와 같이 이분 탐색을 이용하면 3번의 탐색으로 원하는 수를 찾을 수 있다. n이 커지면 커질수록 속도의 차이는 더 많이 난다. 계산량으로 나타내면 순차 탐색은 $O(n)$이고, 이분 탐색은 $O(\lg n)$[1]이다.

② 문제 해결을 위한 변수 설계

변수명	의미	입력값의 범위	비고
n	입력값(크기)	1,000,000 이하의 자연수	
s	입력값(찾는 값)	100,000,000 이하의 음이 아닌 정수	
m	데이터 배열		
left	탐색 영역 시작		초깃값=1
right	탐색 영역 끝		초깃값=n
mid	탐색자		
found	목표 상태 탐색 여부		s를 찾으면 True

③ 문제 해결 코드 구현

반복문을 이용하여 탐색 구조를 이분 탐색하여 해를 구한다.

행	C/C++	행	파이썬
1	`#include <stdio.h>`	1	
2	`int n, s, d[1000001];`	2	
3	`int main( ) {`	3	
4	`    int i, n, s, left, right, found = 0, mid;`	4	`found = 0`
5	`    scanf("%d %d",&n, &s);`	5	`n, s = map(int, input( ).split( ))`
6	`    for( i=1; i<=n; i++ )`	6	`d = list(map(int,input( ).split( )))`
7	`        scanf("%d",&d[i]);`	7	`d = [0]+d`
8	`    left = 1;`	8	`left = 1`
9	`    right = n;`	9	`right = n`
10	`    while ( left<=right ) {`	10	`while left<=right :`
11	`        mid = (left+right)/2;`	11	`    mid = (left+right)//2`

---

1 $\lg n$은 $\log_2 n$을 나타낸다.

```
12        if( d[mid]==s ) {
13            printf("%d\n",mid);
14            found = 1;
15            break;
16        }else if( d[mid]<s )
17            left = mid+1;
18        else
19            right = mid-1;
20    }
21    if( found==0 )
22        printf("-1\n");
23 }
```

```
12    if d[mid]==s :
13        print(mid)
14        found = 1
15        break
16    elif d[mid]<s :
17        left = mid+1
18    else :
19        right = mid-1
20
21 if found==0 :
22    print(-1)
23
```

코드에 대한 해설

C++인 경우 반복문의 반복 변수 i를 1~n까지 반복하면서 입력받으면 되지만, 파이썬은 인덱스 0을 가진 리스트에 입력 데이터를 추가 연결하여 리스트를 완성하면 된다.

C++과 파이썬은 Boolean 타입의 변수를 지원하고 있어 참과 거짓만 저장할 수 있는 자료형이 존재한다. 이를 이용하면 가독성이 높은 코드를 작성할 수 있다. 참고로 C 언어는 bool 타입이 없어서 컴파일 에러가 발생한다. 만약 C 언어에서 이와 같은 기능을 사용하려면 int형에 0(false 상태)과 1(true 상태)을 넣어 해결할 수 있다.

이분 탐색의 반복문 코드는 대부분 비슷하지만 문제에 따라 약간 변형하여 사용될 수 있다. 반복문 구조는 left와 right의 가운데 위치인 mid를 계산하여 이 값을 기준으로 다음 상태 범위가 결정된다. 반복문을 거듭할수록 탐색 구간의 크기는 줄어들며 원하는 값 s에 도달하게 된다. 찾지 못한 경우 반복문을 종료 후 found 변수의 상태에 따라 −1을 출력한다.

이번 문제에서 다룬 이분 탐색은 다양한 분야에 활용되는 방법이므로 자신만의 방법으로 언제든지 구현할 수 있도록 연습하자.

해설 2-13 완전제곱수 찾기

💡 해결 아이디어

n개의 수에 대해 각각 가장 큰 완전제곱수를 구하는 문제이다. 순차 탐색으로 접근할 경우 a의 범위가 매우 크고 최대 10번(n<10)의 탐색이 필요하기 때문에 시간 초과로 해결할 수 없으나, 이분 탐색을 이용하면 해결할 수 있다.

❶ 상태의 정의 및 구조화

n개의 데이터 중 한 개의 데이터를 해결하는 방법에 대해서 다음과 같이 정의한다. 문제 해결을 위해서는 이 방법을 n번 반복하면 된다.

하나의 수를 k라고 할 때, k 이하의 가장 큰 완전제곱수를 찾기 위한 탐색 공간은 다음과 같다.

1	2	3	···	k-1	k

초기 상태는 k개의 범위 중 한가운데 데이터인 $\frac{(1+k)}{2}$이고, 목표 상태는 $(\lfloor\sqrt{k}\rfloor)^2$ 인 상태이다. 이 목표 상태를 바로 찾을 수 없기 때문에 이분 탐색을 끝까지 수행해야 하며, 탐색 중 가능한 상태이면 결과값을 갱신하는 과정이 필요하다.

예를 들어 원소의 개수가 20개이고 찾고자 하는 값이 20인 경우 left=1, right=20, 탐색자 mid=10이고 10번째 원소값이 10, 그런데 10^2은 100이므로 20보다 커서 답이 될 수 없다.

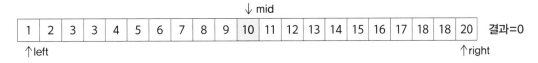

이전 상태에서 불가능했기 때문에 10보다 더 큰 수들은 제곱수가 당연히 20보다 클 것이다. 따라서 10보다 큰 수는 더 이상 탐색할 필요가 없고, 10보다 작은 수들을 다시 이분 탐색해야 한다.

1~9 구간에서 left=1, right=9, mid=5이고 5^2은 25이므로 20보다 커서 여전히 답이 될 수 없다.

				↓ mid				
1	2	3	4	5	6	7	8	9	결과=0

↑left　　　　　　　↑right

다음 탐색 구간은 1~4인데 left=1, right=4, mid=2이고 $2^2=4$, 즉 20 이하이므로 답이 될 수 있다. 이 값을 결과값에 저장한다.

이전 상태에서 가능했기 때문에 탐색 구간을 더 큰 구간으로 갱신한다. 따라서 다음 탐색 구간은 3~4가 된다. left=3, right=4, mid=3이고 $3^2=9$이므로 답이 될 수 있다. 이 값이 이전에 찾은 2보다 더 큰 수이기 때문에 결과값을 3으로 갱신한다.

$$\downarrow \text{mid}$$

| 3 | 4 | 결과=3 |

↑left ↑right

다음 탐색 구간도 더 큰 수 쪽으로 늘려야 하므로 마지막 남은 4에 대해서도 확인이 필요하다. left=4, right=4, mid=4이고 $4^2=16$이므로 결과값을 4로 갱신한다.

결론적으로 4를 제곱했을 때 20 이하의 가장 큰 수가 완전제곱수가 된다. 결과를 출력할 때는 결과값에 제곱을 해서 출력해야 한다.

❷ 문제 해결을 위한 변수 설계

변수명	의미	값의 범위	비고
n	입력값(개수)	10 이하의 자연수	
k	입력값(찾는 값)	$4*10^{18}$ 이하의 자연수	
left	탐색 영역 시작		초깃값=1
right	탐색 영역 끝		2,000,000,000
mid	탐색자		
ans	정답		

❸ 문제 해결 코드 구현

반복문을 이용하여 탐색 구조를 이분 탐색하여 해를 구한다.

행	C/C++	행	파이썬
1	`#include <stdio.h>`	1	
2	`int main( ) {`	2	
3	`    long long n, k, ans, mid, left, right;`	3	
4	`    scanf("%lld",&n);`	4	`n = int(input( ))`
5	`    while(n--)`	5	`for x in range(n) :`

```
6          scanf("%lld",&k);
7          left = 1;
8          right = 2000000000;
9          ans = 0;
10         while ( left<=right ) {
11             mid = (left+right)/2;
12             if( mid*mid<=k ) {
13                 ans = mid;
14                 left = mid+1;
15             } else
16                 right = mid-1;
17         }
18         printf("%lld\n", ans*ans);
19     }
20 }
```

```
6      k = int(input( ))
7      left = 1
8      right = 2000000000
9      ans = 0
10     while left<=right :
11         mid = (left+right)//2
12         if mid*mid<=k :
13             ans = mid
14             left = mid+1
15         else:
16             right = mid-1
17
18 print(ans*ans)
19
20
```

코드에 대한 해설

C++과 파이썬의 코드에 약간의 차이가 있는데, 바로 right의 초깃값이 서로 다르다는 점이다. 파이썬은 수의 오버플로우 개념이 없어 큰 수를 넣고 어떤 연산을 해도 잘 작동하지만, C++은 long long의 최대 범위를 넘어서는 경우 오버플로우가 발생하여 제대로 된 연산 결과를 볼 수 없다. 값이 2×10^9인 이유는 문제 조건에서 입력되는 최댓값이 4×10^{18}이므로 이 수의 제곱근이 2×10^9이기 때문이다.

정답이 될 수 있는지 판별하는 부분이 if절이며, 이를 판정 함수 형태로 구현하면 가독성을 높일 수도 있다.

C/C++	파이썬
```bool possible(long long m, long long k){ return m*m<=k; } ⋯생략⋯ if (possible(mid, k)){ ans = mid; ⋯생략```	```def possible(m, k): return m*m<=k ⋯생략⋯ if possible(mid, k): ans = mid ⋯생략```

변수 ans가 결과값을 저장하는 변수이고, 정답으로 가능한 경우 계속해서 이 값을 갱신한다. 최종 정답은 이분 탐색이 끝난 후에 알 수 있으며, ans에 저장된 값을 제곱하여 출력한다.

해결 아이디어

현재 인구가 P인 도시가 인구 100만 광역시가 되기 위한 최소 확장 반지름 길이를 구하는 문제이다. 주변 도시의 좌표와 인구 데이터가 주어져 있으므로 인구 100만 도시를 만족하는 최소 반지름의 길이를 구하면 된다.

풀이 방법은 크게 2가지로 나눠 볼 수 있다. 첫 번째로 삼양시의 위치가 (0, 0)이기 때문에 주변 도시 (x,y)까지의 직선 거리는 $\sqrt{(x^2+y^2)}$ 이다. 각 도시의 직선 거리를 오름차순으로 정렬한 다음 순서대로 하나씩 포함하면서 최소 거리 r을 구할 수 있다. 두 번째 방법은 반지름 r을 구하기 위하여 앞 문제에서 익혔던 이분 탐색을 활용하는 것이다.

① 상태의 정의 및 구조화

이 문제에서 탐색 구간은 반지름 r이다. r의 범위가 도시 좌표 (x,y)의 범위 안에서 결정되므로 r의 탐색 구간은 $0 \sim \sqrt{(x^2+y^2)}$ 이 된다. x, y의 최대 좌푯값이 −10,000~10,000이므로 r은 $0 \sim \sqrt{10,000^2+10,000^2}$ 이다.

이 구간을 이분 탐색으로 접근하면서 (x_i, y_i)의 위치가 r 안에 들어가는 경우 인구 수 p_i를 더하여 100만 인구가 넘는지 확인한다. 이 확인 과정은 n번 만에 가능하며, 반지름 r을 이분 탐색하는 과정은 $\log_2(200000000) ≒ 28$이므로 28번의 탐색만에 해답을 구할 수 있다.

탐색 중 100만 이상의 인구가 되는 구간은 결과를 저장한 후 반지름을 더 줄이고, 100만이 넘지 않으면 반지름을 더 늘려서 탐색하는 과정을 반복한다. 이분 탐색이 끝나면 100만이 넘는 최소 반지름 길이를 구할 수 있을 것이다.

입출력 예시 데이터로 설명해 보면, 초기 상태는 아래와 같다.

도시	좌표	거리	인구 수
삼양시 인구(P)	(0,0)	−	999,998명
도시1	(1,1)	$\sqrt{1^2+1^2}$	2
도시2	(2,2)	$\sqrt{2^2+2^2}$	1
도시3	(3,3)	$\sqrt{3^2+3^2}$	1
도시4	(2,−2)	$\sqrt{2^2+(-2)^2}$	1

(3,3) 1명
(2,2) 1명
(1,1) 2명
(2,-2) 1명

거리 계산에 필요한 모든 비교값이 동일하게 제곱근이므로 굳이 어렵게 제곱근 연산을 사용하지 않고 제곱근 안의 값만 비교하는 식으로 탐색을 진행해 보자.

처음 탐색 구간이 left=0, right=200000000, mid=100000000이다. 이 구간에서는 모든 도시가 포함되므로 결괏값 인구수는 1000003이다. 100만이 넘는 결과가 나왔으므로 다음 탐색 구간은 반지름을 더 작게 해야 한다.

초기 탐색 구간은 크지만 계속 반씩 줄여 나가기 때문에 100000000, 50000000, 25000000, ⋯, 10까지 금방 줄어든다. mid=10일때 left=0, right=20이고, 인구 수는 100002명이다.

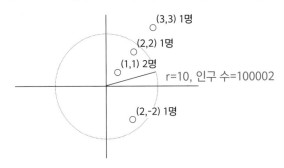

이전 상태에서 100만이 넘었으므로 left=0, right=9, mid=4가 된다. 이때 인구 수는 1000000명이다.

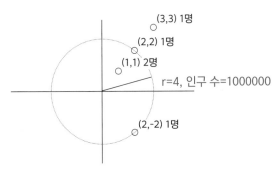

이후에도 mid 값은 1, 2가 된 후에 탐색이 종료된다. 따라서 인구 100만 이상이 되는 최소 반지름은 4가 된다. 실제 최종값은 여기에서 제곱근을 한 $\sqrt{4}=2$이다.

❷ 문제 해결을 위한 변수 설계

변수명	의미	값의 범위	비고
n	입력값(데이터 수)	10,000 이하의 자연수	
p	입력값(현재 인구 수)	100,000 미만의 음이 아닌 정수	
xi	도시 좌표	절댓값 10,000 이하	
yi	도시 좌표	절댓값 10,000 이하	
pi	도시 인구 수	100,000 미만의 음이 아닌 정수	
left	탐색 영역 시작		초깃값=0
right	탐색 영역 끝		초깃값=200,000,000
mid	탐색자		
ans	정답		

❸ 문제 해결 코드 구현

반복문을 이용하여 탐색 구조를 이분 탐색하여 해를 구한다.

행	C/C++	행	파이썬
1	`#include <stdio.h>`	1	
2	`#include <math.h>`	2	`import math`
3	`int xi[10001], yi[10001], pi[10001];`	3	`xi=[]`
4		4	`yi=[]`
5		5	`pi=[]`
6	`int n, p;`	6	
7	`bool possible(int m) {`	7	`def possible(m) :`
8	`    int sum = p;`	8	`    sum = p`
9	`    for(int i=0; i<n; i++)`	9	`    for i in range(n) :`
10	`        if( xi[i]*xi[i]+yi[i]*yi[i]<=m )`	10	`        if xi[i]*xi[i]+yi[i]*yi[i]<=m :`
11	`            sum += pi[i];`	11	`            sum += pi[i]`
12	`    return sum>=1000000;`	12	`    return sum>=1000000`
13	`}`	13	
14	`int main( ) {`	14	
15	`    int i, left, right, mid, ans = 0;`	15	`ans = 0`
16	`    scanf("%d%d",&n,&p);`	16	`n,p = map(int, input().split())`
17	`    for( i=0; i<n; i++ )`	17	`for x in range(n) :`
18	`        scanf("%d %d %d",` `            &xi[i], &yi[i], &pi[i]);`	18	`    ip = list(map(int, input( ).split( )))`
19		19	`    xi.append(ip[0])`
20		20	`    yi.append(ip[1])`
21		21	`    pi.append(ip[2])`

```
22      left = 0;
23      right = (10000*10000)*2;
24      while( left<=right ) {
25          mid = (left+right) / 2;
26          if( possible(mid) ) {
27              ans = mid;
28              right = mid-1;
29          } else
30              left = mid+1;
31      }
32      if( ans==0 )
33          printf("-1\n");
34      else
35          printf("%.3lf\n", sqrt(ans));
36  }
```

```
22
23
24  while left<=right :
25      mid = (left+right)//2
26      if possible(mid) :
27          ans = mid
28          right = mid-1
29      else:
30          left = mid+1
31
32  if ans==0 :
33      print(-1)
34  else :
35      print('%.3f'%math.sqrt(ans))
36
```

코드에 대한 해설

　　실제로 반지름 r의 탐색 구간은 (10000*10000)*2가 아닌 입력되는 데이터 중 (x,y)의 최대 거리로 해도 된다. 하지만 이것을 계산하기 위해서는 입력되는 과정에서 거리를 계산하고 어느 것이 최대 거리인지 판별하고 저장해야 하는 번거로움이 있다. 물론 이런 정확한 계산이 실행 속도에 도움은 되지만, 탐색 구간이 절반씩 줄어드는 이분 탐색의 특성상 큰 영향은 미치지 않는다.

　　이분 탐색 시 ans의 값은 제곱근 기호를 제거한 부분에 대해서 비교 연산을 실시하고 저장한 값이므로 실제 최종값을 출력할 때에는 sqrt( ) 함수를 사용해서 출력한다.

　　C++에서 소숫점 계산을 하는 경우 float보다 double을 사용하는 것이 더 정밀하다. 파이썬에서는 소숫점 출력 시 서식 지정 문자, format( ), round( ) 등의 명령어들을 사용할 수 있다.

정렬된 두 배열 합치기

💡 해결 아이디어

정렬된 2개의 배열을 병합하여 하나의 정렬된 배열로 만들기 위해서 가장 먼저 시도해 볼 수 있는 방법은 두 배열의 각 원소를 하나의 배열에 순서대로 모두 옮긴 후 배열 전체를 정렬 알고리즘을 이용하여 정렬하는 방법이다. 하지만 더 효율적인 방법이 있다. 각각의 배열에서 가장 작은 원소들을 비교하여 더 작은 원소를 새로운 배열로 옮기는 과정을 반복하면 된다.

이 두 방법의 속도 차이를 분석해 보자. 첫 번째 방법의 경우 두 데이터 집합을 하나로 합치고 정렬 알고리즘을 사용하므로, 가장 빠른 퀵 정렬을 사용한다고 해도 $O((n+m)\log_2(n+m))$의 계산량을 가진다. 두 번째 방법의 경우 두 데이터 집합에 대해 한 번씩만 탐색하면 그 결과를 만들어 낼 수 있으므로, $O(n+m)$의 계산량을 가진다. 물론 이 문제는 데이터의 개수가 많지 않아 어떤 알고리즘을 사용해도 상관없지만, 데이터가 많아질수록 두 번째 알고리즘이 훨씬 빠를 것이다.

n	m	$O((n+m)\log_2(n+m))$	$O(n+m)$
1,000	1,000	21,932	2,000
10,000	10,000	285,754	20,000
100,000	100,000	3,521,928	200,000
1,000,000	1,000,000	41,863,137	2,000,000
10,000,000	10,000,000	485,069,933	20,000,000
100,000,000	100,000,000	5,515,084,952	200,000,000

▲ 데이터의 개수에 따른 계산량 차이

① 상태의 정의 및 구조화

첫 번째 데이터를 배열(리스트) a에 순서대로 입력받고, 두 번째 데이터를 배열(리스트) b에 순서대로 입력받는다. 배열 a를 탐색할 인덱스 p, 배열 b를 탐색할 인덱스 q, 그리고 최종 결과를 저장할 배열(리스트) c와 그의 인덱스를 r이라고 둔다.

배열명	탐색 인덱스
a	p
b	q
c	r

문제에 제시된 입출력 데이터를 예로 들어 보자. 초기 상태는 다음과 같다.

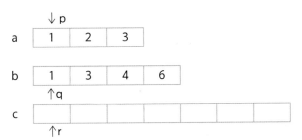

먼저 p, q가 가리키는 원소의 값을 비교해보자. 두 원소의 값이 같기 때문에 둘 중 아무거나 가져와서 c에 넣으면 된다. 여기서는 편의상 배열 a의 값을 가져오기로 한다. 가져온 원소의 배열 a의 인덱스 p는 1 증가하고, 배열 c의 인덱스 r도 원소를 넣은 후 1 증가한다.

```
        ↓p
a   | 1 | 2 | 3 |

b   | 1 | 3 | 4 | 6 |
      ↑q
c   | 1 |   |   |   |   |   |
          ↑r
```

다음 상태에서 p가 가리키는 원소 2와 q가 가리키는 원소 1을 비교하여 작은 원소를 r의 위치에 이동한다. 즉, 1이 이동되고 q의 인덱스는 1 증가한다.

```
        ↓p
a   | 1 | 2 | 3 |

b   | 1 | 3 | 4 | 6 |
          ↑q
c   | 1 | 1 |   |   |   |   |
              ↑r
```

다음 상태에서 p가 가리키는 원소 2와 q가 가리키는 원소 3을 비교하여 작은 원소를 r의 위치에 이동한다. 즉, 2가 이동되고 p의 인덱스는 1 증가한다.

```
            ↓p
a   | 1 | 2 | 3 |

b   | 1 | 3 | 4 | 6 |
          ↑q
c   | 1 | 1 | 2 |   |   |   |
                  ↑r
```

다음 상태에서 p가 가리키는 원소와 q가 가리키는 원소값의 크기를 비교하여 더 작은 원소를 r의 위치에 이동한다. 이때 두 원소값의 크기가 같다면 p가 가리키는 원소를 이동한다. 즉, 배열 a의 3이 이동되고 p의 인덱스는 1 증가한다.

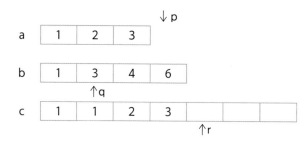

배열 a는 더 이상 원소가 없기 때문에 배열 b의 남은 원소를 배열 c에 채워 넣으면 두 데이터의 정렬은 완성된다.

c	1	1	2	3	3	4	6

❷ 문제 해결을 위한 변수 설계

변수명	의미	입력값의 범위	비고
n, m	입력 데이터의 개수	1,000 이하의 자연수	
a	입력 배열1		
b	입력 배열2		
c	합친 결과를 저장하는 배열		
p	배열1의 인덱스		0
q	배열1의 인덱스		0
r	결과 배열의 인덱스		0

❸ 문제 해결 코드 구현

반복문을 이용하여 탐색 구조를 설계하고 해를 구한다.

행	C/C++	행	파이썬
1	`#include <stdio.h>`	1	
2	`int a[1000], b[1000], c[2000];`	2	`c = []`
3	`int main( ) {`	3	
4	`    int i, n, m, p = 0, q = 0, r = 0;`	4	`p, q = 0, 0`
5	`    scanf("%d %d",&n,&m)`	5	`n,m = map(int, input().split())`
6	`    for( i=0; i<n; i++ )`	6	`a = list(map(int, input().split()))`
7	`        scanf("%d",&a[i]);`	7	

```
8        for( i=0; i<m; i++ )
9            scanf("%d",&b[i]);
10       while( p<n and q<m ) {
11           if(a[p]<b[q])
12               c[r++] = a[p++];
13
14           else
15               c[r++] = b[q++];
16
17       }
18       while(p<n)
19           c[r++] = a[p++];
20       while(q<m)
21           c[r++] = b[q++];
22       for(int i=0; i<r; i++)
23           printf("%d ", c[i]);
24   }
```

```
8    b = list(map(int, input().split()))
9
10   while p<n and q<m :
11       if a[p]<b[q] :
12           c.append(a[p])
13           p += 1
14       else :
15           c.append(b[q])
16           q += 1
17
18   if p<n :
19       c += a[p:]
20   if q<m :
21       c += b[q:]
22   for x in c :
23       print(x, end=" ")
24
```

코드에 대한 해설

C++의 변수 선언과 입력 처리 부분이 길어서 파이썬의 입력 처리보다 복잡해 보이지만, 실제 실행 속도는 C++이 훨씬 빠르다. 특히 데이터가 100만 개 이상 많아지는 경우 속도 차이는 현저하게 나타난다.

C++에서는 증감연산자 ++가 있어 배열 인덱스 안에서 바로 증가시킬 수 있지만, 파이썬은 p+=1을 따로 해주어야 한다. 리스트 c에 원소를 추가하는 부분에 append()를 이용하면 따로 인덱스 관리가 필요 없이 마지막에 원소가 추가된다. C++에서도 이러한 연산을 사용하려면 배열 대신 vector 컨테이너를 이용하면 된다.

두 배열 중 하나를 완전히 탐색하고 나면 남은 배열의 원소는 그대로 배열 c에 추가하면 끝난다. C++은 반복문을 이용해서 이를 표현하고 있으며, 파이썬은 리스트 연산과 슬라이싱을 이용하여 단번에 해결할 수 있다.

마지막에 배열 c의 원소를 띄어쓰기로 구분하여 전체를 출력한다.

해결 아이디어

이 문제에서 다루는 lower bound는 프로그래밍 대회에 자주 등장하는 방법이다. lower bound는 이분 탐색을 이용하여 구할 수 있다. lower bound는 특정 값을 찾는 것이 아니라, 그 값이 없더라도 그 값 이상인 가장 작은 정수를 찾는다는 점에서 이분 탐색과 다르다.

lower bound인 경우에는 같은 원소가 여러 개 있더라도 항상 유일한 해를 구할 수 있기 때문에 알고리즘을 설계하는 것이 이분 탐색보다는 까다롭다. 하지만 근본은 같으므로 잘 익혀두도록 한다.

① 상태의 정의 및 구조화

먼저 구간을 [s, e]로 설정하고 중간 위치의 값을 m이라 하면, d[m-1]<k이면서 d[m]≥k인 최소 m을 찾는 문제가 된다. 이때 m은 2 이상인 값이다. 따라서 일반적인 이분 탐색에서 d[m]==k인 부분을 다른 부분에 포함해야 한다는 점을 잘 확인해야 한다.

다음으로 모든 원소가 k보다 작을 때는 n+1을 출력해야 하므로, 처음 구간을 잡을 때 [1, n]을 잡는 것이 아니라 [1, n+1]로 설정하여 시작한다는 점도 유의해야 한다.

준비 단계 입력받은 상태에서 탐색 준비를 한다. 탐색 범위는 0~7이다.

A	1	2	3	5	7	9	11	15
index	0	1	2	3	4	5	6	7

k	6	s	0	e	8	m	?

1단계 A[4]가 6보다 크므로 범위를 0~4로 한다. 만약 일반 이분 탐색이라면 0~3으로 범위를 좁혀야 하나, lower bound는 k 이상이 최솟값의 위치이므로 e까지 포함한다.

A	1	2	3	5	7	9	11	15
index	0	1	2	3	4	5	6	7

k	6	s	0	e	8	m	4

2단계 A[2]가 6보다 작으므로 범위를 3~4로 하고 재탐색을 시작한다.

A	1	2	3	5	7	9	11	15
index	0	1	2	3	4	5	6	7

k	6	s	0	e	4	m	2

3단계 A[3]이 6보다 작으므로 범위를 4~4로 하고 재탐색을 시작한다.

A	1	2	3	5	7	9	11	15
	0	1	2	3	4	5	6	7

k		s	3	e	4	m	3

4단계 이제 더 이상 탐색할 원소가 없으므로 인덱스 4에 있는 원소가 k 이상인 최소 원소의 위치가 된다.

A	1	2	3	5	7	9	11	15
index	0	1	2	3	4	5	6	7

k	6	s	4	e	4	m	4

이와 같이 lower bound는 이분 탐색과 유사하나 좀 더 엄밀하게 접근해야 한다. 그리고 매우 다양한 응용 범위가 있으므로 잘 익힐 수 있도록 한다.

❷ 문제 해결 코드 구현

위의 과정을 구현한 소스 코드는 다음과 같다.

행	C/C++	행	파이썬
1	`#include <stdio.h>`	1	
2	`int k, d[1000001];`	2	
3	`int f(int s, int e) {`	3	`def f( s, e ) :`
4	`    int m;`	4	
5	`    while(e-s>0) {`	5	`    while e-s>0 :`

```
6        m = (s+e)/2;
7        if( d[m]<k )
8            s = m+1;
9        else
10           e = m;
11       }
12       return e+1;
13   }
14   int main( ) {
15       int i, n;
16       scanf("%d",&n);
17       for( i=0; i<n; i++ )
18           scanf("%d", &d[i]);
19       scanf("%d",&k);
20       printf("%d\n", f(0, n));
21   }
```

```
6        m = (s+e)//2
7        if d[m]<k :
8            s = m+1
9        else :
10           e = m
11
12       return e+1
13
14
15
16   n = int(input( ))
17   d = list(map(int, input( ).split( )))
18
19   k = int(input( ))
20   print(f(0, n))
21
```

C/C++ 언어의 경우 6행의 e−s>0은 e>s와 같은 의미이다. while문을 탈출했을 때, 즉 11행에서는 s>=e가 된다는 사실을 잘 이해해야 한다. 따라서 12행에서 반환하는 값이 e+1이 된다는 것이 중요한 점이다. 만약 6행을 e−s>1로 설정하면 어떻게 될지도 생각해 보면 실력 향상에 많은 도움이 될 것이다. 이러한 부분들은 수학적으로 엄밀하게 접근하는 연습을 하는 데 많은 도움이 되니 꼭 실습해보기 바란다.

이번에는 이 문제를 해결하는 데 STL(standard template library)을 직접 활용하는 방법을 소개한다. 사실 실제 대회에서는 이렇게 lower bound를 작성하는 경우는 흔치 않으며, 대부분 std::lower_bound를 활용하게 된다.

std::lower_bound

S라는 배열의 처음부터 n−1번째까지의 원소들 중 k의 lower bound에 해당하는 원소의 주소를 반환하는 함수

std::lower_bound(S, S+n, k, [compare]);

여기서 compare 함수는 앞에 std::sort에서 사용했던 compare와 같은 역할을 하고 작성법도 동일하다. 그리고 compare를 생략할 경우에는 오름차순이라고 가정하고 동작하게 된다.

다음 소스 코드는 std::lower_bound를 활용하여 문제를 해결한 것을 보여준다. 이 예는 자주 활용할 가능성이 크므로 반드시 익혀두기 바란다.

행	C/C++	참고
1	`#include <stdio.h>`	
2	`#include <algorithm>`	
3	`int d[1000001];`	
4	`int main( ) {`	
5	`    int i, n, k;`	
6	`    scanf("%d",&n);`	
7	`    for( i=0; i<n; i++ )`	
8	`            scanf("%d", &d[i]);`	
9	`    scanf("%d",&k);`	
10	`    printf("%d\n",  std::lower_bound(d, d+n, k)-d+1);`	
11	`}`	

이 소스 코드에서는 10행의 내용을 이해하는 것이 중요하다. std::lower_bound (d,d+n,k)의 의미는 배열 d[0]~d[n−1]이 오름차순으로 정렬되어 있을 때, k의 lower bound 위치의 주소를 구한다는 것이다. 그 주소에서 d를 빼면 k가 존재하는 배열 d의 인덱스가 되며, 배열의 인덱스는 0부터 시작하므로 1을 더해주면 원하는 해를 구할 수 있게 된다. 따라서 std::lower_bound(d,d+n,k)−d+1과 같이 활용할 수 있다.

2차원 지그재그 채우기

💡 해결 아이디어

2차원 배열에 주어진 값들을 지그재그 형태로 채워야 한다. 문제에서 직접적으로 배열의 값들을 활용하지는 않으나 실제 배열에 지정된 패턴으로 채우는 것은 다양한 곳에서 활용되기 때문에 이 문제들을 통하여 익혀두면 좋다.

규칙은 먼저 (1, n)에서 출발하여 오른쪽으로 진행하면서 값들을 채우고 마지막 열을 지나면 다시 아래 행으로 진행한 후 왼쪽으로 되돌아오는 형태로 값을 채우는 것이다. 따라서 방향을 전환하는 규칙을 잘 설정하여 반복문을 이용하여 탐색하면 문제를 해결할 수 있다.

❶ 상태의 정의 및 구조화

입력받는 값 n은 행과 열의 수를 나타낸다. 따라서 총 탐색 공간의 크기는 n^2으로 모두 탐색하여 해결할 수 있다. 탐색 공간은 옆의 그림과 같이 n행 n열의 격자판을 생각할 수 있고, 각 상태는 좌표값 (x, y)로 나타낼 수 있다.

(1,1)	(1,2)	...	(1,n)
(2,1)			
:			
(n,1)		...	(n,n)

(1) 현재 상태의 정의

S(x, y, z) = 현재 x행 y열에 위치하고 z번 이동한 상태

(2) 초기 상태와 목표 상태의 설정

입력 받은 색깔의 처음 위치인 0으로부터 시작하여 탐색을 시작하고 n-1까지 처리한 후 n이 될 때 종료해야 하므로 초기 상태와 목표 상태는 다음과 같이 설정할 수 있다.

초기 상태	목표 상태
S(1, n, 0)	S(n,S(x, y, n^2+1)y)

초기 상태는 시작 위치인 1행 n열에 위치하고 아직 이동하지 않은 상태이므로 S(1, n, 0)로 설정하고, 목표 상태는 규칙에 따라 n^2번 이동한 상태로 S(x, y, n^2)로 둘 수 있다. 목표 상태는 다음 파란색 칸들 중 하나가 될 수 있다.

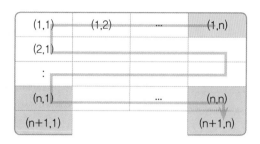

탐색의 진행 방향은 그림과 같으며 초기 상태는 (1, n)이다. 목표 상태는 n이 홀수인지 짝수인지에 따라 달라지는데 짝수일 경우는 (n, m), 홀수일 경우에는 (n, 1)이 된다. 또 다른 목표 상태로 아래로 한 행 더 진행한 (n+1, 1), (n+1, n)으로 설정할 수도 있다.

(3) 다음 상태와 수행 작업의 설정

현재 탐색 중인 색깔과 다음 탐색할 색깔이 같은지 다른지에 따라서 다음과 같이 다음 상태와 수행 작업을 설정할 수 있다.

현재 상태	다음 상태	비고
S(x, y, z)	S(x, y+1, z+1)	오른쪽으로 이동할 경우
	S(x, y−1, z+1)	왼쪽으로 이동할 경우
	S(x+1, y, z+1)	아래로 이동할 경우

수행 작업은 다음 상태로 나아가는 방향을 정하는 것이다. 기본적으로 진행 방향으로 1칸 나아가는 것으로 표현하기 위해 다음과 같이 정의해 보자.

> 현재 상태로부터 진행 방향으로 1칸 이동한다.
> 만약 더 이상 진행할 수 없다면 진행 방향을 반대로 설정하고 아래로 한 칸 이동한다.

❷ 문제 해결을 위한 변수 설계

변수명	의미	값의 범위	비고
a	데이터 저장 배열	10,000 이하의 자연수	
d	탐색 방향 성분	100,000 미만의 음이 아닌 정수	−1, 1 각각 좌, 우 방향
x, y	탐색자(현재 상태)	절댓값 10,000 이하	초기 상태 x=1, y=n
z	이동한 상태의 개수 저장값		
n	입력값(데이터 수)	100 이하의 자연수	

❸ 문제 해결 코드 구현

반복문을 이용하여 구현한 선형 구조를 탐색한다.

행	C/C++	행	파이썬
1	`#include <stdio.h>`	1	
2	`int a[110][110];`	2	`\a=[[0]*110 for x in range(110)]`
3	`int main( ) {`	3	
4	`    int x = 1, d = -1, n, y, z = 1;`	4	`x, z, d = 1, 1, -1`
5	`    scanf("%d",&n);`	5	`n = int(input())`
6	`    y = n;`	6	`y = n`
7	`    while( x<n+1 ) {`	7	`while x<n+1 :`
8	`        a[x][y] = z++;`	8	`    a[x][y] = z`
9		9	`    z += 1`
10	`        y += d;`	10	`    y += d`
11	`        if( y==n+1 or y==0 ) {`	11	`    if y == n+1 or y == 0 :`
12	`            x++;`	12	`        x += 1`
13	`            y -= d;`	13	`        y -= d`
14	`            d *= -1;`	14	`        d *= -1`
15	`        }`	15	
16	`    }`	16	
17	`    for( x=1; x<n+1; x++ ) {`	17	`for x in range(1, n+1) :`
18	`        for (y=1; y<n+1; y++ )`	18	`    for y in range(1, n+1) :`
19	`            printf("%d ", a[x][y]);`	19	`        print(a[x][y], end=" ")`
20	`        printf("\n");`	20	`    print("")`
21	`    }`	21	
22	`}`	22	

코드에 대한 해설

　이 문제를 해결할 수 있는 많은 방법이 있지만 이 코드는 원하는 영역을 순차적으로 탐색하는 방법을 익히기 위한 것이다. while 반복문을 통해서 탐색자 x, y를 이용하여 각 영역을 탐색하면서 z 값으로 배열에 현재 상태 값을 기록한다. 목표 상태는 마지막에 x 값을 n+1로 설정하여 탐색을 종료하는 알고리즘을 구현한 코드이다. 가장 중요한 부분은 탐색자 x, y의 값이 변하는 과정이다. 이를 잘 이해해야 유사한 다른 탐색 문제들을 쉽게 설계할 수 있다.

　그리고 탐색자가 진행하는 방향을 결정하는 변수 d는 1, −1로 값이 바뀌는 변수로 이와 같이 −1을 곱하여 방향을 전환하는 방법은 다른 알고리즘에서도 이용하는 경우가 많으므로 익혀둘 필요가 있다.

　마지막 출력 부분은 중첩 for문을 활용하여 배열의 전체 상태값을 출력한다.

해설 2-18 2차원 빗금 채우기

2차원 배열의 값들을 빗금 형태로 채워야 한다. 이와 같이 지정된 패턴으로 배열에 값을 채우는 연습은 다양한 곳에서 활용되기 때문에 잘 익혀둘 필요가 있다.

채우는 규칙은 먼저 (1, 1)에서 출발하여 행은 +1, 열은 −1의 대각선 방향으로 탐색을 진행해 나갈 수 있도록 구현하며, 더 이상 진행할 수 없을 때는 다음 상태를 찾는 방법에 대해서 식을 구하여 처리할 수 있다.

① 상태의 정의 및 구조화

입력받는 값 n은 행의 수, m은 열의 수를 나타낸다. 따라서 총 탐색 공간의 크기는 n*m으로 모두 탐색하여 해결할 수 있다. 탐색 공간은 옆의 그림과 같이 n행 m열의 격자판을 생각할 수 있고 각 상태는 좌표값 (x, y)로 나타낼 수 있다.

(1,1)	(1,2)	...	(1,m)
(2,1)			
:			
(n,1)		...	(n,m)

구조화된 공간을 탐색하기 위해서는 아래 그림과 같이 초기 상태와 목표 상태를 설정한다.

초기 상태 — (1,1)	(1,2)	...	(1,m)
(2,1)			
:			
(n,1)		...	(n,m) — 목표 상태

탐색의 진행 방향은 아래 그림과 같다. 즉, 초기 상태 (1, 1)로부터 탐색을 시작하여 목표 상태 (n, m)에 도달할 때까지 진행한다.

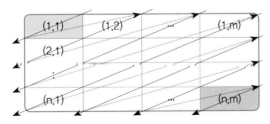

현재 상태 (x, y)일 때 다음 상태는 (x+1, y−1)이 되며, 다음 상태의 값이 범위를 벗어날 경우에는 아래에서 설명하는 수행 작업 과정을 거쳐서 다음 상태를 결정할 수 있다.

현재 상태로부터 다음 상태로 진행하기 위한 수행 작업은 다음과 같다.

일단 기본적으로 진행하는 방향의 좌표값 (x, y)의 합 x+y는 항상 일정하다는 특징을 이용하여 진행 방향을 결정할 수 있다. 예를 들어 (1, 3)에서 출발하여 내려온다면 순서대로 (2, 2), (3, 1)의 순으로 탐색을 진행한다. 출발한 지점과 진행하는 지점의 좌푯값을 더하면 모두 4로 일정하다. (3, 1)의 다음 상태는 (4, 0)이지만 영역을 벗어나므로 다음 상태는 (1, 4)가 되어야 한다. 이제부터는 좌푯값의 합이 1 증가한 5가 된다.

이와 같은 특징을 이용하여 수행 작업을 정할 수 있는 식을 만들 수 있다. 일단 영역을 벗어난 기준은 y=0 또는 x=n+1일 경우이다. 이 경우에는 다음 식을 이용해서 다음 상태를 결정할 수 있다.

$$(x, y)일 때 다음 상태 = \begin{cases} (x+1, y-1) & \text{if}(x+1 \leq n \text{ and } y-1 > 0) \\ (1, x+y) & \text{elseif}(x < m) \\ (x+y+1-m, m) & \text{else} \end{cases}$$

위 수행 작업을 이용하여 코드로 구현할 수 있다.

❷ 문제 해결을 위한 변수 설계

변수명	의미	값의 범위	비고
a	데이터 저장 배열	2차원 배열 (100*100)	
x, y	탐색자(현재 상태)		현재 상태를 표현 초기 상태 x=1, y=1
z	이동한 상태 개수 저장값		
nx, ny	탐색자(다음 상태)		다음 상태
n, m	배열의 크기 행과 열		

❸ 문제 해결 코드 구현

반복문을 이용하여 구현한 선형 구조를 탐색한다.

행	C/C++	행	파이썬
1	`#include <stdio.h>`	1	
2	`int a[110][110];`	2	
3	`int main( ) {`	3	
4	`    int n, m, x = 1, y = 1, z = 1, nx, ny;`	4	
5	`    scanf("%d%d",&n,&m);`	5	
6	`    while( z<n*m+1 ) {`	6	`while z<n*m+1 :`
7	`        a[x][y] = z++;`	7	`    a[x][y] = z`
8		8	`    z += 1`

```c
 9          x++;
10          y--;
11          if( x>n or y==0 ) {
12              if( x<m ) {
13                  nx = 1;
14                  ny = x+y;
15                  if( ny>m ) {
16                      nx += (ny-m);
17                      ny = m;
18                  }
19              }else{
20                  ny = m;
21                  nx = x+y+1-ny;
22                  if( nx>n )
23                      ny += (nx-n);
24                  nx = n;
25              }
26              x = nx;
27              y = ny;
28          }
29      }
30      for( x=1; x<n+1; x++ ) {
31          for( y=1; y<m+1; y++ )
32              printf("%d ", a[x][y]);
33          printf("\n");
34      }
35  }
```

```python
 9      x += 1
10      y -= 1
11      if x>n or y==0 :
12          if x<m :
13              nx = 1
14              ny = x+y
15              if ny>m :
16                  nx += (ny-m)
17                  ny = m
18
19          els e:
20              ny = m
21              nx = x+y+1-ny
22              if nx>n :
23                  ny += (nx-n)
24                  nx = n
25
26          x = nx
27          y = ny
28
29
30  for x in range(1, n+1) :
31      for y in range(1, m+1) :
32          print(a[x][y], end=" ")
33      print("")
34
35
```

앞의 문제들과 마찬가지로 이 코드는 다양한 방법들 중 원하는 영역을 순서대로 탐색하는 방법을 익히기 위한 것이다. while 반복문을 통해서 탐색자 x, y를 이용하여 각 영역을 탐색하면서 z 값으로 배열에 현재 상태 값을 기록한다. 목표 상태는 지금까지와는 달리 좌푯값으로 하지 않고 z 값이 nm이 될 때까지로 설정했다.

이와 같이 목표 상태를 표현하는 방법은 다양하다. 목표 상태의 설정은 오류가 발생할 가능성이 가장 적은 코드로 작성하는 것이 바람직하다.

이 탐색 방법에서 2차원 배열의 상태들을 전환하는 과정에 대해서 정확하게 이해할 필요가 있다. 마지막 출력 부분은 배열에 기록된 각 상태들을 출력하기 위한 부분이다.

◌- 해결 아이디어

(1, 1)에서 출발하여 오른쪽으로 이동한 후 더 이상 이동할 수 없으면 90도 방향을 전환하여 계속 이동하는 방법으로 탐색을 진행한다. 이 문제는 더 이상 진행할 수 없다는 정보에 대해서 직접 경계를 설정하고 파악하면서 탐색을 진행하는 방법으로 해결한다.

탐색 영역을 배열의 내부로 한정시키기 위하여 배열의 경계에 해당하는 영역에 숫자 '1'을 저장한다. 이 방법에서 숫자 '1'은 탐색 영역이 외부로 확장되지 않도록 하는 울타리 역할을 하므로 문제를 효율적으로 해결하는 데 도움이 된다.

❶ 상태의 정의 및 구조화

입력받는 값 n은 행의 수, m은 열의 수를 나타낸다. 따라서 총 탐색 공간의 크기는 n*m으로 모두 탐색하여 해결할 수 있다. 탐색 공간은 그림과 같이 n행 m열의 격자판을 생각할 수 있고 각 상태는 좌표값 (x, y)로 나타낼 수 있다.

(1,1)	(1,2)	···	(1,m)
(2,1)			
:			
(n,1)		···	(n,m)

구조화된 공간을 탐색하기 위해서는 그림과 같이 초기 상태를 설정한다. 목표 상태는 nm번 이동한 상태로 설정하는데, 이렇게 설정할 경우 정확한 위치는 탐색을 마치기 전까지는 알 수 없다. 이와 같이 탐색의 상황은 다양하게 구현해 낼 수 있다.

— 초기 상태

(1,1)	(1,2)	···	(1,m)
(2,1)			
:			
(n,1)			(n,m)

탐색의 진행 방향은 그림과 같으며, 초기 상태 (1,1)로부터 탐색하기 시작하여 목표 상태에 도달할 때까지 탐색을 진행한다.

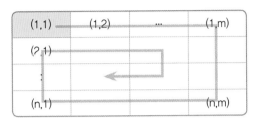

현재 상태 (x, y)일 때, 현재 상태로부터 다음 상태로 진행하기 위한 수행 작업은 진행 방향에 따라 다음과 같이 4가지 경우가 존재한다.

$$(x, y+1), (x+1, y), (x-1, y), (x, y-1)$$

처음에 오른쪽으로 진행하기 위해 다음 상태는 (x, y+1)로 설정되며, 다음으로 방향을 전환하면 (x+1, y)로 진행, 그 후 (x, y-1)로 진행하며 방향을 전환하면 (x-1, y)의 순으로 진행한다.

다시 방향 전환이 있을 경우 이 과정을 반복하면서 진행하면 된다. 만약 진행하고자 하는 칸이 탐색할 수 없는 영역이라면 방향을 전환하면 된다.

위 수행 작업을 이용하여 코드로 구현할 수 있다.

❷ 문제 해결을 위한 변수 설계

변수명	의미	값의 범위	비고
a	데이터 저장 배열	2차원 배열 (100*100)	
x, y	탐색자(현재 상태)		현재 상태를 표현 초기 상태 x=1, y=1
z	이동한 상태 개수 저장값		
nx, ny	탐색자 (다음 상태)		다음 상태
dx, dy	방향 성분		상, 하, 좌, 우를 0, 1, 2, 3으로 저장한 방향 성분 배열

변수명	의미	값의 범위	비고
b			방문한 상태를 중복 방문하지 않기 위해 사용하는 체크
n, m	배열의 크기 행과 열		

❸ 문제 해결 코드 구현

반복문을 이용하여 구현한 선형 구조를 탐색한다.

행	C/C++	행	파이썬
1	`#include <stdio.h>`	1	
2	`int a[110][110];`	2	`a = [[0]*110 for y in range(110)]`
3	`int dx[4]={0, 1, 0, -1};`	3	`dx = [0, 1, 0, -1]`
4	`int dy[4]={1, 0, -1, 0};`	4	`dy = [1, 0, -1, 0]`
5	`bool b[110][110];`	5	`b = [[0]*110 for y in range(110)]`
6	`int main( ) {`	6	
7	`    int i, n, m, x=1, y=1, z=1, d=0, nx, ny;`	7	`x, y, z, d = 1,1,1,0`
8	`    scanf("%d %d",&n,&m);`	8	`n,m = map(int, input( ).split())`
9	`    for( i=0; i<n+1; i++ )`	9	`for i in range(n+1) :`
10	`        b[i][0]=b[i][m+1]=true;`	10	`    b[i][0] = b[i][m+1] = 1`
11	`    for( i=0; i<m+1; i++ )`	11	`for i in range(m+1) :`
12	`        b[0][i]=b[n+1][i]=true;`	12	`    b[0][i] = b[n+1][i] = 1`
13	`    while( z<n*m+1 ) {`	13	`while z<n*m+1 :`
14	`        a[x][y] = z++;`	14	`    a[x][y] = z`
15	`        b[x][y] = true;`	15	`    b[x][y] = 1`
16		16	`    z += 1`
17	`        nx = x+dx[d];`	17	`    nx = x+dx[d]`
18	`        ny = y+dy[d];`	18	`    ny = y+dy[d]`
19	`        if( b[nx][ny] ) {`	19	`    if b[nx][ny]==1 :`
20	`            d++;`	20	`        d += 1`
21	`            d %= 4;`	21	`        d %= 4`
22	`            nx = x+dx[d];`	22	`        nx = x+dx[d]`
23	`            ny = y+dy[d];`	23	`        ny = y+dy[d]`
24	`        }`	24	
25	`        x=nx;`	25	`    x=nx`
26	`        y=ny;`	26	`    y=ny`
27	`    }`	27	
28	`    for( x=1; x<n+1; x++ ) {`	28	`for x in range(1, n+1) :`
29	`        for( y=1; y<m+1; y++ )`	29	`    for y in range(1, m+1) :`
30	`            printf("%d ", a[x][y]);`	30	`        print(a[x][y], end=" ")`

```
31          printf("\n");
32      }
33  }
```

```
31      print("")
32
33
```

코드에 대한 해설

코드의 배열 b는 경계를 세우는 역할을 한다. 배열 등을 탐색하는 문제를 해결할 때 이와 같이 영역의 경계를 실장하면 알고리즘 작성 시 **실수를 줄일** 수 있으므로 이 방법을 잘 이해해두면 좋다.

4방향, 8방향 등으로 배열을 탐색하는 방법은 자주 등장하므로 dx, dy 배열을 이용하는 방법은 매우 유용하다.

제시된 탐색 알고리즘은 전반적으로 다양한 방면으로 활용되는 기법들이 많으므로 정확하게 이해하고 다른 탐색 문제들을 해결할 때 적용할 수 있도록 연습할 필요가 있다.

☞ 해결 아이디어

이 문제의 입력 구조를 보면 선형 구조인지 비선형 구조인지 등을 판단하기 쉽지 않다. 즉, 지금까지 다루었던 문제들보다 문제 구조화가 조금 더 어려운 편이다.

세 변의 길이의 합인 n을 알고 있는 상태에서 삼각형의 세 변의 길이를 구하는 문제이므로 각 변을 a, b, c라고 하면 a의 길이를 1부터 n까지 정하고, b와 c도 같은 방법으로 순차적으로 정해나가는 방법으로 전체 탐색을 할 수 있다. 이렇게 정할 경우 3차원 구조를 가지는 선형 구조가 된다.

여기서 주의할 점은 a, b, c를 각각 1부터 n까지 탐색한다면 각 삼각형이 여러 번 중복되어 구해진다는 것이다. 예를 들어 화단의 길이가 9이고 2, 4, 3으로 고른 경우 3, 4, 2와 4, 2, 3 등은 모두 같은 삼각형이지만 따로 카운팅하게 된다는 문제가 생긴다. 이 문제는 처음부터 a를 가장 짧은 변, c를 가장 긴 변으로 정하면 간단히 해결된다.

이 문제의 입력 n의 최댓값이 100이므로 100^3으로 접근하더라도 충분히 해결 가능하기 때문에 전체 탐색법으로 해결해 보자.

❶ 상태의 정의 및 구조화

먼저 3차원 구조로 3변의 길이를 전체 탐색하는 구문을 작성해 보자.

행	C/C++	행	파이썬
1	`int a, b, c, count = 0;`	1	`count = 0`
2	`for( a=1; a<=n; a++ )`	2	`for a in range(1, n+1) :`
3	`  for( b=a; b<=n; b++ )`	3	`  for b in range(a, n+1) :`
4	`    for( c=b; c<=n; c++ ) {`	4	`    for c in range(b, n+1) :`
5	`      if( count%5==0 )`	5	`      if count%5==0 :`
6	`        printf("\n");`	6	`        print("")`
7	`      count++;`	7	`      count += 1`
8	`      printf("[%d %d %d]\t", a, b, c);`	8	`      print("[", a, b, c, "]", end="\t")`
9	`    }`	9	

위 구조대로 탐색하면 각 변의 길이가 1부터 5까지의 모든 경우에 대해서 조사한다. 단, 각 변의 길이를 a, b, c라고 할 때 a≤b≤c를 만족하는 값들만 탐색한다. 위 탐색의 결과를 출력하면 다음과 같다. 참고로, 한 줄에 5개씩만 출력하도록 count 변수를 활용하였다.

[1 1 1]	[1 1 2]	[1 1 3]	[1 1 4]	[1 1 5]
[1 2 2]	[1 2 3]	[1 2 4]	[1 2 5]	[1 3 3]
[1 3 4]	[1 3 5]	[1 4 4]	[1 4 5]	[1 5 5]
[2 2 2]	[2 2 3]	[2 2 4]	[2 2 5]	[2 3 3]
[2 3 4]	[2 3 5]	[2 4 4]	[2 4 5]	[2 5 5]
[3 3 3]	[3 3 4]	[3 3 5]	[3 4 4]	[3 4 5]
[3 5 5]	[4 4 4]	[4 4 5]	[4 5 5]	[5 5 5]

위와 같이 하면 모든 경우에 대해서 탐색한다. 따라서 각 건에 대해서 삼각형 여부만 판단하면 된다. 세 변의 길이로 삼각형을 판단하는 기본 조건은 다음과 같다.

$$a+b > c$$

그리고 이 문제에서만 적용되는 조건이 있다. 세 변의 길이의 합이 n이어야 한다. 따라서 다음 조건도 만족해야 한다.

$$a+b+c=n$$

다음 입력에 대한 상태 변화도 한번 확인해 보자.

입력값: 3

● 탐색 중의 상태 변화

현재 상태	수행 작업(a+b>c and a+b+c==n이면 개수 증가)	비고
1 1 1	1	초기 상태 삼각형 OK
1 1 2	1	
1 1 3	1	
1 2 2	1	
1 2 3	1	
1 3 3	1	

현재 상태	수행 작업(a+b>c and a+b+c==n이면 개수 증가)	비고
2 2 2	1	
2 2 3	1	
2 3 3	1	
3 3 3	1	목표 상태

❷ 문제 해결 코드 구현

위 탐색 방법과 삼각형의 조건을 적용한 소스 코드는 다음과 같다.

행	C/C++	행	파이썬
1	`#include <stdio.h>`	1	
2	`int f( ) {`	2	`def f( ) :`
3	`    int n, cnt = 0, a, b, c;`	3	`    cnt = 0`
4	`    scanf("%d", &n);`	4	`    n = int(input( ))`
5	`    for( a=1; a<=n; a++)`	5	`    for a in range(n) :`
6	`        for( b=a; b<=n; b++)`	6	`        for b in range(n) :`
7	`            for( c=b; c<=n; c++ )`	7	`            for c in range(n) :`
8	`                if( a+b+c==n && a+b>c )`	8	`                if a+b+c==n and a+b>c :`
9	`                    cnt++;`	9	`                    cnt += 1`
10	`    return cnt;`	10	`    return cnt`
11	`}`	11	
12	`int main( ) {`	12	
13	`    printf("%d\n", f( ));`	13	`print(f( ))`
14	`}`	14	

코드에 대한 해설

5~9행이 3차원으로 공간을 탐색해 나가는 과정이다. 이렇듯 직접적으로 구조화되어 있지 않은 문제라도 해결 과정에서 구조화해가며 해결하는 경우가 많다.

8행에서는 세 변의 길이의 합 조건과 삼각형을 이루는 조건을 검사한다.

해설
3-01 상태 정의와 탐색하기 ①

> ### 💡 해결 아이디어
>
> 상태 정의와 수행 작업을 연습할 수 있는 좋은 문제이다. 먼저 상태를 정의하기 위해 필요한 것은 현재 현진이의 위치 정보이다. 위치 정보를 이용하여 상태를 정의할 수 있다. 두 번째로 수행 작업에 대해 정의할 필요가 있다. 수행 작업을 정의하기 위해 필요한 것은 다음과 같다.
>
> – 계단을 1칸 올라간다.
> – 계단을 2칸 올라간다.
>
> 이 내용을 바탕으로 상태를 정의하고 구조화할 수 있다.

❶ 상태의 정의 및 구조화

n번째 계단에서 2가지 수행 작업을 통해 다음 상태를 정의하여 아래와 같이 현재 상태, 수행 작업, 다음 상태로 표현할 수 있다.

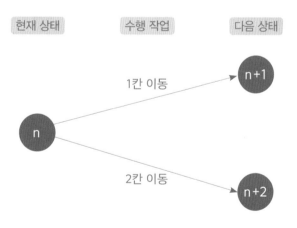

1칸 이동 수행 작업을 통해 n 상태에서 n+1 상태로 갈 수 있고, 2칸 이동 수행 작업을 통해 n 상태에서 n+2 상태로 갈 수 있다.

n이 5일 때, 초기 상태부터 목표 상태까지를 탐색 트리로 표현해 보면 아래와 같다.

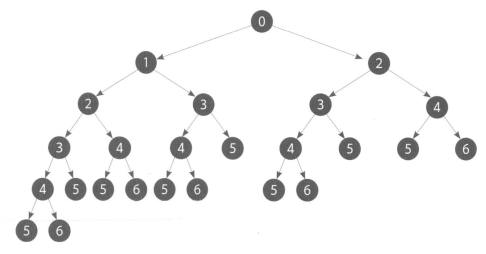

0번 칸에서 5번 칸으로 이동하는 경로를 표현해 보면 아래와 같다.

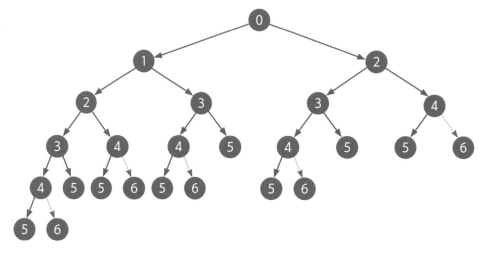

아래와 같이 5번 칸을 기준으로 경로의 수를 세어보면 8가지이다.

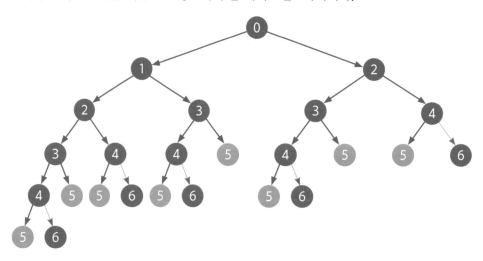

❷ 문제 해결을 위한 변수 설계

변수명	의미	입력값의 범위	비고
n	입력값(목표 상태)	15 이하의 자연수	
c	현재 위치		

❸ 문제 해결 코드 구현

행	C/C++	행	파이썬
1	`#include <stdio.h>`	1	
2	`int n, ans;`	2	`ans = 0`
3	`void f(int c) {`	3	`def f(c) :`
4		4	`    global ans`
5	`    if( c==n ) {`	5	`    if c==n :`
6	`        ans++;`	6	`        ans += 1`
7	`        return;`	7	`        return`
8	`    }`	8	
9	`    if( c>n )`	9	`    if c>n :`
10	`        return;`	10	`        return`
11	`    f(c+1);`	11	`    f(c+1)`
12	`    f(c+2);`	12	`    f(c+2)`
13	`    return;`	13	`    return`
14	`}`	14	
15	`int main( ) {`	15	
16	`    scanf("%d", &n);`	16	`n = int(input( ))`
17	`    f(0);`	17	`f(0)`
18	`    printf("%d\n", ans);`	18	`print(ans)`
19	`}`	19	

코드에 대한 해설

　　상태를 표현하기 위해 c 변수를 사용한다. c는 현진이의 위치 정보이다. 코드 if(c==n)은 현재 상태가 목표 상태인지 판단한 부분, if(c>n)은 목표 상태를 초과하여 더 이상 탐색이 필요 없기 때문에 더 이상 탐색을 하지 않도록 하기 위한 부분이다.

　　수행 작업은 2가지가 있다. 첫 번째는 현재 상태에서 한 칸 올라가는 방법, 두 번째는 현재 상태에서 두 칸 올라가는 방법이다. 현재 상태가 f(c)로 표현되므로 두 가지 다음 상태는 f(c+1)와 f(c+2)가 되며, 현재 상태가 목표 상태라면 답을 저장하는 변수인 ans를 1 증가시켜 경우의 수를 카운팅한다. 탐색이 종료되면 지금까지 경우의 수를 카운팅한 ans의 값을 출력한다.

> ### 💡 해결 아이디어
>
> 이 문제와 '상태 정의와 탐색하기 ①' 문제의 차이점은 수행 작업의 개수이다. 먼저 상태를 정의하기
> 위해 필요한 것은 현재 현진이의 위치 정보이다. 위치 정보를 이용하여 상태를 정의할 수 있다. 두 번
> 째로 수행 작업에 대해 정의할 필요가 있다. 수행 작업을 정의하기 위해 필요한 것은 다음과 같다.
>
> – 계단을 1칸 올라간다.
>
> – 계단을 2칸 올라간다.
>
> – 계단을 3칸 올라간다.
>
> 이 내용을 바탕으로 상태를 정의하고 구조화할 수 있다.

❶ 상태의 정의 및 구조화

n번째 계단에서 3가지 수행 작업을 통해 다음 상태를 정의하여 아래와 같이 현재 상태, 수행
작업, 다음 상태로 표현할 수 있다.

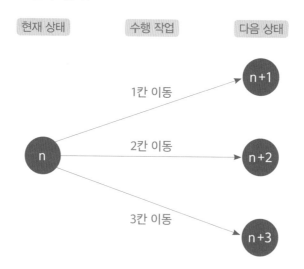

1칸 이동 수행 작업을 통해 n 상태에서 n+1 상태로 갈 수 있고, 2칸 이동 수행 작업을 통해 n
상태에서 n+2 상태로 갈 수 있다. 마찬가지로 3칸 이동 수행 작업을 통해 n 상태에서 n+3 상
태로 갈 수 있다.

n이 5일 때, 초기 상태부터 목표 상태까지를 탐색 트리로 표현해 보면 아래와 같다.

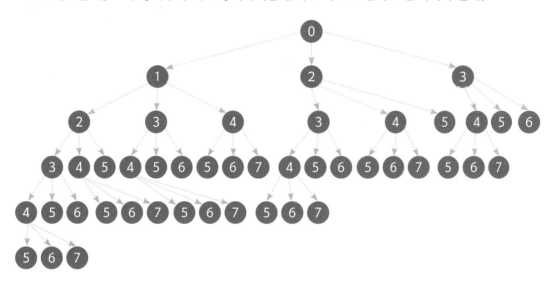

0번 칸에서 5번 칸으로 이동하는 경로를 표현해 보면 아래와 같다.

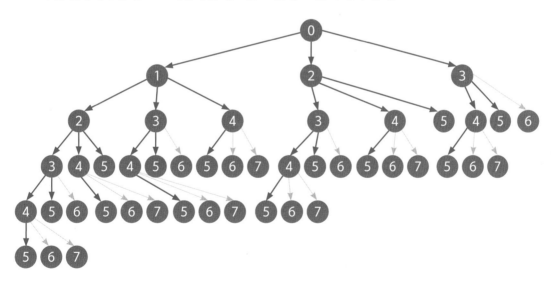

아래와 같이 5번 칸을 기준으로 경로의 수를 세어보면 13가지이다.

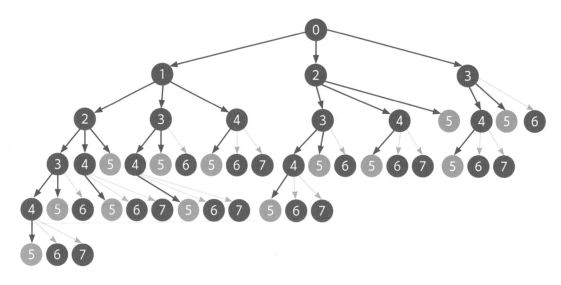

❷ 문제 해결을 위한 변수 설계

변수명	의미	입력값의 범위	비고
n	입력값(목표 상태)	15 이하의 자연수	
c	현재 위치		

❸ 문제 해결 코드 구현

행	C/C++	행	파이썬
1	`#include <stdio.h>`	1	
2	`int n, ans;`	2	`ans = 0`
3	`void f(int c) {`	3	`def f(c) :`
4		4	`    global ans`
5	`    if( c==n ) {`	5	`    if c==n :`
6	`        ans++;`	6	`        ans += 1`
7	`        return;`	7	`        return`
8	`    }`	8	
9	`    if( c>n )`	9	`    if c>n :`
10	`        return;`	10	`        return`
11	`    f(c+1);`	11	`    f(c+1)`
12	`    f(c+2);`	12	`    f(c+2)`
13	`    f(c+3);`	13	`    f(c+2)`
14	`    return;`	14	`    return`
15	`}`	15	
16	`int main( ) {`	16	

```
17      scanf("%d", &n);
18      f(0);
19      printf("%d\n", ans);
20  }
```

```
17  n = int(input( ))
18  f(0)
19  print(ans)
20
```

코드에 대한 해설

상태를 표현하기 위해 c 변수를 사용한다. c는 현진이의 위치 정보이다. 코드 if(c==n)은 현재 상태가 목표 상태인지 판단한 부분, if(c>n)은 목표 상태를 초과하여 더 이상 탐색이 필요 없기 때문에 더 이상 탐색을 하지 않도록 하기 위한 부분이다.

수행 작업은 3가지가 있다. 첫 번째는 현재 상태에서 한 칸 올라가는 방법, 두 번째는 현재 상태에서 두 칸 올라가는 방법, 세 번째는 현재 상태에서 세 칸 올라가는 방법이다. 현재 상태가 f(c)로 표현되므로 세 가지 다음 상태는 f(c+1), f(c+2), f(c+3)이 되며, 현재 상태가 목표 상태라면 답을 저장하는 변수인 ans를 1 증가시켜 경우의 수를 카운팅한다. 탐색이 종료되면 지금까지 경우의 수를 카운팅한 ans의 값을 출력한다.

해결 아이디어

이 문제와 '상태 정의와 탐색하기 ①' 문제의 차이점은 상태 정의에 필요한 변수의 수와 수행 작업의 개수이다. 먼저 상태를 정의하기 위해 필요한 것은 현재 현진이와 영미의 위치 정보이다. 두 사람의 위치 정보를 이용하여 상태를 정의할 수 있다. 두 번째로 수행 작업에 대해 정의할 필요가 있다. 수행 작업을 정의하기 위해 필요한 것은 다음과 같다.

- 현진이는 계단을 1칸 올라가고 영미는 계단을 1칸 올라간다.
- 현진이는 계단을 1칸 올라가고 영미는 계단을 2칸 올라간다.
- 현진이는 계단을 2칸 올라가고 영미는 계단을 1칸 올라간다.
- 현진이는 계단을 2칸 올라가고 영미는 계단을 2칸 올라간다.

이 내용을 바탕으로 상태를 정의하고 구조화할 수 있다.

❶ 상태의 정의 및 구조화

n번째 계단에서 3가지 수행 작업을 통해 다음 상태를 정의하여 아래와 같이 현재 상태, 수행 작업, 다음 상태로 표현할 수 있다.

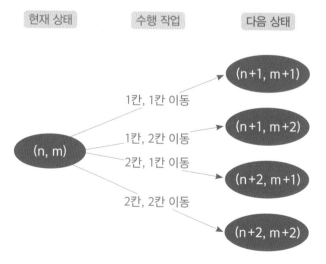

현진이가 n번째 칸에 있고 영미가 m번째 칸에 있을 때, 현진이는 1칸, 영미는 1칸 올라가면 현진이는 n+1번째 칸으로, 영미는 m+1번째 칸으로 이동하게 된다.

현진이가 n번째 칸에 있고 영미가 m번째 칸에 있을 때, 현진이는 1칸, 영미는 2칸 올라가면 현진이는 n+1번째 칸으로, 영미는 m+2번째 칸으로 이동하게 된다.

현진이가 n번째 칸에 있고 영미가 m번째 칸에 있을 때, 현진이는 2칸, 영미는 1칸 올라가면 현진이는 n+2번째 칸으로, 영미는 m+1번째 칸으로 이동하게 된다.

현진이가 n번째 칸에 있고 영미가 m번째 칸에 있을 때, 현진이는 2칸, 영미는 2칸 올라가면 현진이는 n+2번째 칸으로, 영미는 m+2번째 칸으로 이동하게 된다.

❷ 문제 해결을 위한 변수 설계

변수명	의미	입력값의 범위	비고
n	입력값(목표 상태)	15 이하의 자연수	
a	현진이의 현재 위치		
b	영미의 현재 위치		

❸ 문제 해결 코드 구현

행	C/C++	행	파이썬
1	`#include <stdio.h>`	1	
2	`int n, ans;`	2	`ans = 0`
3	`void f(int a, int b) {`	3	`def f(a, b) :`
4		4	`    global ans`
5	`    if( a==n and b==n ) {`	5	`    if a==n and b==n :`
6	`        ans++;`	6	`        ans += 1`
7	`        return;`	7	`        return`
8	`    }`	8	
9	`    if( a>=n or b>=n )`	9	`    if a=>n or b>=n :`
10	`        return;`	10	`        return`
11	`    f(a+1, b+1);`	11	`    f(a+1, b+1)`
12	`    f(a+1, b+2);`	12	`    f(a+1, b+2)`
13	`    f(a+2, b+1);`	13	`    f(a+2, b+1)`
14	`    f(a+2, b+2);`	14	`    f(a+2, b+2)`
15	`    return;`	15	`    return`
16	`}`	16	
17	`int main( ) {`	17	

```
18      scanf("%d", &n);
19      f(0, 0);
20      printf("%d\n", ans);
21   }
```

```
18   n = int(input( ))
19   f(0, 0)
20   print(ans)
21
```

코드에 대한 해설

상태를 표현하기 위해 a, b 변수를 사용한다. a는 현진이의 위치 정보, b는 영미의 위치 정보이다. 코드 if(a==n and b==n)은 현재 상태가 목표 상태인지 판단한 부분, if(a>=n or b>=n)은 목표 상태를 초과하여 더 이상 탐색이 필요 없기 때문에 더 이상 탐색을 하지 않도록 하기 위한 부분이다.

수행 작업은 4가지가 있다. 첫 번째는 현재 상태에서 현진이와 영미가 각각 한 칸 올라가는 방법, 두 번째는 현재 상태에서 현진이는 한 칸 올라가고 영미는 두 칸 올라가는 방법, 세 번째는 현재 상태에서 현진이는 두 칸 올라가고 영미는 한 칸 올라가는 방법, 네 번째는 현재 상태에서 현진이와 영미가 각각 두 칸 올라가는 방법이다. 현재 상태가 f(a, b)로 표현되므로 네 가지 다음 상태는 f(a+1, b+1), f(a+1, b+2), f(a+2, b+1), f(a+2, b+2)가 되며, 현재 상태가 목표 상태라면 답을 저장하는 변수인 ans를 1 증가시켜 경우의 수를 카운팅한다. 탐색이 종료되면 지금까지 경우의 수를 카운팅한 ans의 값을 출력한다.

해설 3-04 상태 정의와 탐색하기 ④

💡 해결 아이디어

이 문제와 '상태 정의와 탐색하기 ②' 문제의 차이점은 수행 작업의 제한이다. 먼저 상태를 정의하기 위해 필요한 것은 현재 현진이의 위치 정보와 이전 수행 작업이다. 이전 수행 작업을 바탕으로 다음 수행 작업을 선택할 수 있기 때문에 이전 수행 작업 정보를 가지고 있어야 한다. 현진이의 위치 정보와 이전 수행 작업을 이용하여 상태를 정의할 수 있다. 두 번째로 수행 작업에 대해 정의할 필요가 있다. 수행 작업을 정의하기 위해 필요한 것은 다음과 같다.

- 계단을 1칸 올라간다.
- 계단을 2칸 올라간다.
- 계단을 3칸 올라간다.

이 내용을 바탕으로 상태를 정의하고 구조화할 수 있다.

❶ 상태의 정의 및 구조화

n번째 계단에서 3가지 수행 작업을 통해 다음 상태를 정의하여 아래와 같이 현재 상태, 수행 작업, 다음 상태로 표현할 수 있다.

이전 수행 작업이 없을 때는 1칸, 2칸, 3칸을 이동할 수 있다.

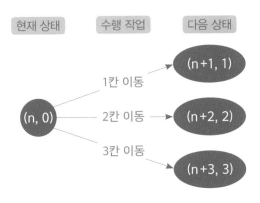

이전 수행 작업이 1일 때는 2칸, 3칸을 이동할 수 있다.

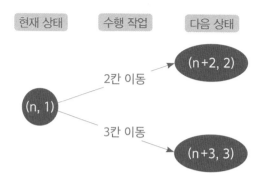

이전 수행 작업이 2일 때는 1칸, 3칸을 이동할 수 있다.

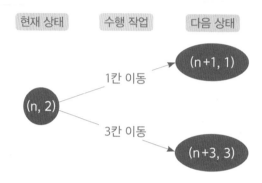

이전 수행 작업이 3일 때는 1칸, 2칸을 이동할 수 있다.

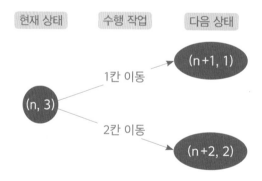

❷ 문제 해결을 위한 변수 설계

변수명	의미	입력값의 범위	비고
n	입력값(목표 상태)	15 이하의 자연수	
c	현진이의 현재 위치		
s	이전 수행 작업		

❸ 문제 해결 코드 구현

행	C/C++	행	파이썬
1	`#include <stdio.h>`	1	
2	`int n, ans;`	2	`ans = 0`
3	`void f(int c, int s) {`	3	`def f(c, s) :`
4		4	`    global ans`
5	`    if( c==n ) {`	5	`    if c==n :`
6	`        ans++;`	6	`        ans += 1`
7	`        return;`	7	`        return`
8	`    }`	8	
9	`    if( c>n )`	9	`    if c>n :`
10	`        return;`	10	`        return`
11	`    if( s!=1 )`	11	`    if s!=1 :`
12	`        f(c+1,1)`	12	`        f(c+1,1)`
13	`    if( s!=2 )`	13	`    if s!=2 :`
14	`        f(c+2,2)`	14	`        f(c+2,2)`
15	`    if( s!=3 )`	15	`    if s!=3 :`
16	`        f(c+3,3)`	16	`        f(c+3,3)`
17	`    return;`	17	`    return`
18	`}`	18	
19	`int main( ) {`	19	
20	`    scanf("%d", &n);`	20	`n = int(input( ))`
21	`    f(0,0);`	21	`f(0,0)`
22	`    printf("%d\n", ans);`	22	`print(ans)`
23	`}`	23	

코드에 대한 해설

상태를 표현하기 위해 c, s 변수를 사용한다. c는 현진이의 위치, s는 현진이의 이전 수행 작업 정보다. 코드 if(c==n)은 현재 상태가 목표 상태인지 판단한 부분, if(c>n)은 목표 상태를 초과하여 더 이상 탐색이 필요 없기 때문에 더 이상 탐색을 하지 않도록 하기 위한 부분이다.

수행 작업은 3가지가 있고 상태(이전 수행 작업)에 따라 할 수 있는 수행 작업이 정해진다. 현재 상태가 목표 상태라면 답을 저장하는 변수인 ans를 1 증가시켜 경우의 수를 카운팅한다. 탐색이 종료되면 지금까지 경우의 수를 카운팅한 ans의 값을 출력한다.

해결 아이디어

상태 정의와 수행 작업을 연습할 수 있는 좋은 문제로 다양한 형태로 해결할 수 있다. 먼저 상태를 정의하기 위해 필요한 것은 다음과 같다.

– n번째 좌석

– 현재 자리가 없는 사람의 수

이 2가지를 이용하여 상태를 정의할 수 있다.

두 번째로 수행 작업에 대해 정의할 필요가 있다. 수행 작업을 정의하기 위해 필요한 것은 다음과 같다.

– 현재 자리에 사람이 앉는다.

– 현재 자리에 사람이 앉지 않는다.

이 내용을 바탕으로 상태를 정의하고 구조화할 수 있다.

❶ 상태의 정의 및 구조화

n번째 좌석에서 이 좌석을 이용할지 말지에 대한 수행 작업을 통해 다음 상태를 정의할 수 있다. 아래와 같이 현재 상태, 수행 작업, 다음 상태로 표현할 수 있다(m은 현재 상태에서 탐색 중인 좌석 번호, b는 현재 상태에서 사용할 수 있는 남은 좌석 개수).

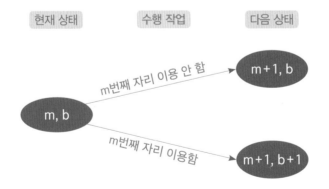

마지막 좌석까지 왔을 때 모든 사람이 다 앉아 있다면 +1, 한 사람이라도 서 있다면 0을 반환하여 총 경우의 수를 계산할 수 있다.

4개의 좌석 중 2개를 선택하는 방법을 탐색하기 위해 초기 상태부터 목표 상태까지를 탐색 트리로 표현해 보면 아래와 같다.

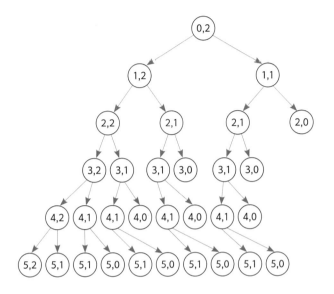

반환하는 값을 표현해 보면 아래와 같다.

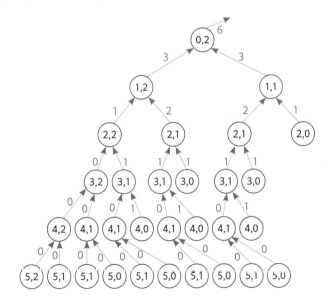

❷ 문제 해결을 위한 변수 설계

변수명	의미	입력값의 범위	초깃값
n	좌석의 수	1≤n≤30	
a	필요한 좌석의 수	1≤k≤30	
m	현재 좌석의 위치		0
b	현재 필요한 좌석의 수		a

❸ 문제 해결 코드 구현

재귀 함수를 이용한 탐색 방법으로 해를 구한다.

행	C/C++	행	파이썬
1	`#include <stdio.h>`	1	
2	`int n, ans;`	2	`ans = 0`
3	`void f(int m, int b) {`	3	`def f(m, b) :`
4		4	`    global ans`
5	`    if( n<m )`	5	`    if n < m :`
6	`        return;`	6	`        return`
7	`    if( n==m ) {`	7	`    if n==m :`
8	`        ans++;`	8	`        ans += 1`
9	`        return;`	9	`        return`
10	`    }`	10	
11	`    f(m+1, b);`	11	`    f(m+1, b)`
12	`    f(m+1, b+1);`	12	`    f(m+1, b+1)`
13	`}`	13	
14	`int main( ) {`	14	
15	`    int a;`	15	
16	`    scanf("%d %d",&n, &a);`	16	`n, a = map(int, input( ).split( ))`
17	`    f(0, 0);`	17	`f(0, 0)`
18	`    printf("%d\n",ans);`	18	`print(ans)`
19	`}`	19	

코드에 대한 해설

탐색자가 n을 초과한 경우 방법의 수가 될 수 없으므로 탐색을 종료하고, 탐색자가 n인 상태는 목표 상태 중 하나이므로 정답을 1 증가시킨다. 코드로는 다음과 같이 표현한다.

5, 6행은 탐색자 m이 n을 초과하면 답이 될 수 없으므로 탐색을 종료하는 부분 코드이다.

행	C/C++	행	파이썬
5	`if( n<m )`	5	`if n < m :`
6	`    return;`	6	`    return`

7~10행은 목표 상태를 처리하는 부분으로 정답을 1 증가시킨다.

행	C/C++	행	파이썬
7	`if( n==m ) {`	7	`if n==m :`
8	`    ans++;`	8	`    ans += 1`
9	`    return;`	9	`    return`
10	`}`	10	

11, 12행은 아직 탐색이 종료되지 않은 상태이므로 다음 상태로의 수행 작업을 실행하는 코드이다.

행	C/C++	행	파이썬
11	`f(m+1, b);`	11	`f(m+1, b)`
12	`f(m+1, b+1);`	12	`f(m+1, b+1)`

해결 아이디어

상태 정의와 수행 작업을 연습할 수 있는 좋은 문제로 다양한 형태로 해결할 수 있다. 먼저 상태를 정의하기 위해 필요한 것은 다음과 같다.

- n번째 좌석
- 현재 자리가 없는 사람의 수
- 연속적으로 좌석을 사용한 수

이 3가지를 이용하여 상태를 정의할 수 있다.

두 번째로 수행 작업에 대해 정의할 필요가 있다. 수행 작업을 정의하기 위해 필요한 것은 다음과 같다.

- 현재 자리에 사람이 앉는다.
- 현재 자리에 사람이 앉지 않는다.

이 내용을 바탕으로 상태를 정의하고 구조화할 수 있다.

❶ 상태의 정의 및 구조화

n번째 좌석에서 이 좌석을 이용할지 말지에 대한 수행 작업을 통해 다음 상태를 정의할 수 있다. 아래와 같이 현재 상태, 수행 작업, 다음 상태로 표현할 수 있다(x는 현재 상태에서 탐색 중인 좌석 번호, y는 현재 상태에서 사용할 수 있는 남은 좌석 개수, z는 현재 상태까지 연속으로 사용한 좌석의 개수).

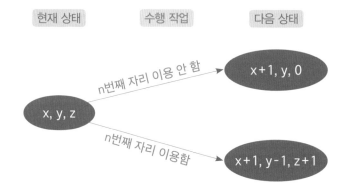

4개의 좌석 중 2개를 선택하는 방법을 탐색하기 위해 초기 상태부터 목표 상태까지를 탐색 트리로 표현해 보면 다음과 같다.

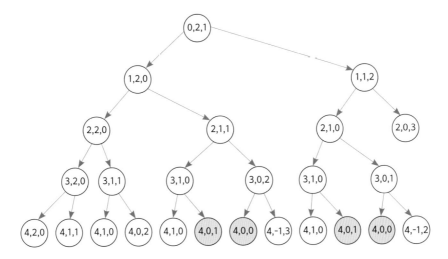

반환하는 값을 표현해 보면 아래와 같다.

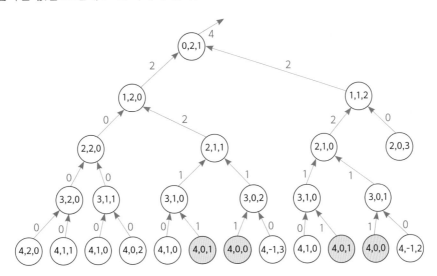

❷ 문제 해결을 위한 변수 설계

변수명	의미	입력값의 범위	비고
n	입력값(좌석 수)	30 이하의 자연수	
a	입력값(사용 좌석 수)	30 이하의 자연수	
x	탐색자		현재 위치
y	탐색자		사용한 좌석 수
z	탐색자		연속으로 사용한 좌석 수

❸ 문제 해결 코드 구현

재귀 함수를 이용한 탐색 방법으로 해를 구한다.

행	C/C++	행	파이썬
1	`#include<stdio.h>`	1	
2	`int n, k;`	2	
3	`int f(int x, int y, int z) {`	3	`def f( x, y, z ) :`
4	`    if( z>2 or y<0 )`	4	`    if z>2 or y<0 :`
5	`        return 0;`	5	`        return 0`
6	`    if( x==n )`	6	`    if x==n :`
7	`    if( y==0 and z<2 )`	7	`        if y==0 and z<2 :`
8	`            return 1;`	8	`            return 1`
9	`        else`	9	`        else :`
10	`            return 0;`	10	`            return 0`
11	`    return f(x+1, y-1, z+1) + f(x+1, y, 0);`	11	`    return f(x+1, y-1, z+1) + f(x+1, y, 0)`
12	`}`	12	
13	`int main( ) {`	13	
14	`    scanf("%d %d", &n, &k);`	14	`n, k = map(int, input( ).split( ))`
15	`    printf("%d\n", f(0, k, 1));`	15	`print(f(0,k,1))`
16	`}`	16	

코드에 대한 해설

연속으로 3자리 이상을 사용할 경우는 잘못된 방법이므로 경우의 수로 포함하지 않기 때문에 결과값으로 0을 반환해야 하고, 마지막까지 탐색한 목표 상태에서 규칙대로 앉았다면 경우의 수로 포함해야 하므로 결과값으로 1을 반환해야 한다.

연속으로 3자리 이상을 사용한 경우를 확인하는 방법은 다음과 같이 구현한다.

행	C/C++	행	파이썬
4	`if( z>2 or y<0 )`	4	`if z>2 or y<0 :`
5	`    return 0;`	5	`    return 0`

n번째 좌석에서 연속적으로 2개를 사용하지 않았고 필요한 좌석을 확보한 경우를 확인하는 방법은 다음과 같다.

행	C/C++	행	파이썬
6	`if( x==n )`	6	`if x==n :`
7	`    if( y==0 and z<2 )`	7	`    if y==0 and z<2 :`
8	`        return 1;`	8	`        return 1`
9	`    else`	9	`    else :`
10	`        return 0;`	10	`        return 0`

현재 상태에서 다음 상태로의 이동은 다음과 같다.

행	C/C++	행	파이썬
3	`int f(int x, int y, int z) {`	3	`def f( x, y, z ) :`
11	`    return f(x+1, y-1, z+1) + f(x+1, y, 0);`	11	`    return f(x+1, y-1, z+1) + f(x+1, y, 0)`
12	`}`	12	

💡 해결 아이디어

타일 채우기 문제는 다양한 형태의 변형이 있는데, 도미노로 채우는 방법이 기본 문제이므로 정확하게 익혀둘 필요가 있다.

기본적으로 2행 n열의 격자판에 도미노를 채우는 방법은 그림과 같이 도미노를 세로로 채우는 방법과 가로로 2개 채우는 2가지 방법뿐이다.

위 2가지 방법으로 가능한 모든 경우를 모두 탐색하여 경우의 수를 구할 수 있다.

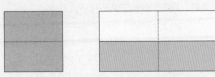

▲ 세로로 1개 놓는 방법   ▲ 가로로 2개를 놓는 방법

❶ 상태의 정의 및 구조화

2*n개의 격자판에 도미노를 세로로 놓으면 1열을 쓰고 가로로 놓으면 2열을 쓰는 것이므로 1*n개의 격자판으로 생각하고 해결할 수 있다.

(1) 현재 상태의 정의

S(x)=격자판의 x번째 열에 도미노를 놓기 위한 상태

(2) 초기 상태와 목표 상태의 설정

초기 상태	목표 상태
S(0)	S(n)

초기 상태는 빈 격자판이 있으므로 첫 번째 열인 0번 열에 놓기 위한 상태인 S(0)으로 설정해야 하며, 목표 상태는 마지막 열까지 모두 채우면 다음 상태인 n번째 열에 놓기 위한 상태가 되므로 S(n)이 된다.

S(n+1) 또는 그 보다 큰 상태들은 격자판을 제대로 채운 상태가 아니므로 모두 탐색에서 배제해야 한다.

(3) 다음 상태와 수행 작업의 설정

현재 상태 S(x)로부터 가능한 다음 상태는 도미노를 가로로 놓거나 세로로 놓는 두 가지 수행 작업이 있을 수 있으므로 다음과 같다.

수행 작업	가능한 다음 상태	비고
도미노를 세로로 놓는 경우	S(x+1)	
도미노를 가로로 놓는 경우	S(x+2)	x+2가 n+1보다 작을 경우만 탐색 가능

❷ 문제 해결을 위한 변수 설계

변수명	의미	입력값의 범위	비고
n	입력값(원소의 수)	20 이하의 자연수	
x	탐색자(현재 탐색하는 열)		
ans	정답		

❸ 문제 해결 코드 구현

재귀 함수를 이용한 탐색 방법으로 해를 구한다.

행	C/C++	행	파이썬
1	`#include <stdio.h>`	1	
2	`int n, ans;`	2	`ans = 0`
3	`void f(int x) {`	3	`def f(x) :`
4		4	`    global ans`
5	`    if( x>n )`	5	`    if x>n :`
6	`        return;`	6	`        return`
7	`    if( x==n ) {`	7	`    if x==n :`
8	`        ans++;`	8	`        ans += 1`
9	`        return;`	9	`        return`
10	`    }`	10	
11	`    f(x+1);`	11	`    f(x+1)`
12	`    f(x+2);`	12	`    f(x+2)`
13	`}`	13	
14	`int main( ) {`	14	
15	`    scanf("%d", &n);`	15	`n = int(input( ))`

```
16      f(0);
17      printf("%d\n",ans);
18    }
```

```
16    f(0)
17    print(ans)
18
```

탐색 중 x 값이 n을 초과한 경우는 올바르게 채운 것이 아니므로 탐색을 종료한다.

행	C/C++	행	파이썬
5	if(x>n)	5	if x>n :
6	return;	6	return

규칙에 맞도록 올바르게 채운 경우는 x가 n이 되는 것이므로 이 경우에는 정답 변수 ans 의 값을 갱신한다.

행	C/C++	행	파이썬
7	if(x==n) {	7	if x==n :
8	ans++;	8	ans += 1
9	return;	9	return
10	}	10	

현재 상태에서 다음 상태로 탐색은 다음과 같이 진행한다.

행	C/C++	행	파이썬
11	f(x+1);	11	f(x+1)
12	f(x+2);	12	f(x+2)

2*n 격자판에 2*2 타일과 도미노 비대칭 채우기

⚬ 해결 아이디어

좌우 비대칭으로 타일을 채우는 문제이다. 활용할 수 있는 타일의 종류는 도미노와 2*2 모양의 정사각형 타일이다.

처음부터 비대칭으로 채우면서 해결할 수도 있지만, 포함 배제를 활용하여 모든 경우의 수를 구한 후 대칭인 경우의 수를 빼면 더 쉽게 해를 구할 수 있다. 대칭인 경우를 구하는 방법은 $\frac{n}{2}$ 부분까지만 채우고 나머지는 왼쪽과 대칭으로 같은 타일을 채우면 되므로 $\frac{n}{2}$까지 채우는 경우의 수를 세면 된다.

❶ 상태의 정의 및 구조화

2*n개의 격자판에 타일을 세로로 놓으면 1열을 쓰고 가로로 놓으면 2열, 2*2 타일을 사용하더라도 2열을 쓰므로 1열을 쓰는 경우 1가지, 2열을 쓰는 경우가 2가지이다. 따라서 이 문제도 1*n개의 격자판으로 생각하고 해결할 수 있다.

(1) 현재 상태의 정의

> S(x, y)=2*y 격자판에서 x번째 열에 도미노를 놓기 위한 상태

(2) 초기 상태와 목표 상태의 설정

초기 상태	목표 상태
S(0, n)	S(n, n)

초기 상태는 빈 격자판이 있으므로 첫 번째 열인 0번 열에 놓기 위한 상태인 S(0, n)으로 설정해야 하며, 목표 상태는 마지막 열까지 모두 채우면 다음 상태인 n번째 열에 놓기 위한 상태가 되므로 S(n, n)이 된다.

S(n+1, n) 또는 그보다 큰 상태들은 격자판을 제대로 채운 상태가 아니므로 모두 탐색에서 배제해야 한다.

(3) 다음 상태와 수행 작업의 설정

현재 상태 S(x)로부터 가능한 다음 상태는 도미노를 가로로 놓거나 세로로 놓는 두 가지 수행

작업이 있을 수 있으므로 다음과 같다.

수행 작업	가능한 다음 상태	비고
도미노를 세로로 놓는 경우	S(x+1, y)	
도미노를 가로로 놓는 경우	S(x+2, y)	x+2가 n+1보다 작을 경우만 탐색 가능
2*2 타일을 놓는 경우	S(x+2, y)	x+2가 n+1보다 작을 경우만 탐색 가능

❷ 문제 해결을 위한 변수 설계

변수명	의미	입력값의 범위	비고
n	입력값(원소의 수)	30 이하의 자연수	
x	탐색자(현재 탐색하는 열)		
ans	각 문제의 정답		
ans2	전체 정답		

❸ 문제 해결 코드 구현

재귀 함수를 이용한 탐색 방법으로 해를 구한다.

행	C/C++	행	파이썬
1	`#include <stdio.h>`	1	
2	`int n, ans, ans2;`	2	`ans = 0`
3	`void f(int x, int y) {`	3	`def f(x, y) :`
4		4	`global ans`
5	`if( x>y )`	5	`if x>y :`
6	`return;`	6	`return`
7	`if( x==y ) {`	7	`if x==y :`
8	`ans++;`	8	`ans += 1`
9	`return;`	9	`return`
10	`}`	10	
11	`f(x+1, y);`	11	`f(x+1, y)`
12	`f(x+2, y);`	12	`f(x+2, y)`
13	`f(x+2, y);`	13	`f(x+2, y)`
14	`}`	14	
15	`int main( ) {`	15	
16	`scanf("%d", &n);`	16	`n = int(input( ))`
17	`f(0, n);`	17	`f(0, n)`
18	`ans2 = ans;`	18	`ans2 = ans`
19	`ans = 0;`	19	`ans = 0`
20	`f(0, n/2);`	20	`f(0, n//2)`

행	C/C++	행	파이썬
21	`ans2 = ans2 - ans;`	21	`ans2 = ans2 - ans`
22	`if( n%2==0 ) {`	22	`if n%2==0 :`
23	`ans = 0;`	23	`ans = 0`
24	`f(0, n/2-1);`	24	`f(0, n//2-1)`
25	`ans2 = ans2-2*ans;`	25	`ans2 = ans2-2*ans`
26	`}`	26	
27	`printf("%d\n", ans2);`	27	`print(ans2)`
28	`}`	28	

코드에 대한 해설

탐색 중 x 값이 n을 초과한 경우는 올바르게 채운 것이 아니므로 탐색을 종료한다.

행	C/C++	행	파이썬
5	`if( x>y )`	5	`if x>y :`
6	`return;`	6	`return`

규칙에 맞도록 올바르게 채운 경우는 x가 n이 되는 것이므로 정답 변수 ans의 값을 갱신한다.

행	C/C++	행	파이썬
7	`if( x==y ) {`	7	`if x==y :`
8	`ans++;`	8	`ans+=1`
9	`return;`	9	`return`
10	`}`	10	

현재 상태에서 다음 상태로 탐색은 다음과 같이 진행한다.

행	C/C++	행	파이썬
11	`f(x+1, y);`	11	`f(x+1, y)`
12	`f(x+2, y);`	12	`f(x+2, y)`
13	`f(x+2, y);`	13	`f(x+2, y)`

값을 가지는 함수 형태로 상태를 표현하면 좀 더 효율적으로 다음과 같이 작성할 수도 있다.

행	C/C++	행	파이썬
1	`#include <stdio.h>`	1	
2	`int f(int x, int y) {`	2	`def f(x, y) :`
3	`    if( x>y )`	3	`    if x>y :`
4	`        return 0;`	4	`        return 0`
5	`    if( x==y )`	5	`    if x==y :`
6	`        return 1;`	6	`        return 1`
7	`    return f(x+1, y) + 2*f(x+2, y);`	7	`    return f(x+1, y) + 2*f(x+2, y)`
8	`}`	8	
9	`int main( ) {`	9	
10	`    int n, ans;`	10	
11	`    scanf("%d", &n);`	11	`n = int(input( ))`
12	`    ans = S(0, n)-S(0, n/2);`	12	`ans = S(0, n)-S(0, n//2)`
13	`    if( n%2==0 )`	13	`if n%2 == 0 :`
14	`        ans -= 2*S(0, n/2-1);`	14	`    ans -= 2*S(0, n//2-1)`
15	`    printf("%d\n",ans);`	15	`print(ans)`
16	`}`	16	

코드에 대한 해설

이와 같은 형태로 표현하면 함수들의 관계를 식으로 나타낼 수 있으므로 여러 가지 장점이 있다. 다음과 같이 재귀 함수의 경우 3가지 수행 작업을 2가지로 줄일 수 있어서 효율성이 높아진다.

구분	C/C++	파이썬
기존 재귀 호출	S(x+1); S(x+2); S(x+2);	S(x+1) S(x+2) S(x+2)
점화식 재귀 호출	return S(x+1) + 2*S(x+2);	return S(x+1) + 2*S(x+2)

해설 3-09 동아리 회장 선출하기

🔅 해결 아이디어

'O'와 'X'로 만들 수 있는 길이가 n인 문자열의 모든 패턴을 출력하는 문제이다. 단, 'O'를 먼저 출력하고 'X'를 나중에 출력하는 순서이다. 사실 이 문제는 'O'와 'X'를 0과 1로 대치하면 이진수를 순서대로 출력하는 문제와 완전 동일하다. n=3일 때를 비교해 보면 다음과 같다.

'O'와 'X'인 경우	0과 1인 경우
OOO	000
OOX	001
OXO	010
OXX	011
XOO	100
XOX	101
XXO	110
XXX	111

재귀 함수의 호출 구조를 잘 생각해보면 이런 순서의 패턴도 만들어 낼 수 있다.

❶ 상태의 정의 및 구조화

먼저 문제 상태를 정의해 보자. 탐색의 인덱스를 0부터 할지 1부터 할지 정해야 한다. 여기서는 인덱스를 0부터 시작하는 것으로 정한다. 그러면 마지막 문자의 인덱스는 n−1이다. 첫 번째 0부터 순차적으로 탐색한다.

현재 x번째 인덱스를 할 차례이고, 이전까지 저장된 문자열이 str이라고 하면 다음과 같은 재귀 함수를 정의할 수 있다.

> f(x, str)="x번째를 처리할 차례이고, 이전까지 저장된 문자열이 str인 상태"

처음 상태는 인덱스 0을 할 차례이고 이전까지 어떤 문자도 있으면 안 되므로, f(0, "")이 된다.

목표 상태는 f(n, str)로 정의할 수 있다. 인덱스가 n인 이유는 n번째를 처리할 차례가 되어야 인덱스 [0]~[n−1]이 완성되어 있기 때문이다.

처음 상태의 다음 상태는 다음과 같다.

인덱스 0이 'O'인 경우	인덱스 0이 'X'인 경우
f(1, str+"O")	f(1, str+"X")

이를 일반화하면 다음과 같이 정리할 수 있다.

인덱스 x의 다음 상태	f(x+1, str+"O") f(x+1, str+"X")

다음은 n=2인 경우 탐색 트리이다.

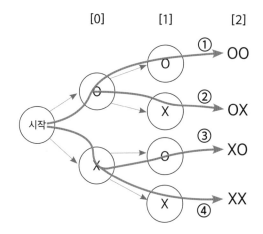

이런 방법으로 탐색이 순서대로 일어나기 때문에 문제에서 요구하는 'O'와 'X'의 정렬 순서는 크게 신경 쓸 필요가 없다.

❷ 문제 해결을 위한 변수 설계

변수명	의미	값의 범위	비고
n	입력값(개수)	7 이하의 자연수	
d	모양 저장		
c	현재 위치		

❸ 문제 해결 코드 구현

재귀 함수를 이용하여 탐색 구조를 설계하여 해를 구한다.

행	C/C++	행	파이썬
1	`#include<stdio.h>`	1	
2	`int n, d[10];`	2	`d = [0]*10`
3	`void f(int c) {`	3	`def f(c) :`
4	`    int i;`	4	
5	`    if(c==n) {`	5	`    if c==n :`
6	`        for( i=0; i<n; i++ )`	6	`        for i in range(n) :`
7	`            if(d[i]==0)`	7	`            if d[i]==0 :`
8	`                printf("O");`	8	`                print("O", end="")`
9	`            else`	9	`            else :`
10	`                printf("X");`	10	`                print("X", end="")`
11	`        printf("\n");`	11	`    print("")`
12	`        return;`	12	`    return`
13	`    }`	13	
14	`    d[c] = 0;`	14	`    d[c] = 0`
15	`    f(c+1);`	15	`    f(c+1)`
16	`    d[c] = 1;`	16	`    d[c] = 1`
17	`    f(c+1);`	17	`    f(c+1)`
18	`}`	18	
19	`int main( ) {`	19	
20	`    scanf("%d", &n);`	20	`n = int(input( ))`
21	`    f(0);`	21	`f(0)`
22	`}`	22	

코드에 대한 해설

C/C++인 경우 char 문자 배열로 처리하기에는 다소 번거롭다. C 언어의 단점 중 하나가 최근에 나온 언어에 비해 문자열 처리가 어렵다는 점이다. 이를 보완하기 위해 C++에서는 string 객체를 제공하고 있으며, 이는 <iostream>에 포함되어 있다.

이 코드에서 string 객체를 효과적으로 처리하기 위해 scanf()와 printf() 대신 C++의 입출력 객체인 cin과 cout을 사용한다.

인덱스 n번째에 str을 한 줄 출력하고 재귀 함수 f의 재귀 호출을 중단한다.

해결 아이디어

어떤 수 n에 세 가지 규칙을 적용하여 가장 빠르게 1로 만들 수 있는 방법을 탐색하는 문제이다. 핵심 요소를 생각해 보면 처음 시작 수는 n, 다음 상태는 세 가지 규칙 중 하나 적용, 1이 되기까지 최소한의 방법의 수로 요약할 수 있다.

처음 n이 정의된 이후 나올 수 있는 수는 다음과 같다.

• n이 10의 배수이면 n/5 또는 n/2 또는 n-1
• n이 5의 배수이면 n/5 또는 n-1
• n이 2의 배수이면 n/2 또는 n-1
• 그 외에는 n-1

규칙에 따라 발생하는 경우의 수를 모두 탐색하고 최솟값을 찾으면 문제를 해결할 수 있을 것이다.

❶ 상태의 정의 및 구조화

먼저 문제 상태를 정의해 보자. 현재 상태가 x이고 x가 되기까지 사용한 규칙의 횟수를 y라고 하자. 그러면 다음과 같은 재귀 함수를 정의할 수 있다.

$f(x, y)$="현재 상태가 x이고, 사용한 규칙의 횟수가 y인 상태"

그러면 처음 상태는 $f(n, 0)$이 된다. 현재 수가 n이고 아직 규칙을 적용하지 않았으니 규칙 사용 횟수는 0이라는 의미이다.

목표 상태는 $f(1, k)$로 정의할 수 있다. k는 규칙의 사용 횟수 중 가장 작은 y가 될 것이다.

n=10일 때를 예로 들어 보면, 다음 그림과 같은 탐색 과정을 거치게 된다.

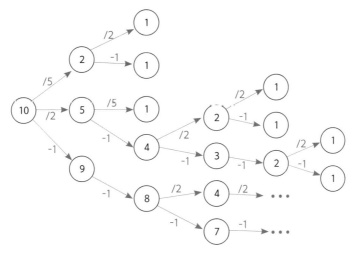

▲ n=10일 때의 탐색 과정

1에 가장 빠르게 도달하는 경우는 10→2→1 또는 10→5→1이고, 최소 횟수는 2가 된다.

그림에서 보면 알 수 있듯이 n이 작아도 매우 많은 탐색 구간이 생긴다. 속도를 줄이려면 첫 번째, 이전에 구한 결과보다 횟수가 더 많아지면 더 이상 탐색을 하지 않는 방법(=가지치기 전략)과 두 번째, 탐색 과정 중 한 번 나온 수는 그 과정을 기억하고 그 수가 다시 나오면 더 이상 진행하지 않고 횟수를 한 번에 더하는 방법(=메모이제이션; memoization)이 있다. 이 두 방법 중 두 번째가 더 안정적이고 빠르지만, 여기서는 n이 최대 100,000이므로 첫 번째 방법으로 풀이해 보겠다.

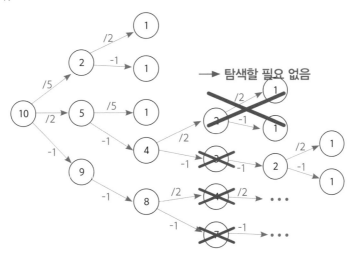

▲ 첫 번째 방법: 이전에 구한 최소 횟수보다 많은 경우 탐색 배제

이를 일반화하면 f(x, y)의 다음 상태는 아래와 같이 정리할 수 있다.

$$f(x, y) = \begin{cases} f(x/5, y+1) & \text{5의 배수인 경우} \\ f(x/2, y+1) & \text{2의 배수인 경우} \\ f(x-1, y+1) & \text{그외} \end{cases}$$

❷ 문제 해결을 위한 변수 설계

변수명	의미	입력값의 범위	비고
n	입력값(개수)	100,000 이하의 자연수	
ans	정답		처음에 가장 큰 값을 저장

❸ 문제 해결 코드 구현

재귀 함수를 이용하여 탐색 구조를 설계하여 해를 구한다.

행	C/C++	행	파이썬
1	`#include <stdio.h>`	1	
2	`int n, ans = 100000;`	2	`ans=100000`
3	`void f(int x, int y) {`	3	`def f(x, y) :`
4		4	`    global ans`
5	`    if( y>ans )`	5	`    if y>ans :`
6	`        return;`	6	`        return`
7	`    if( x==1 ) {`	7	`    if x==1 :`
8	`        if( ans>y )`	8	`        if ans>y :`
9	`            ans = y;`	9	`            ans = y`
10	`        return ;`	10	`        return`
11	`    }`	11	
12	`    if( x%5==0 )`	12	`    if x%5==0 :`
13	`        f(x/5, y+1);`	13	`        f(x//5, y+1)`
14	`    if( x%2==0 )`	14	`    if x%2==0 :`
15	`        f(x/2, y+1);`	15	`        f(x//2, y+1)`
16	`    f(x-1, y+1);`	16	`    f(x-1, y+1)`
17	`}`	17	
18	`int main( ) {`	18	
19	`    scanf("%d", &n);`	19	`n = int(input( ))`
20	`    f(n, 0);`	20	`f(n, 0)`
21	`    printf("%d\n", ans);`	21	`print(ans)`
22	`}`	22	

코드에 대한 해설

　ans의 초깃값을 100,000으로 설정한 이유는 n이 최대 100,000이고 x-1만 계속 적용하여도 100,000보다는 작은 수가 되기 때문이다.

　5~6행의 if절은 앞서 말한 첫 번째 방법인 가지치기 전략을 실현하기 위한 코드이다. 현재의 횟수 y가 지금까지 구한 1이 되기 위한 최소 횟수보다 많으면 더 이상 탐색할 필요가 없으므로 중단하는 코드이다.

　12~16행은 5로 나누어지면 5로 나누고, 2로 나누어지면 2로 나누고, 마지막에 x-1을 진행하는 코드이다. 이 코드를 구현할 때 순서를 달리하면 프로그램 실행 속도가 크게 달라진다.

행	C/C++	행	파이썬
12	`if( x%5==0 )`	12	`if x%5==0 :`
13	`    f(x/5, y+1);`	13	`    f(x//5, y+1)`
14	`if( x%2==0 )`	14	`if x%2==0 :`
15	`    f(x/2, y+1);`	15	`    f(x//2, y+1)`
16	`f(x-1, y+1);`	16	`f(x-1, y+1)`

　1씩 감소하는 연산을 먼저 하면 처음 숫자 n이 빠르게 작아지지 못하므로 탐색 횟수가 더 많아지게 된다. n이 크면 재귀 함수의 호출이 끝나지 못해 스택 오버플로우 에러를 받을 수도 있다. 5부터 나눌 수 있으면 그렇게 하는 것이 가장 큰 폭으로 n이 감소되며, 그러면 ans가 처음부터 작은 값을 가지게 될 가능성이 높아진다. 탐색 과정 중 y가 ans보다 커지면 탐색을 중단하므로, 전체 속도 향상에 기여하게 될 것이다.

　메인 함수에서 첫 호출은 f(n, 0)을 시작으로 탐색하게 되고, 최종적으로 ans에 저장된 값을 출력하면 최소 횟수를 구할 수 있다.

> ### 💡 해결 아이디어
>
> 네모네모 로직은 전체 n*m 크기의 2차원 구조이지만, 이 문제에서는 하나의 행에 대해서 가능한 블록의 배치 개수를 묻고 있다. 한 행은 n개의 칸으로 이루어져 있으며 k개의 블록을 배치해야 한다. k개의 블록은 순서가 바뀌면 안 되며, 블록과 블록 사이에 최소 1칸 이상의 공백을 두어야 한다.
>
> 이 문제는 네모네모 로직의 규칙을 적용하여 k개의 블록을 배치할 수 있는 경우의 수를 계산한다. 한 행의 전체 칸의 수 n이 최대 20이므로 가능한 모든 경우를 탐색하여 제한 시간 이내에 해결할 수 있다.

❶ 상태의 정의 및 구조화

먼저 문제 상태를 정의해 보자.

① 한 행에 n개의 칸이 있고, 이 칸의 번호를 1~n으로 부여한다.

② k개의 블록의 크기에 대한 정보는 block[1]~block[k]에 저장한다.

인덱스 1부터 탐색하면서 i번째 칸에 블록을 배치하는 경우와 배치하지 않는 경우를 나누어 탐색한다. 이렇게 n번째 칸까지 모두 탐색한 후 가능한 경우의 수를 모두 세면 된다.

현재 칸의 위치가 x이고, bi번째 블록을 놓을 차례이고, 바로 직전에 블록을 놓았는지 확인할 수 있는 상태를 p라고 하자. 그러면 다음과 같은 재귀 함수를 정의할 수 있다.

> f(x,bi,p)="현재 x번째 위치에 bi번 블록을 놓을지 말지 탐색할 차례이고,
> 직전에 연속된 블록을 p번 사용한 상태"

그러면 처음 상태는 f(1,1,0)이 된다. 의미는 현재 1번째 칸에 block[1]을 놓을지 말지 탐색할 차례이고, 직전에 연속된 블록을 사용하지 않은 상태를 말한다.

목표 상태는 f(n+1, k+1, *)로 정의할 수 있다. n번째 칸까지 모두 탐색한 경우이므로 n+1이 되고, 정의된 블록도 모두 다 써야 되기 때문에 k+1이 된다. 마지막은 0이 되든 1이 되든 상관없다.

처음 상태의 다음 상태는 두 가지로 나눌 수 있다.

첫 번째 칸에 블록을 놓은 경우	첫 번째 칸에 블록을 놓지 않는 경우
f(1+block[1],2,1)	f(2,1,0)

이를 일반화하면 다음과 같이 정리할 수 있다.

x번째 칸에 블록을 놓은 경우	x번째 칸에 블록을 놓지 않는 경우
f(x+block[bi],bi+1,1)	f(x+1,bi,0)

예를 들어 n=15, k=3 그리고 각각의 블록이 5, 4, 3일 때 탐색 결과 다음과 같은 경우의 수를 확인할 수 있다.

❷ 문제 해결을 위한 변수 설계

변수명	의미	값의 범위	초깃값
n	입력값(열의 개수)	20 이하의 자연수	
k	블록의 개수	n 이하의 자연수	
block	배열(블록의 내용)		
ans	정답		

❸ 문제 해결 코드 구현

재귀 함수를 이용하여 탐색 구조를 설계하여 해를 구한다.

행	C/C++	행	파이썬
1	`#include <stdio.h>`	1	
2	`int n, k, ans, d[21];`	2	`ans = 0`
3	`void f(int x, int bi, int p) {`	3	`def f(x, bi, p) :`
4		4	`    global ans`
5	`    if( x>n+1 )`	5	`    if x>n+1 :`
6	`        return;`	6	`        return`
7	`    if( x==n+1 ) {`	7	`    if x==n+1 :`
8	`        if(bi==k+1)`	8	`        if bi==k+1 :`
9	`            ans++;`	9	`            ans += 1`
10	`        return;`	10	`        return`
11	`    }`	11	
12	`    f(x+1, bi, 0);`	12	`    f(x+1, bi, 0)`
13	`    if( p==0 and bi<=k )`	13	`    if p==0 and bi<=k :`
14	`        f(x+d[bi], bi+1, 1);`	14	`        f(x+b[bi], bi+1, 1)`
15	`}`	15	
16	`int main( ) {`	16	
17	`    scanf("%d", &n);`	17	`n = int(input( ))`
18	`    scanf("%d", &k);`	18	`k = int(input( ))`
19	`    for(int i=1; i<=k; i++ )`	19	`d = list(map(int, input( ).split( )))`
20	`        scanf("%d", &d[i]);`	20	`d = [0] + d`
21	`    f(1, 1, 0);`	21	`f(1, 1,0)`
22	`    printf("%d\n", ans);`	22	`print( ans)`
23	`}`	23	

코드에 대한 해설

5, 6행은 블록을 배치했을 때 마지막 칸 n을 넘어가는 경우이고, 오류로 판단하여 재귀 함수를 끝낸다.

7~9행은 n번째 칸을 다 채우고, 모든 블록을 사용했을 때 개수를 세는 부분이다.

12행은 x번째 칸에 블록을 사용하지 않고, 다음 칸으로 넘어가는 부분이다.

13, 14행은 직전에 블록을 사용하지 않았을 때 블록을 사용하는 부분이다. 다음 칸의 위치는 사용된 블록의 크기만큼 더해져서 x+block[bi]번 칸이 된다.

메인 함수에서 f(1,1,0)을 호출하여 모든 경우를 탐색하고, 최종적으로 ans에 저장된 값을 출력하면 원하는 결과를 구할 수 있다.

해설 3-12 규칙에 맞는 이진수 만들기(small)

해결 아이디어

두 개의 규칙을 지키면서 n 길이의 이진수를 만드는 경우의 수를 구하는 문제이다. 핵심은 길이가 n
인 이진수, 0을 연속으로 나열하지 않고 가능한 서로 다른 이진수의 개수 정도로 요약할 수 있다.

처음에 0과 1이 정의된 이후 연결될 수 있는 수는 0과 1이며 이때 규칙을 준수해야 한다. 상황을 그
림으로 나타내면 다음과 같다.

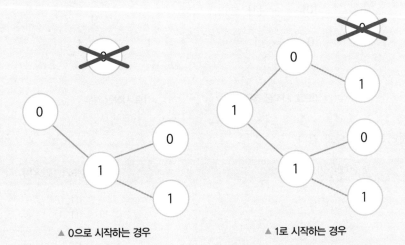

▲ 0으로 시작하는 경우   ▲ 1로 시작하는 경우

규칙에 따라 모든 경우를 따져가는 방법은 비선형 구조인 트리 형태로 구조화된다. 이러한 비선형
구조를 탐색할 때에는 재귀 함수로 구현하는 것이 효율적이다.

❶ 상태의 정의 및 구조화

먼저 문제 상태를 정의해 보자. n 길이의 이진수에서 인덱스 번호를 부여해야 한다. 가장 첫
번째 수가 인덱스 0이고 마지막 n번째 수의 인덱스를 n−1로 부여한다. 그리고 첫 번째 0부터
순차적으로 탐색한다.

이를 효과적으로 탐색할 수 있는 재귀 함수를 정의해 보자.

> f(x, y)="현재 x번째 수를 만들 차례이며, 그 수가 y인 상태"

그러면 처음 상태는 f(0, 0)과 f(0, 1)이 된다. 이것은 첫 번째 수로 0을 놓는 것과 1을 놓는 것, 두 가지를 의미한다.

목표 상태를 정의하면 인덱스 [n−1]까지 모두 채운 상태이므로 x=n−1이 되고, y는 0 또는 1이 될 것이다. 즉, f(n−1, 0) 또는 f(n−1, 1)이다.

초기 상태로부터 진행할 수 있는 다음 상태는 다음과 같다.

▲ 0으로 시작한 경우   ▲ 1로 시작한 경우

이를 정리하면 다음과 같다.

첫 번째 수가 0인 경우	첫 번째 수가 1인 경우
f(1, 1)	f(1, 0) f(1, 1)

이 결과를 일반화하여 f(x, y)의 다음 상태는 다음과 같이 정리할 수 있다.

X번째 수가 0인 경우	X번째 수가 1인 경우
f(x+1, 1)	f(x+1, 0) f(x+1, 1)

❷ 문제 해결을 위한 변수 설계

변수명	의미	입력값의 범위	비고
n	입력값(개수)	1,000,000 이하의 자연수	
ans	정답		

❸ 문제 해결 코드 구현

재귀 함수를 이용하여 탐색 구조를 설계하여 해를 구한다.

행	C/C++	행	파이썬
1	`#include <stdio.h>`	1	
2	`int n, ans;`	2	`ans = 0`
3	`void f(int x, int y) {`	3	`def f(x,y) :`
4		4	`    global ans`
5	`    if( x==n-1 )`	5	`    if x==n-1 :`
6	`        ans++;`	6	`        ans += 1`
7	`        return;`	7	`        return`
8	`    if( y==0 )`	8	`    if y==0 :`
9	`        f(x+1, 1);`	9	`        f(x+1, 1)`
10	`    else {`	10	`    else :`
11	`        f(x+1, 0);`	11	`        f(x+1, 0)`
12	`        f(x+1, 1);`	12	`        f(x+1, 1)`
13	`    }`	13	
14	`}`	14	
15	`int main( ) {`	15	
16	`    scanf("%d", &n);`	16	`n = int(input( ))`
17	`    f(0, 0);`	17	`f(0, 0)`
18	`    f(0, 1);`	18	`f(0, 1)`
19	`    printf("%d\n", ans);`	19	`print(ans)`
20	`}`	20	

코드에 대한 해설

n과 ans는 재귀 함수 f에서 바로 접근할 수 있도록 전역 변수를 사용한다. C++인 경우 전역 변수로 선언하면 어디서든 접근이 가능하지만, 파이썬은 global 명령을 써서 전역 변수임을 명시해야 한다.

이 코드는 인덱스 [0]~[n−1]까지 탐색하면서 규칙에 맞는 이진수를 생성해나가는 것이며, [n−1]번째에 y를 놓으면 그 수가 n 길이가 되므로 ans 값을 1 증가하여 개수를 세도록 한다.

f의 y 값이 0인 경우와 1인 경우를 나누어 호출하도록 설계하고, 처음 호출은 f(0,1)과 f(1,1)을 호출하여 탐색을 시작한다.

탐색이 끝난 후 결과는 ans에 저장되며, 이를 출력하면 가능한 모든 경우의 수를 알 수 있다.

해결 아이디어

이 문제는 자연수를 입력받아 분할하는 문제이다. 5를 분할한 경우를 살펴보면 다음과 같다.

```
5
4 1
3 2
3 1 1
2 2 1
2 1 1 1
1 1 1 1 1
```

여기서 두 가지를 알 수 있다. 첫 번째, 나열한 수가 2개 이상일 때 인접한 두 수 중 왼쪽은 오른쪽 수보다 작거나 같다. 두 번째, 나열한 모든 수의 합은 5이다. 이것을 이용하여 상태를 정의한 후 상태 공간을 탐색하여 답을 계산할 수 있다.

❶ 상태의 정의 및 구조화

이전에 수행 작업으로 선택한 수와 현재 남아 있는 수를 이용하여 상태를 정의할 수 있다. 예를 들어 n이 5에서 처음에 3을 사용하였다면 '(선택한 수, 남은 수)'로 '(3, 2)'와 같이 표현할 수 있다.

현재 상태에서 다음 상태로 갈 수 있는 수행 작업을 표현해 보면 아래와 같다(n은 현재 상태에서 선택한 수, m은 현재 상태에서 남은 수).

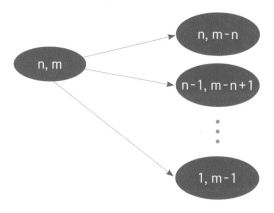

각 상태가 목표 상태인지, 불가능한 상태인지, 수행이 더 필요한 상태인지를 확인하여 총 경우의 수를 계산할 수 있다. 각 탐색 공간을 트리로 표현해 보면 아래와 같다.

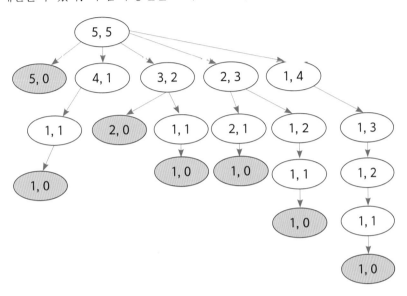

가능한 총 경로가 7개임을 알 수 있다.

❷ 문제 해결을 위한 변수 설계

변수명	의미	입력값의 범위	초깃값
n	자연수	1≤n≤20	
s	상태에서 가능한 경로의 수		0

❸ 문제 해결 코드 구현

재귀 함수를 이용한 탐색 방법으로 해를 구한다.

행	C/C++	행	파이썬
1	`#include<stdio.h>`	1	
2	`int f(int n, int m) {`	2	`def f(n, m) :`
3	`    int i, s = 0;`	3	`    s = 0`
4	`    if( m<0 )`	4	`    if m<0 :`
5	`        return 0;`	5	`        return 0`

```
6        if( m==0 )
7            return 1;
8        for( i=n; i>0; i-- )
9            s = s + f(i, m-i);
10       return s;
11   }
12   int main( ) {
13       int n;
14       scanf("%d",&n);
15       printf("%d\n",f(n, n));
16   }
```

```
6    if m==0 :
7        return 1
8    for i in range(n, 0, -1) :
9        s = s+f(i, m-i)
10   return s
11
12
13
14   n = int(input( ))
15   print(f(n, n))
16
```

코드에 대한 해설

초기 상태를 (n, n)으로 하고 목표 상태를 (n, 0)으로 하여 목표 상태에 오면 1을 반환하고
(n, 음수)이면 0을 반환하여 값을 계산할 수 있다.

남은 수가 0보다 작은 경우를 확인하는 방법은 다음과 같다.

행	C/C++	행	파이썬
4	if(m<0)	4	if m<0 :
5	return 0;	5	return 0

남은 수가 0인 경우를 확인하는 방법은 다음과 같다.

행	C/C++	행	파이썬
6	if(m==0)	6	if m==0 :
7	return 1;	7	return 1

현재 상태에서 다음 상태로의 이동은 다음과 같다.

행	C/C++	행	파이썬
2	int f(int n, int m) {	2	def f(n, m) :
8	for(i=n; i>0; i--)	8	for i in range(n, 0, -1) :
9	s = s+f(i, m-i);	9	s = s+f(i, m-i)
11	}	11	

해설 3-14 초등학생의 문제 해결

🔅 해결 아이디어

이 문제는 가능한 모든 상태를 탐색하여 목표 상태가 되는 경우의 수를 모두 카운팅하여 해결할 수 있다. 최대 원소의 수가 15개이고 각 수 사이에 '+'와 '−'를 삽입하는 2가지 경우가 가능하므로 대략 2^{15}가지의 상태를 탐색하면 된다.

탐색 중 결과가 음수가 되거나 20을 초과하는 경우는 더 이상 탐색할 필요가 없으므로 탐색 공간의 크기가 줄어든다. 따라서 깊이 우선 탐색을 통하여 가능한 모든 상태들을 탐색하여 문제를 해결할 수 있다.

❶ 상태의 정의 및 구조화

n개의 수로 이루어진 수열에서 첫 번째 수부터 차례로 계산하면서 탐색해 나가는 방법을 활용할 경우 다음과 같이 현재 상태를 정의할 수 있다.

(1) 현재 상태의 정의

> $S(x, y) = x$번째 원소를 계산하기 전까지 계산 결과가 y인 상태

(2) 초기 상태와 목표 상태의 설정

초기 상태	목표 상태
$S(1, a_0)$	$S(n-1, a_{n-1})$

초기 상태는 첫 번째 원소인 a_0은 빼는 경우는 없으므로 즉시 계산 결과로 처리하고, a_1 원소부터 더할지 뺄지 결정하면 되므로 $S(1, a_0)$로 설정한다. 목표 상태는 $n-2$번째 원소까지 탐색한 결과가 a_{n-1}과 같으면 되므로 $S(n-1, a_{n-1})$로 설정한다.

(3) 다음 상태와 수행 작업의 설정

현재 상태 $S(x, y)$로부터 가능한 다음 상태는 다음과 같이 현재 탐색 원소를 더하는 경우와 빼는 경우 2가지가 있다.

수행 작업	가능한 다음 상태	비고
더하는 경우	$S(x+1, y+a_x)$	$y+a_x$가 20 이하인 경우만 탐색 가능
빼는 경우	$S(x+1, y-a_x)$	$y-a_x$가 0 이상인 경우만 탐색 가능

❷ 문제 해결을 위한 변수 설계

변수명	의미	입력값의 범위	비고
n	입력값(원소의 수)	12 이하의 자연수	
a	배열(각 원소 저장)		
x	탐색자(현재 탐색 원소)		
y	탐색자(현재 계산 결과)		
ans	정답		

❸ 문제 해결 코드 구현

형식에 맞춰서 입력받고 현재 상태로부터 깊이 우선 탐색을 이용하여 가능한 모든 상태를 탐색하여 답을 구한다. 이와 같이 가능한 모든 경우를 재귀 함수를 이용하여 탐색하는 방법은 매우 자주 활용된다.

행	C/C++	행	파이썬
1	`#include <stdio.h>`	1	
2	`int n, d[20], ans;`	2	`ans = 0`
3	`void f(int x, int y) {`	3	`def f(x, y) :`
4		4	`    global ans`
5	`    if( y<0 or y>20 )`	5	`    if y<0 or y>20 :`
6	`        return;`	6	`        return`
7	`    if( x==n-1 ) {`	7	`    if x==n-1 :`
8	`        if( y==d[n-1] )`	8	`        if y==d[n-1] :`
9	`            ans++;`	9	`            ans += 1`
10	`        return;`	10	`        return`
11	`    }`	11	
12	`    f(x+1, y+d[x]);`	12	`    f(x+1, y+d[x])`
13	`    f(x+1, y-d[x]);`	13	`    f(x+1, y-d[x])`
14	`}`	14	
15	`int main( ) {`	15	
16	`    int i;`	16	
17	`    scanf("%d",&n);`	17	`n = int(input( ))`
18	`    for( i=0; i<n; i++ )`	18	`d = list(map(int, input( ).split( )))`

```
19          scanf("%d", &d[i]);
20      f(1, d[0]);
21      printf("%d\n", ans);
22  }
```

```
19
20  f(1, d[0])
21  print(ans)
22
```

코드에 대한 해설

재귀 함수로 탐색 중에 y 값이 0 미만이거나 20 초과면 더 이상 탐색을 하지 않는 것이 중요하며, 초기 상태 처리와 목표 상태를 처리하는 과정만 잘 작성하면 크게 어렵지 않은 재귀 함수이다.

이와 같은 방법으로 문제를 해결하는 경우가 많으므로 현재 상태를 정확하게 정의하면 큰 도움이 된다.

해결 아이디어

n개의 활동 중 주어진 예산 b를 넘지 않으면서 활동비의 조합이 최대가 되는 것을 탐색하는 문제이다. 활동의 개수가 최대 21개이므로 재귀 함수로 모든 조합을 탐색할 수 있고 1초 안에 그 해답을 얻을 수 있다. 탐색 과정 중 예산 b보다 활동비의 합이 더 큰 경우에는 탐색을 더 이상 진행하지 않고 중단할 수 있는 가지치기 전략을 이용하여 실행 시간을 조금 더 단축시킬 수 있을 것이다.

❶ 상태의 정의 및 구조화

먼저 문제 상태를 정의해 보자.

① 각 활동의 번호를 1~n으로 부여한다.

② 각 활동의 비용은 cost[1]~ cost[n]에 저장한다.

인덱스 1부터 탐색하면서 k번째 활동비를 더할지 말지 경우를 나누어 탐색하면 예산 b를 넘지 않는 최대 활동비를 얻을 수 있을 것이다.

현재 인덱스가 x이고, 이전까지의 활동비를 sum이라고 하자. 그러면 다음과 같은 재귀 함수를 정의할 수 있다.

> f(x, sum)="현재 x번 활동을 탐색할 차례이고, 이전까지 활동비가 sum인 상태"

그러면 처음 상태는 f(1, 0)이 된다. 의미는 현재 활동1을 탐색할 차례이고, 이전까지의 활동비의 합이 0인 상태를 말한다.

목표 상태는 f(n+1, k)로 정의할 수 있다. n+1인 이유는 활동 n까지 모두 탐색을 한 경우는 n+1을 탐색할 차례이기 때문이다. k는 활동비의 합 중 b 이하의 최댓값이 된다.

처음 상태의 다음 상태는 두 가지로 나눌 수 있다.

활동 1을 선택한 경우	활동 1을 선택하지 않은 경우
f(2, cost[1])	f(2, 0)

이를 일반화하면 다음과 같이 정리할 수 있다.

활동 x를 선택한 경우	활동 x를 선택하지 않은 경우
f(x+1, sum+cost[x])	f(x+1, sum)

예를 들어 b=14, n=3이고 활동비가 5, 7, 6일 때 다음과 같은 탐색 과정을 거치게 된다.

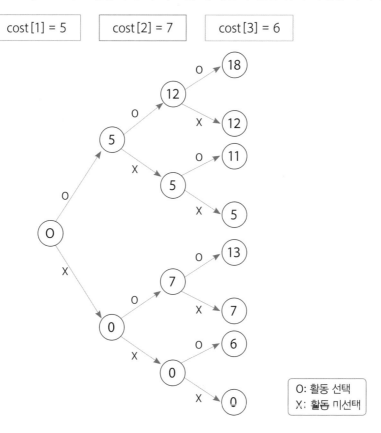

이 과정에서 14 이하의 최대 활동비의 합은 13임을 알 수 있다. n이 커질수록 시간은 걸리겠지만 모든 경우를 탐색할 수 있다.

② 문제 해결을 위한 변수 설계

변수명	의미	값의 범위	비고
b	예산	35,000 이하의 자연수	
n	입력값(활동 수)	21 이하의 자연수	
d	배열(각 활동비)		
ans	정답		

③ 문제 해결 코드 구현

재귀 함수를 이용하여 탐색 구조를 설계하여 해를 구한다.

행	C/C++	행	파이썬
1	`#include <stdio.h>`	1	
2	`int n, b, ans, d[22];`	2	`ans=0`
3	`int max(int a, int b) {`	3	
4	`    return a>b?a:b;`	4	
5	`}`	5	
6	`void f(int x, int sum) {`	6	`def f(x, sum) :`
7		7	`    global ans`
8	`    if( sum>b )`	8	`    if sum>b :`
9	`        return;`	9	`        return`
10	`    if( x==n+1 ) {`	10	`    if x==n+1 :`
11	`        if( sum<=b )`	11	`        if sum<=b :`
12	`            ans = max(ans, sum);`	12	`            ans = max(ans, sum)`
13	`        return;`	13	`        return`
14	`    }`	14	
15	`    f(x+1, sum+d[x]);`	15	`    f(x+1, sum+d[x])`
16	`    f(x+1, sum);`	16	`    f(x+1, sum)`
17	`}`	17	
18	`int main( ) {`	18	
19	`    int i;`	19	
20	`    scanf("%d", &b);`	20	`b = int(input( ))`
21	`    scanf("%d", &n);`	21	`n = int(input( ))`
22	`    for( i=1; i<=n; i++ )`	22	`d = list(map(int, input( ).split( )))`
23	`        scanf("%d", &d[i]);`	23	`d = [0]+d`
24	`    f(1, 0);`	24	`f(1, 0)`
25	`    printf("%d\n", ans);`	25	`print(ans)`
26	`}`	26	

코드에 대한 해설

C 코드의 3~5행에서 두 정수 중 최댓값을 구하는 max( ) 함수를 정의하였다.

8~9행은 최대 예산보다 활동비가 많아질 경우 더 이상 탐색하지 않고 중단하는 가지치기 전략을 적용한 것이다. 파이썬은 이 부분을 넣고 아니고에 따라 속도 차이가 많이 난다.

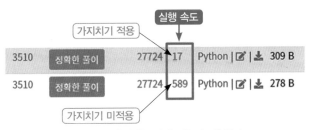

▲ 코드업 제출 현황에서 속도를 비교한 화면

파이썬 코드 23행의 처음에 '[0]'을 넣은 이유는 활동 1부터 n까지의 비용을 cost[1]~cost[n]에 저장하기 위해서이다. 메인 함수에서 첫 호출은 f(1, 0)을 시작으로 탐색하게 되고, 최종적으로 ans에 저장된 값을 출력하면 원하는 결과를 구할 수 있다.

해결 아이디어

상태 공간에서 탐색을 통해 초기 상태에서 목표 상태로 가는 방법의 수를 구하는 문제이다. 주의해야 하는 것은 홀수 번째 줄과 짝수 번째 줄이 다음 상태로 가는 방법이 다르다는 것이다.

(1,3)	(2,3)	(3,3)	(4,3)	(5,3)	(6,3)
	(1,2)	(2,2)	(3,2)	(4,2)	(5,2)
(1,1)	(2,1)	(3,1)	(4,1)	(5,1)	(6,1)

(2,1)에서는 (1,2)와 (2,2), (3,1)로 이동할 수 있고 (2,2)에서는 (2,3)과 (3,3), (3,2)로 이동할 수 있다.

❶ 상태의 정의 및 구조화

(a,b)에서 b가 홀수일 때 (a-1,b+1),(a,b+1), (a+1,b)로 담벼락이 있으면 이동할 수 있다.

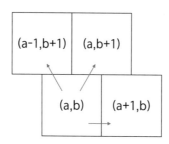

(a,b)에서 b가 짝수일 때 (a,b+1),(a+1,b+1), (a+1,b)로 담벼락이 있으면 이동할 수 있다.

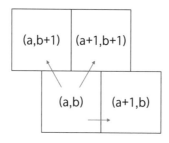

현재 위치에 따른 다음 상태를 결정하는 방법이 다르기 때문에 어떤 위치에 있는지에 따라 탐색을 하면 문제를 해결할 수 있다.

❷ 문제 해결을 위한 변수 설계

변수명	의미	입력값의 범위	초깃값
n	가로축에 놓인 벽돌의 개수	$1 \leq n \leq 10$	
m	세로축에 놓인 벽돌의 개수	$1 \leq m \leq 10$	
s1	시작 위치의 x 좌표	$1 \leq x \leq n - ((m+1)\%2)$	
s2	시작 위치의 y 좌표	$1 \leq y \leq m$	
g1	목표 위치의 x 좌표	$1 \leq x \leq n - ((m+1)\%2)$	
g2	목표 위치의 y 좌표	$1 \leq y \leq m$	

❸ 문제 해결 코드 구현

재귀 함수를 이용한 탐색 방법으로 해를 구한다.

행	C/C++	행	파이썬
1	`#include<stdio.h>`	1	
2	`int s1, s2, g1, g2;`	2	
3	`int f(int x, int y) {`	3	`def f(x, y) :`
4	`    if( x<1 or x>n-(y+1)%2 or y>g2 )`	4	`    if x<1 or x>n-(y+1)%2 or y> g2 :`
5	`        return 0;`	5	`        return 0`
6	`    if( x==g1 and y==g2 )`	6	`    if x==g1 and y==g2 :`
7	`        return 1;`	7	`        return 1;`
8	`    return f(x-y%2, y+1) + f(x+1-y%2, y+1) + f(x+1, y);`	8	`    return f(x-y%2, y+1) + f(x+1-y%2, y+1) + f(x+1, y)`
9	`}`	9	
10	`int main( ) {`	10	
11	`    int n, m;`	11	
12	`    scanf("%d %d",&n, &m);`	12	`n, m = map(int,input( ).split( ))`
13	`    scanf("%d %d %d %d",&s1, &s2, &g1, &g2);`	13	`s1, s2, g1, g2 = map(int,input( ).split( ))`
14	`    printf("%d\n", f(n, m));`	14	`print(f(n, m))`
15	`}`	15	

초기 상태를 (s1, s2)로 하고 목표 상태를 (g1, g2)로 하여 목표 상태에 오면 1을 반환하고 목표 상태를 벗어나면 0을 반환하여 값을 계산할 수 있다.

목표 상태를 벗어나는 경우를 확인하는 방법은 다음과 같다.

행	C/C++	행	파이썬
4 5	`if( x<1 or x>n-(y+1)%2 or y>g2 )` `    return 0;`	4 5	`if x<1 or x>n-(y+1)%2 or y>g2 :` `    return 0`

목표 상태에 도착했는지를 확인하는 방법은 다음과 같다.

행	C/C++	행	파이썬
6 7	`if( x==g1 and y==g2 )` `    return 1;`	6 7	`if x==g1 and y==g2 :` `    return 1;`

현재 상태에서 다음 상태로의 이동은 다음과 같다.

행	C/C++	행	파이썬

3
8
 	
9
	`int f(int x, int y) {`
	`    return f(x-y%2, y+1) + f(x+1-y%2, y+1)`
	`    + f(x+1, y);`
	`}`
		3
		8
		
		9
			`def f(x,y) :`
			`    return f(x-y%2, y+1) + f(x+1-y%2, y+1)`
			`    + f(x+1, y)`

해설 3-17 숫자 생성 머신

🔆 해결 아이디어

이 문제는 큐 자료 구조를 이용하여 해결할 수 있다. 큐에 1을 넣은 후 단계마다 큐에 있는 자료 중 맨 앞에 있는 값을 꺼내 a와 b에 곱하여 다시 큐에 다시 넣으면서 k번째 수를 계산할 수 있다. 큐 자료 구조를 익힐 수 있는 좋은 문제이다.

❶ 상태의 정의 및 구조화

제일 먼저 머신에 1을 넣는다.

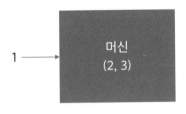

그러면 아래와 같이 2와 3이 순서대로 처리되어 출력된다.

다시 2, 3을 순서대로 머신에 넣으면서 k번째 수를 구할 수 있다.

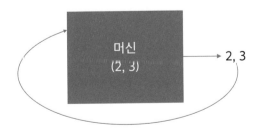

다시 2를 넣으면 4와 6이 출력되고 3의 뒤 순서로 머신에 넣기 위해 대기하게 된다.

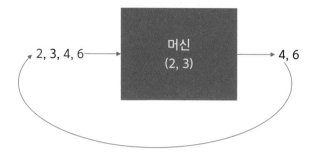

❷ 문제 해결을 위한 변수 설계

변수명	의미	입력값의 범위	초깃값
Q	머신에 들어간 수를 순서대로 저장		
n	머신에 입력할 첫 번째 수	$1 \leq n \leq 10$	
m	머신에 입력할 두 번째 수	$1 \leq m \leq 10$	
k	찾고자 하는 수의 위치	$1 \leq k \leq 1{,}000{,}000$	

❸ 문제 해결 코드 구현

큐 자료 구조를 이용한 탐색을 통해 k번째 해를 구한다.

행	C/C++
1	`#include<stdio.h>`
2	`#include <queue>`
3	`using namespace std;`
4	`queue<long long int> q;`
5	`int main( ) {`
6	`    long long int n, m, k, x;`
7	`    scanf("%lld %lld %lld",&n, &m, &k);`
8	`    q.push(1);`
9	`    while( k ) {`
10	`        x = q.front( );`
11	`        q.pop( );`
12	`        k--;`
13	`        q.push((x*n)%1000000007);`
14	`        q.push((x*m)%1000000007);`
15	`    }`
16	`    printf("%lld\n",q.front( ));`
17	`}`

행	파이썬
1	
2	`from queue import Queue`
3	
4	`q = Queue( )`
5	
6	
7	`n, m, k = map(int,input( ).split( ))`
8	
9	`while k > 0 :`
10	`    x = q.get( )`
11	
12	`    k -= 1`
13	`    q.put((x*n)%1000000007)`
14	`    q.put((x*m)%1000000007)`
15	
16	`print(q.get( ))`
17	

코드에 대한 해설

C++에서 int형 범위를 넘어갈 수 있으므로 long long int형을 선언하여 계산한다. 파이썬에서는 수의 범위 제한이 없기 때문에 정수형으로 선언하여 계산한다.

큐에 먼저 1을 넣고 하나씩 수를 꺼낼 때마다 k를 하나씩 감소시키면서 k가 0이 되는 순간 q에 저장된 값들 중 맨 앞에 있는 값을 출력한다.

나이트 이동하기 ①

🔅 해결 아이디어

수행 작업을 통해 나이트는 현재 상태에서 8가지의 서로 다른 다음 상태로 이동할 수 있다. 이동한 칸에 대해서 최소 이동 횟수를 기록하면서 방문하지 않는 나머지 칸들을 탐색하며 문제를 해결할 수 있다. 방문한 칸을 큐에 넣어서 계속 탐색하면 탐색 효율이 떨어질 수 있다. 나이트가 갈 수 있는 곳은 한 번의 수행 작업으로 8개의 칸으로 이동할 수 있다.

현재 위치와 최소 이동 횟수를 이용하여 상태로 정의하고, 큐 자료 구조에 상태를 저장하여 이용하면 문제를 해결할 수 있다.

❶ 상태의 정의 및 구조화

말의 현재 위치를 (n,m)이라고 할 때 가능한 다음 위치는 아래와 같이 8곳이 된다.

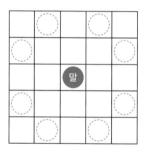

2번의 이동으로 말이 갈 수 있는 곳을 표시하면 그림과 같다.

❷ 문제 해결을 위한 변수 설계

변수명	의미	입력값의 범위	비고
n	맵의 x축 크기	1≤n≤100,000	
m	맵의 y축 크기	1≤m≤100,000	
x	말의 초기 x축 위치	1≤x≤n	
y	말의 초기 y축 위치	1≤y≤m	
k	연산 횟수	1≤k≤100	
dx[]	8개의 수행 작업 중 x축 이동 방향		
dy[]	8개의 수행 작업 중 y축 이동 방향		
xx	말의 초기 x축 위치		x
yy	말의 초기 y축 위치		y
ii	현재 위치로 올 때까지 필요한 최소 연산의 수		0
A[][]	최소 이동 횟수		

❸ 문제 해결 코드 구현

큐 자료 구조를 이용한 탐색을 통해 해를 구한다.

행	C/C++	행	파이썬
1	`#include <stdio.h>`	1	
2	`#include <queue>`	2	`from queue import Queue`
3	`#include <string.h>`	3	
4	`using namespace std;`	4	
5	`int dx[8] = {-2, -1, 1, 2, 2, 1, -1, -2};`	5	`dx = [-2, -1, 1, 2, 2, 1, -1, -2]`
6	`int dy[8] = {1, 2, 2, 1, -1, -2, -2, -1};`	6	`dy = [1, 2, 2, 1, -1, -2, -2, -1]`
7	`queue <pair<pair<int, int>, int>> Q;`	7	`Q = Queue( )`
8	`int A[1010][1010];`	8	
9	`int main( ) {`	9	
10	`    memset(A,-1, sizeof(A));`	10	`A = [[-1]*1010 for i in range(1010)]`
11	`    int n, m, x, y, xx, yy, ii, i, j;`	11	
12	`    scanf("%d %d",&n, &m);`	12	`n, m = map(int, input( ).split( ))`
13	`    scanf("%d %d",&x, &y);`	13	`x, y = map(int, input( ).split( ))`

14	`Q.push({{x, y}, 0});`
15	`A[x][y] = 0;`
16	`while (!Q.empty( )) {`
17	`    xx = Q.front( ).first.first;`
18	`    yy = Q.front( ).first.second;`
19	`    ii = Q.front( ).second;`
20	`    Q.pop( );`
21	`    for( i=0; i<8; i++ )`
22	`        if( xx+dx[i]>0 and xx+dx[i]<=n and yy+dy[i]>0 and yy+dy[i]<=m and A[xx+dx[i]][yy+dy[i]]== -1 ) {`
23	`            A[xx+dx[i]][yy+dy[i]] = ii+1;`
24	`            Q.push({{xx+dx[i],yy+dy[i]},ii+1});`
25	`        }`
26	`    }`
27	`}`
28	`for( i=1; i<=n; i++ ) {`
29	`    for( j=1; j<=m; j++ )`
30	`        printf("%d ", A[i][j]);`
31	`    printf("\n");`
32	`}`
33	`}`

14	`Q.put([x, y, 0])`
15	`A[x][y]=0`
16	`while not(Q.empty( )) :`
17	`    q = Q.get( )`
18	`    xx = q[0]`
19	`    yy = q[1]`
20	`    ii = q[2]`
21	`    for i in range(8) :`
22	`        if xx+dx[i]>0 and xx+dx[i]<=n and yy+dy[i]>0 and yy+dy[i]<=m and A[xx+dx[i]][yy+dy[i]]== -1 :`
23	`            A[xx+dx[i]][yy+dy[i]] = ii+1`
24	`            Q.put([xx+dx[i],yy+dy[i], ii+1])`
25	
26	
27	
28	
29	`for i inrange(1, n+1) :`
30	`    for j in range(1, m+1) :`
31	`        print(A[i][j], end =" ")`
32	`    print("")`
33	

코드에 대한 해설

맵의 크기와 처음 위치, 수행 작업을 수를 입력받아 저장한 후, 처음 위치에서 8개의 방향으로 탐색을 진행한다. 이때 한 번 방문한 곳을 더 이상 방문하지 않도록 배열을 이용하여 최소 이동 횟수를 저장한다.

나이트는 시작 칸에서 한 번 이동하여 서로 다른 8칸으로 갈 수 있다. 만약 시작 칸에서 10번 이동한다면 8^{10}개의 서로 다른 칸으로 갈 수 있다. 이동 횟수가 늘어날수록 도착할 수 있는 칸의 수가 기하급수적으로 늘어나므로 모든 경우를 판단하기에는 시간이 부족하다.

따라서 불필요한 연산을 줄일 필요가 있다. 만약 k가 100으로 수행 작업을 100번 해야 할 때, (n,m)칸에 두 번 만에 올 수 있다면 그 칸은 100번째 수행 작업이 끝나고도 도착할 수 있는 칸이다.

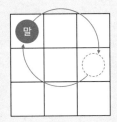

두 번 이동하면 원래 위치로 돌아올 수 있다. 이와 같이 이동한 칸으로 다시 이동하는 경우를 제외하면 연산 횟수를 많이 줄일 수 있다. 큐와 맵(map)을 이용하여 한 번 방문한 곳을 다시 방문하지 않도록 탐색하면 제한 시간 내에 답을 구할 수 있다.

❶ 상태의 정의 및 구조화

말의 현재 위치를 (n,m)이라고 할 때, 가능한 다음 위치는 아래와 같이 8곳이 된다.

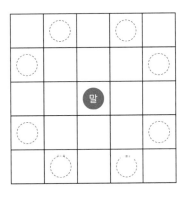

② 문제 해결을 위한 변수 설계

변수명	의미	입력값의 범위	비고
n	맵의 x축 크기	1≤n≤100,000	
m	맵의 y축 크기	1≤m≤100,000	
x	말의 초기 x축 위치	1≤x≤n	
y	말의 초기 y축 위치	1≤y≤m	
k	연산 횟수	1≤k≤100	
dx[]	8개의 수행 작업 중 x축 이동 방향		
dy[]	8개의 수행 작업 중 y축 이동 방향		
xx	말의 초기 x축 위치		x
yy	말의 초기 y축 위치		y
ii	현재 위치로 올 때까지 필요한 최소 연산의 수		0
ans	정답을 저장		

③ 문제 해결 코드 구현

큐 자료 구조를 이용한 탐색을 통해 해를 구한다.

행	C/C++	행	파이썬
1	`#include<stdio.h>`	1	
2	`#include<map>`	2	
3	`#include <queue>`	3	`from queue import Queue`
4	`using namespace std;`	4	
5	`int dx[8] = {-2, -1, 1, 2, 2, 1, -1, -2};`	5	`dx = [-2, -1, 1, 2, 2, 1, -1, -2]`
6	`int dy[8] = {1, 2, 2, 1, -1, -2, -2, -1};`	6	`dy = [1, 2, 2, 1, -1, -2, -2, -1]`
7	`map< pair<int, int>, int> M;`	7	`M = set( )`
8	`queue<pair<pair<int, int>, int>> Q;`	8	`Q = Queue( )`
9	`int main( ) {`	9	
10	`    int n, m, x, y, k, xx, yy, ii, i;`	10	`ii = 0`
11	`    long long int ans;`	11	
12	`    scanf("%d %d", &n, &m);`	12	`n, m = map(int,input( ).split( ))`
13	`    ans = (long long int) n*m;`	13	`ans = n * m;`
14	`    scanf("%d %d",&x, &y);`	14	`x, y = map(int,input( ).split( ))`
15	`    scanf("%d",&k);`	15	`k = int(input( ))`
16	`    Q.push({{x, y}, 0})`	16	`Q.put([x, y, 0])`
17	`    M[{x, y}] = 1;`	17	`M.add(x*100001+y)`
18	`    while(1) {`	18	`while true :`

19	`xx = Q.front( ).first.first;`	19	`q = Q.get( )`
20	`yy = Q.front( ).first.second;`	20	`xx = q[0]`
21	`ii = Q.front( ).second;`	21	`yy = q[1]`
			`ii = q[2]`
22	`if( ii>k )`	22	`if ii>k :`
23	`break;`	23	`break;`
24	`if( (k-ii)%2==0 )`	24	`if(k-ii)%2==0 :`
25	`ans--;`	25	`ans -= 1`
26	`Q.pop( );`	26	
27	`for( i=0; i<8; i++ ) {`	27	`for i in range(8) :`
	`if(xx+dx[i]>0 and xx+dx[i]<=n`	28	`if xx+dx[i]>0 and xx+dx[i]<=n and`
28	`and yy+dy[i]>0 and yy+dy[i]<=m`		`yy+dy[i]>0 and yy+dy[i]<=m :`
	`andM[{xx+dx[i],yy+dy[i]}]==0)`		
	`{`		`if(xx+dx[i]) *100001 + yy+dy`
			`[i] not in M :`
29	`M[{xx+dx[i], yy+dy[i]}] =`	29	`M.add((xx+dx[i])*100001+yy+`
	`1;`		`dy[i])`
30	`Q.push({{xx+dx[i],`	30	`Q.put([xx+dx[i], yy+dy[i],`
	`yy+dy[i]}, ii+1});`		`ii+1])`
31	`}`	31	
32	`}`	32	
33	`}`	33	
34	`printf("%lld\n",ans);`	34	`print(ans)`
35	`}`	35	

코드에 대한 해설

주어진 입력 데이터를 입력받아 저장한 후, 처음 위치에서 8개의 방향으로 탐색을 진행한다. 이때 한 번 방문한 곳을 더 이상 방문하지 않도록 맵(파이썬에서는 set)을 이용한다. k값의 홀짝성에 따라 현재 위치까지 도달하기 위한 연산의 수를 계산하여 판단한다.

미로 개척하기

해결 아이디어

기본적으로 큐를 활용한 너비 우선 탐색을 이용하여 해결할 수 있는 문제지만, 그것만으로는 해를 찾을 수 없다.

너비 우선 탐색을 이용하여 해결할 수 없는 경우는 벽을 하나 제거해야 도달할 수 있는 미로가 그렇다. 예시와 같이 벽을 제거하지 않으면 최단 거리가 매우 길어지지만, 벽을 하나 제거하면 더 짧은 경로를 찾을 수 있으므로 해결하기 쉬운 문제는 아니다.

	#	#	#	
	#	#	#	
	S	#	G	
#	#	#	#	#

▲ 주어진 미로

4	5	6	7	8
3	#	#	#	9
2	#	#	#	10
1	S	#	G	11
#	#	#	#	#

▲ 최단 경로의 길이 = 12

이 미로의 경우 벽을 뚫지 않고 이동하면 최단 경로의 길이는 위 그림과 같이 12지만, 벽을 하나 뚫어서 이동하면 그림과 같이 2로 이동할 수 있다.

	#	#	#	
	#	#	#	
	S	#	G	
#	#	#	#	#

▲ 색칠된 벽을 하나 제거

	#	#	#	
	#	#	#	
	S	1	G	
#	#	#	#	#

▲ 최단 경로의 길이 = 2

이 문제의 경우 간단한 아이디어를 활용하여 상태를 정의하여 너비 우선 탐색으로 문제를 해결할 수 있다.

❶ 상태의 정의 및 구조화

지금까지 이러한 문제들의 현재 상태는 현재 위치를 이용하여 표현했다. 이 문제에서는 현재 위치에 새로운 정보인 벽을 1개 제거했는지 여부를 새로운 정보로 하여 다음과 같이 상태를 정의한다.

> 현재 상태=[현재 행(1~n), 현재 열(1~m), 벽 제거 여부(0, 1), 이동 거리]

위와 같이 표현하면 초기 상태와 목표 상태는 다음과 같이 나타낼 수 있다.

초기 상태	목표 상태
[SX, SY, 0, 0]	[GX, GY, 0, d1] 또는 [GX, GY, 1, d2]

SX, SY는 출발점 위치의 행과 열을 나타내고 GX, GY는 도착 위치의 행과 열을 나타낸다. 목표 상태의 경우는 0으로 끝나면 벽을 제거하지 않은 경우고, 1은 벽을 제거한 경우다. 이동 거리 d1, d2 중 더 짧은 경로가 답이 된다.

현재 상태를 [x, y, z, d]라고 할 때 다음 상태는 다음과 같이 나타낼 수 있다.

수행 작업(탐색 방향)	기존 길을 이용하는 다음 상태	벽을 제거하면서 이동하는 다음 상태
상	[x−1, y, z, d+1]	[x−1, y, z+1, d+1]
하	[x+1, y, z, d+1]	[x+1, y, z+1, d+1]
좌	[x, y−1, z, d+1]	[x, y−1, z+1, d+1]
우	[x, y+1, z, d+1]	[x, y+1, z+1, d+1]

다음 조건을 만족하는 상태는 불가 상태이므로 탐색을 중지한다.

$$x<0 \text{ or } x>n-1 \text{ or } y<0 \text{ or } y>m-1 \text{ or } z>1$$

❷ 문제 해결을 위한 변수 설계

변수명	의미	값의 범위	비고
n, m	입력값(행, 열 크기)	100 이하의 자연수	
x, y	탐색자(현재 상태)		
nx, ny	탐색자(다음 상태)		
ans	탐색자(이동 거리)		
p	탐색지(벽 제거)	True(1)/False(0)	
maze	배열(미로 정보)	'#', '.', 'S', 'G'	
chk	배열(방문 여부)	0: 미방문 / 1: 방문	
sx, sy	시작 위치 행, 열		
gx, gy	도착 위치 행, 열		

변수명	의미	값의 범위	비고
qx, qy, qd, qp	큐(너비 우선 탐색의 상태 저장용)		
dx, dy	배열(방향 성분)	상, 하, 좌, 우 0, 1, 2, 3	

❸ 문제 해결 코드 구현

초기 상태를 큐에 저장하고 가능한 모든 상태를 탐색해가며 목표 상태에 도달할 때까지 큐를 이용하여 너비 우선 탐색을 진행한다. 이와 같이 너비 우선 탐색은 최단 경로를 찾을 때 효과적인 알고리즘이다.

위 방법을 이용하여 코드로 구현한 결과는 다음과 같다.

행	C/C++	행	파이썬
1	`#include <stdio.h>`	1	
2	`#include <queue>`	2	`from queue import Queue`
3	`using namespace std;`	3	
4	`int dx[4] = {-1, 1, 0, 0};`	4	`dx = [ -1, 1, 0, 0]`
5	`int dy[4] = {0, 0, -1, 1};`	5	`dy = [ 0, 0, -1, 1]`
6	`char maze[110][110];`	6	`maze=[]`
7	`bool chk[110][110][2];`	7	`chk = [[[0]*2 for i in range(110)] for i in range(110)]`
8	`queue<int> qx, qy, qp, qd;`	8	`qx = Queue( )`
9		9	`qy = Queue( )`
10		10	`qp = Queue( )`
11		11	`qd = Queue( )`
12	`int main( ) {`	12	
13	`    int n, m, x, y, p, nx, ny, i, j, ans = 0;`	13	
14	`    int  sx = 0, sy = 0, gx = 0, gy = 0;`	14	`sx, sy, gx, gy = 0, 0, 0, 0`
15	`    scanf("%d %d",&n, &m);`	15	`n, m = map(int,input( ).split( ))`
16	`    for( i=0; i<n; i++ ) {`	16	`for i in range(n) :`
17	`        scanf("%s", maze[i]);`	17	`    s = input( )`
18		18	`    maze.append(s)`
19	`        for( j=0; j<m; j++ ) {`	19	`    for j in range(m) :`
20	`            if(  maze[i][j] == 'S' )`	20	`        if maze[i][j] == 'S' :`
21	`                sx = i, sy = j;`	21	`            sx, sy = i, j`
22	`            if(  maze[i][j] == 'G' )`	22	`        if maze[i][j] == 'G' :`
23	`                gx = i, gy = j;`	23	`            gx, gy = i, j`
24	`        }`	24	
25	`    }`	25	
26	`    qx.push(sx);`	26	`qx.put(sx)`
27	`    qy.push(sy);`	27	`qy.put(sy)`

```
28    qp.push(0);
29    qd.push(0);
30    chk[sx][sy][0] = 1;
31    while( !qx.empty( ) ) {
32        x = qx.front( );
33        y = qy.front( );
34        p = qp.front( );
35        ans = qd.front( );
36        qx.pop( );
37        qy.pop( );
38        qp.pop( );
39        qd.pop( );
40        if( x==gx and y==gy ) {
41            printf("%lld\n", ans);
42            return 0;
43        }
44        for( i = 0 ; i < 4 ; i++ ) {
45            nx = x+dx[i];
46            ny = y+dy[i];
47            if( nx<0 or nx>n-1 or ny<0 or
ny>m-1 )
48                continue;
49            if( maze[nx][ny] != '#' and
!chk [nx][ny][p] ) {
50                chk[nx][ny][p] = 1;
51                qx.push(nx);
52                qy.push(ny);
53                qp.push(p);
54                qd.push(ans+1);
55            }
56            if( maze[nx][ny] == '#' and
!chk[nx][ny][1] ) {
57                if( p == 0 ) {
58                    chk[nx][ny][1] = 1;
59                    qx.push(nx),
60                    qy.push(ny);
61                    qp.push(p+1),
62                    qd.push(ans+1);
63                }
64            }
65        }
66    }
67    printf("-1\n");
68 }
```

```
28    qp.put(0)
29    qd.put(0)
30    chk[sx][sy][0] = 1
31    while not(qx.empty( )) :
32        x = qx.get( )
33        y = qy.get( )
34        p = qp.get( )
35        ans = qd.get( )
36
37
38
39
40        if x==gx and y==gy :
41            print(d)
42            exit( )
43
44        for i in range(4) :
45            nx = x+dx[i]
46            ny = y+dy[i]
47            if nx<0 or nx>n-1 or ny<0 or ny>m-1
:
48                continue
49            if maze[nx][ny] != '#' and not
chk[nx][ny][p] :
50                chk[nx][ny][p] = 1
51                qx.put(nx)
52                qy.put(ny)
53                qp.put(p)
54                qd.put(ans+1)
55
56            if maze[nx][ny] == '#' and not
chk[nx][ny][1] :
57                if p==0 :
58                    chk[nx][ny][p] = 1
59                    qx.put(nx)
60                    qy.put(ny)
61                    qp.put(p+1)
62                    qd.put(ans+1)
63
64
65
66
67 print(-1)
68
```

　　큐를 이용하여 너비 우선 탐색으로 문제를 해결하는 방법은 매우 자주 활용되므로 이 코드들을 잘 익혀두어야 한다. 특히 상태를 구성하는 원소가 여러 개일 경우에는 구조체 등으로 묶어서 활용할 수도 있으나, C/C++ 코드에서 볼 수 있듯이 여러 개의 큐를 이용하여 하나의 상태로 표현해도 해결할 수 있다.

　　위 문제에서 코드를 작성할 때 조심해야 하는 것은 체크 배열을 활용할 때 벽을 제거한 상태의 체크와 벽을 제거하지 않은 상태의 체크를 따로 관리해야 한다는 것이다. 그렇지 않으면 해를 찾을 수 없는 경우가 존재한다.

　　예를 들어 다음과 같은 상태의 경우 벽을 제거한 상태에서 체크를 먼저 해버리면 벽을 제거하지 않고 돌아온 상태의 경우 음영으로 표시된 위치를 통과할 수 없기 때문에 답을 찾지 못한다. 이러한 경우까지 고려하여 체크 배열을 잘 운영할 필요가 있다.

#	S			
#	#	#	#	
	#	#	#	#
	#	#	#	#
			#	G

주어진 맵

#	S	1	2	
#	1	#	#	
	2			
	#	#	#	#
	#	#	#	#
			#	G

벽을 제거한 상태가 음영 칸을 체크함

#	S	1	2	3
#	1	#	#	4
	2	7	6	5
	#	#	#	#
	#	#	#	#
			#	G

돌아오는 경로에서 G 왼쪽의 '#'을 제거해야 하지만 이미 체크된 음영칸을 통과할 수 없는 사태 발생

　　이와 같이 다양한 상황에서 문제가 발생할 수 있으므로 체크 배열 등을 운영할 때는 전체 상태를 다 포함하도록 구성하는 것이 좋다.

해설 3-21 상태 정의와 탐색하기 ⑤

해결 아이디어

이 문제와 '상태 정의와 탐색하기 ②' 문제의 차이점은 탐색할 수 없는 상태의 유무이다. 먼저 상태를 정의히기 위해 필요한 것은 현재 현진이의 위치 정보이다. 두 번째로 수행 작업에 대해 정의할 필요가 있다. 수행 작업을 정의하기 위해 필요한 것은 다음과 같다.

- 계단을 1칸 올라간다.
- 계단을 2칸 올라간다.
- 계단을 3칸 올라간다.

이 내용을 바탕으로 상태를 정의하고 구조화할 수 있다. 그리고 탐색할 수 없는 상태인지 파악하는 조건문이 필요하다.

❶ 상태의 정의 및 구조화

n번째 계단에서 3가지 수행 작업을 통해 다음 상태를 정의하여 오른쪽 그림과 같이 현재 상태, 수행 작업, 다음 상태로 표현할 수 있다.

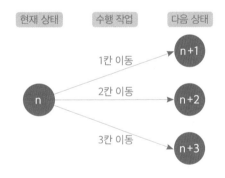

n 상태에서 1칸 이동 수행 작업을 통해 n+1 상태로, 2칸 이동 수행 작업을 통해 n+2 상태로, 3칸 이동 수행 작업을 통해 n+3 상태로 갈 수 있다.

n이 5이고 m이 3일 때, 초기 상태부터 목표 상태까지를 탐색 트리로 표현해 보면 아래와 같다.

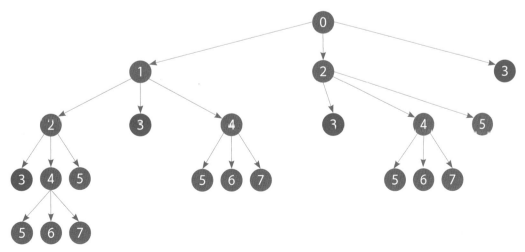

0번 칸에서 5번 칸으로 이동하는 경로를 표현해 보면 아래와 같다.

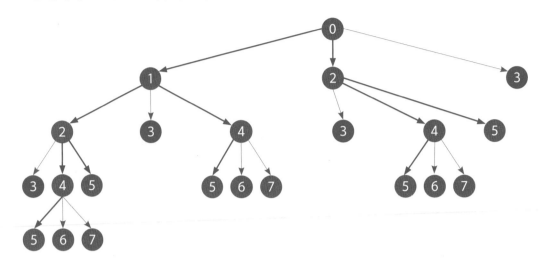

아래와 같이 5번 칸을 기준으로 경로의 수를 세어보면 5가지이다.

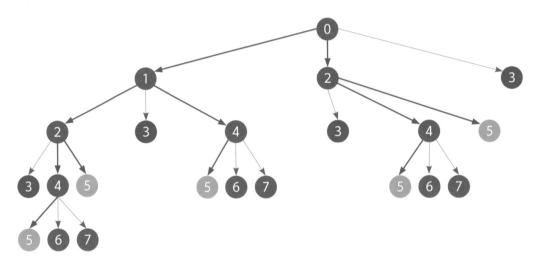

❷ 문제 해결을 위한 변수 설계

변수명	의미	입력값의 범위	비고
n	입력값(목표 상태)	15 이하의 자연수	
m	입력값(탐색할 수 없는 상태)	15 이하의 자연수	
c	현재 위치		

❸ 문제 해결 코드 구현

행	C/C++	행	파이썬
1	`#include <stdio.h>`	1	
2	`int n, m, ans;`	2	`ans = 0`
3	`void f(int c) {`	3	`def f(c) :`
4		4	`    global ans`
5	`    if( c>n or c==m )`	5	`    if c>n or c==m :`
6	`        return;`	6	`        return`
7	`    if( c==n ) {`	7	`    if c==n :`
8	`        ans++;`	8	`        ans += 1`
9	`        return;`	9	`        return`
10	`    }`	10	
11	`    f(c+1);`	11	`    f(c+1)`
12	`    f(c+2);`	12	`    f(c+2)`
13	`    f(c+3);`	13	`    f(c+2)`
14	`    return;`	14	`    return`
15	`}`	15	
16	`int main( ) {`	16	
17	`    scanf("%d %d", &n, &m);`	17	`n, m = map(int, input( ).split( ))`
18	`    f(0);`	18	`f(0)`
19	`    printf("%d\n", ans);`	19	`print(ans)`
20	`}`	20	

코드에 대한 해설

상태를 표현하기 위해 c 변수를 사용한다. c는 현진이의 위치 작업 정보다. 코드 if(c>n or c==m)은 더 이상 탐색할 필요가 없거나, 공사로 인해 해당 칸을 사용할 수 있는지 판단하는 부분으로 더 이상 탐색을 하지 않도록 하는 부분이다. if(c==n)은 현재 상태가 목표 상태인지 판단한 부분이다.

수행 작업은 3가지가 있다. 첫 번째는 현재 상태에서 한 칸 올라가는 방법, 두 번째는 현재 상태에서 두 칸 올라가는 방법, 세 번째는 현재 상태에서 세 칸 올라가는 방법이다. 현재 상태가 f(c)로 표현되므로 세 가지 다음 상태는 f(c+1), f(c+2), f(c+3)이 되며, 현재 상태가 사용 가능한 칸으로 목표 상태이면 답을 저장하는 변수인 ans를 1 증가시켜 경우의 수를 카운팅한다. 탐색이 종료되면 지금까지 경우의 수를 카운팅한 ans 값을 출력한다.

> **해결 아이디어**
>
> 이 문제는 1부터 n까지 순차적으로 탐색하며 각 값이 n의 약수인지 검사하는 방법으로 접근할 수 있다.

❶ 상태의 정의 및 구조화

(1) 탐색 구조

1부터 n까지 선형으로 구조화한다.

(2) 현재 상태의 정의

> 현재 i를 탐색하기 위한 상태($1 \leq i \leq n$)

(3) 초기 상태와 목표 상태의 설정

초기 상태	목표 상태
1	n

(4) 다음 상태와 수행 작업의 설정

> i가 n의 약수이면 ans=ans+i
>
> i=i+1

❷ 문제 해결을 위한 변수 설계

변수명	영역(C/C++)	의미	값의 범위	비고
n	전역 변수	입력값	100억 이하의 자연수	–
i	지역 변수 solve( )	탐색자(현재 상태)	1~n	현재 탐색 중인 상태
ans	지역 변수 solve( )	약수의 합		

❸ 문제 해결 코드 구현

문제 해결 아이디어로 구현한 코드는 다음과 같다.

행	C/C++	행	파이썬
1	`#include <stdio.h>`	1	
2	`int n;`	2	
3	`int f( ) {`	3	`def f( ) :`
4	`    int i, ans = 0;`	4	`    ans = 0`
5	`    for( i=1; i<=n; i++ )`	5	`    for i in range( 1, n+1 ) :`
6	`        if( n%i==0 )`	6	`        if n%i==0 :`
7	`            ans += i;`	7	`            ans += i`
8	`    return ans;`	8	`    return ans`
9	`}`	9	
10	`int main( ) {`	10	
11	`    scanf("%d", &n);`	11	`n = int(input( ))`
12	`    printf("%d\n", f( ));`	12	`print(f( ))`
13	`}`	13	

이 방법은 1부터 n까지의 모든 원소들을 탐색하기 때문에 계산량이 O(n)이다. 하지만 이 문제에서는 입력값 n의 최댓값이 100억이기 때문에 전체를 탐색해서 답을 구하기에는 너무 많은 시간이 걸린다. 따라서 탐색 영역을 배제해야 할 필요가 있다.

탐색 영역을 배제하기 위한 아이디어를 얻기 위해 먼저 다음과 같이 간단한 수학적인 원리들을 생각해 보자.

> 모든 자연수 n에 대하여 1과 n은 항상 n의 약수이다.

이 원리를 이용하면 위 코드에서 5행의 탐색 범위를 줄여서 다음과 같이 표현할 수 있다.

행	C/C++	행	파이썬
5	`for( i=?; i<n; i++ )`	5	`for i in range(2, n) :`
6	`    if( n%i==0 )`	6	`    if n%i==0 :`
7	`        ans += i;`	7	`        ans += i`

원래 소스 코드보다 탐색 공간이 줄어들긴 했으나 차이가 너무 미미하기 때문에 효율 향상을 느낄 정도는 아니다. 탐색 공간을 더 많이 줄이기 위해 아이디어를 조금 더 보태어 응용하면 다음과 같은 원리를 생각할 수 있다.

> 모든 자연수 n에 대하여, 2 이상 n 미만의 자연수들 중 가장 큰 n의 약수는 $\frac{n}{2}$을 초과하지 않는다.

이 원리를 적용하면 다음과 같이 탐색 영역을 줄일 수 있다.

행	C/C++	행	파이썬
5	`for( i=2; i<=n/2; i++ )`	5	`for i in range(2, n/2+1) :`
6	`    if( n%i==0 )`	6	`    if n%i=0 :`
7	`        ans += ( i+n/i );`	7	`        ans += ( i+n/i )`

이 알고리즘은 처음의 소스 코드에 비해 탐색 영역이 반 이하로 줄어든 것이다. 따라서 실행 시간은 2배 이상 빨라질 것을 예상할 수 있다. 하지만 6행의 반복문이 한 번 실행될 때마다 $\frac{n}{2}$을 계산하기 위하여 나누기 연산을 하므로 다음과 같이 바꿔 효율을 높일 수 있다.

행	C/C++	행	파이썬
5	`for( i=2, j=n/2; i<=j; i++ )`	5	`j = n//2+1` `for i in range(2, j) :`
6	`    if( n%i==0 )`	6	`    if n%i==0 :`
7	`        ans += ( i+n/i )`	7	`        ans += ( i+n/i )`

이와 같이 수정하면 나누기 연산을 반복 횟수에 관계없이 한 번만 수행하므로 효율을 높일 수 있다. 하지만 컴파일러들은 최적화 관련 옵션 설정에 의해 이와 같이 반복 구조에 직접적인 영향이 없는 연산을 자동으로 처리하는 경우도 있다.

수학적인 아이디어를 이용하여 탐색 영역을 절반으로 줄였지만, 여전히 매우 큰 입력에 대해서는 너무 많은 시간이 걸린다. 탐색 공간을 더 배제할 수 있는 아이디어를 생각해 보자.

임의의 자연수 n의 약수들 중 두 약수의 곱이 n이 되는 약수 a와 약수 b는 반드시 존재한다. 단, n이 완전제곱수일 경우에는 약수 a와 약수 b가 같을 수 있다. 예를 들어 자연수 10의 약수를 통해서 알아보자. 자연수 10의 약수의 개수는 4개이며 다음과 같다.

$$\{1,2,5,10\}$$

위 집합을 살펴보면 아래와 같은 관계를 찾을 수 있다.

$$\{ 1, 2, 5, 10 \}$$

▲ 10의 약수 간 관계

위 그림에서 알 수 있듯이 1과 10의 곱은 10이고 2와 5의 곱은 10이다. 약수의 개수를 c개라고 하고, d_i를 n의 약수 중 i번째 약수라 하면 다음과 같은 식이 성립한다.

$$n = d_k \times d_{c-k+1}$$

즉, k번째 원소와 c−k+1번째 원소의 곱은 항상 n이다. 이 원리를 적용하면 10의 약수를 구할 때 1과 2만 탐색하면 5와 10을 알 수 있으므로 모든 약수를 구할 수 있다. 단, n이 완전제곱수일 경우에는 약수의 개수가 홀수이므로 d_k번째 원소와 d_{c-k+1}번째 원소가 같을 경우가 한 건 존재한다. 그렇다면 완전제곱수인 16의 약수를 살펴보자.

$$\{ 1, 2, 4, 8, 16 \}$$

▲ 16의 약수 간 관계

위 그림에서 알 수 있듯이 완전제곱수인 경우에는 $\left\lceil \frac{c}{2} \right\rceil$번째 원소는 짝이 없다. 따라서 $d_{\lceil \frac{c}{2} \rceil} \times d_{\lceil \frac{c}{2} \rceil} = n$이 된다. 즉 4와 4를 곱하여 16을 만들 수 있다.

이 원리를 적용하면 최악의 경우 2부터 $\sqrt{n}$까지만 탐색하면 모든 약수를 알 수 있다. 즉 100의 모든 약수를 구하려면 2부터 10까지만 조사해 보면 된다.

$$\{ 2, 3, 4, 5, 6, 7, 8, 9, 10 \}$$

이 수들 중 10의 약수인 것만 찾아보면 다음과 같다.

$$\{ 2, 4, 5, 10 \}$$

위 약수들을 이용하여 짝을 찾아서 정리하면 다음과 같다.

$$\{ 2, 4, 5, 10, 20, 25, 50 \}$$

여기에 1과 100은 당연히 100의 약수이므로 문제의 해는 다음과 같다.

$$1 + 2 + 4 + 5 + 10 + 20 + 25 + 50 + 100 = 217$$

탐색 영역을 $[\, 2, \sqrt{n} \,]$으로 설정할 때 일반적으로 다음과 같이 프로그램을 삭성한다.

C/C++	파이썬
for(int i=1; i<=sqrt(n); i++)	for i in range(1, int(math.sqrt(n))+1):

하지만 sqrt( ) 함수를 사용하기 위해서는 math.h를 추가적으로 코드에 포함해야 하며, 반복문 내에서 매번 호출되는 sqrt( ) 함수의 실행 시간도 무시할 수 없기 때문에 더 효율적인 방법을 생각할 필요가 있다. 다음 부등식을 보자.

$(i < \sqrt{n})$ 의 양변을 제곱하면 $(i^2 < n)$

이 방법을 이용하면 반복문을 다음과 같이 수정하여 사용할 수 있다. 단, 파이썬의 range( )는 이 방법을 적용하기는 어렵다.

C/C++	파이썬
for(int i=1; i*i<=n; i++)	for i in range(1, int(math.sqrt(n)+1)):

이와 같이 간단한 수학적인 아이디어를 활용하면 소스 코드를 효율적으로 작성할 수 있다.

이처럼 탐욕적인 방법을 이용하면 큰 범위의 수도 컴퓨터 없이 쉽게 계산할 수 있다. 그런데 이 방법을 프로그래밍으로 표현하기 위해서 주의할 점이 있다.

입력값 n이 100억이기 때문에 파이썬은 관계없지만 C의 경우 자료형 int로는 이 값을 처리할 수 없다. 따라서 64bit형 정수인 long long int형을 활용해야 된다. 이 방법을 알고리즘으로 표현하면 다음과 같다.

행	C/C++	행	파이썬
1	`#include <stdio.h>`	1	`import math`
2	`long long int n;`	2	`# sqrt를 사용하기 위해 추가`
3	`long long int f( ) {`	3	`def f( ) :`
4	`    long long int i, ans = 0;`	4	`    ans = 0`
5	`    for( i=1; i*i<n; i++ )`	5	`    for i in range(1, int(math.sqrt(n))) :`
6	`        if( n%i==0 )`	6	`        if n%i==0 :`
7	`            ans += ( i+n/i );`	7	`            ans += ( i+n//i )`
8	`    if( i*i==n )`	8	`    if i*i==n :`
9	`        ans += i;`	9	`        ans += i`
10	`    return ans;`	10	`    return ans`
11	`}`	11	
12	`int main( ) {`	12	
13	`    scanf("%lld", &n);`	13	`n = int(input( ))`
14	`    printf("%lld\n", f( ));`	14	`print(f( ))`
15	`}`	15	

해설 4-02 1~n에서 소수의 합 구하기

🔆 해결 아이디어

이 문제는 1부터 n까지 순차적으로 탐색하며 각 값이 소수인지 검사하는 방법을 이용하여 해결할 수 있다. 소수인지 검사를 할 때에는 약수의 개수가 2개인 점을 이용할 수 있다.

① 상태의 정의 및 구조화

(1) 탐색 구조

1부터 n까지 선형으로 구조화한다.

(2) 현재 상태의 정의

현재 i를 탐색하기 위한 상태(1≤i≤n)

(3) 초기 상태와 목표 상태의 설정

초기 상태	목표 상태
1	n

(4) 다음 상태와 수행 작업의 설정

i가 n의 소수이면 ans=ans+i

i=i+1

② 문제 해결을 위한 변수 설계

변수명	영역(C/C++)	의미	값의 범위	비고
n	전역 변수	입력값	100억 이하의 자연수	–
i	지역 변수 solve( )	탐색자(현재 상태)	1~n	현재 탐색 중인 상태

변수명	영역(C/C++)	의미	값의 범위	비고
cnt	지역 변수 solve( )	약수의 개수		소수를 구하기 위하여 약수의 개수를 저장
ans	지역 변수 solve( )	약수의 합		

❸ 문제 해결 코드 구현

일반적으로 소수를 구하는 방법은 약수가 2개라는 성질을 이용하는 경우가 많다. 이 성질을 이용하여 임의의 정수 k가 소수인지 판단하는 알고리즘을 다음과 같이 만들 수 있다.

행	C/C++	행	파이썬
1	`bool f(int k) {`	1	`def f(k) :`
2	`    int i, cnt = 0;`	2	`    cnt = 0`
3	`    for( i=1; i<=k; i++ )`	3	`    for i in range(1, k+1) :`
4	`        if( k%i==0 )`	4	`        if k%i==0 :`
5	`            cnt++;`	5	`            cnt += 1`
6	`    return cnt==2;`	6	`    return cnt==2`
7	`}`	7	

이 방법은 계산량이 O(n)이므로 k번째 소수를 구하는 계산량은 O(nk)라서 제한된 시간 내에 답을 구하지 못한다. 효율을 높이기 위해서는 탐색 공간의 배제가 필요하다. 어떤 아이디어로 탐색 공간을 줄일 수 있을까?

먼저 위 함수에서 k가 소수가 아니라면 약수가 몇 개이건 합성수인 것은 변함이 없으므로, 약수가 2개를 초과한다면 더 이상 탐색할 필요가 없다. 따라서 다음과 같이 f( ) 함수를 수정하여 탐색 공간을 줄일 수 있다.

행	C/C++	행	파이썬
1	`bool f(int k) {`	1	`def f(k) :`
2	`    int i, cnt = 0;`	2	`    cnt = 0`
3	`    for( i=1; i<=k; i++ ) {`	3	`    for i in range(1, k+1) :`
4	`        if( k%i==0 )`	4	`        if k%i==0 :`
5	`            cnt++;`	5	`            cnt+=1`
6	`        if( cnt>2 )`	6	`        if cnt>2 :`
7	`            break;`	7	`            break`
8	`    }`	8	
9	`    return cnt==2;`	9	`    return cnt==2`
10	`}`	10	

그런데 이 방법은 합성수일 경우는 빠르게 동작하지만 소수일 경우에는 여전히 많은 시간이 걸린다. 소수를 보다 빠르게 검사할 수 있는 방법을 위해서 다음과 같은 원리를 이용해보자.

다음 명제를 생각해보자.

> 임의의 자연수 n이 소수라면 n의 약수는 1과 n만 존재한다.

위 명제를 조금 변경하면 다음과 같은 원리를 생각할 수 있다.

> 임의의 자연수 n이 소수라면 구간 [2, n]에서 약수는 존재하지 않는다.

따라서 소수 판정 알고리즘을 다음과 같이 구현할 수 있다.

행	C/C++	행	파이썬
1	`bool f(int k) {`	1	`def f(k) :`
2	`    int i, cnt = 0;`	2	`    cnt = 0`
3	`    for( i=1; i<=k; i++ )`	3	`    for i in range(1, k+1) :`
4	`        if( k%i==0 )`	4	`        if k%i==0 :`
5	`            return false;`	5	`            return False`
6	`    return true;`	6	`    return True`
7	`}`	7	

이 방법도 여전히 합성수는 빠르게 처리할 수 있지만 소수일 경우에는 시간이 많이 걸린다. 하지만 이 방법으로부터 빠르게 소수를 찾아낼 수 있는 방법을 알아낼 수 있는 아이디어를 얻을 수 있다.

소수를 찾아내기 위해서는 [2, k-1]에서 약수가 존재하지 않아야 하므로 약수의 존재성 파악 문제로 바꿔서 생각할 수 있다.

약수의 존재성을 파악하기 위해서 모든 범위를 검사할 필요는 없다. n의 약수를 구하기 위해서는 $\sqrt{n}$ 까지만 탐색하면 된다는 사실을 배웠다. 소수 판정에서도 약수의 존재성으로 접근한다면 이 원리를 그대로 적용할 수 있으므로 다음과 같이 효율적인 알고리즘을 구현할 수 있다.

행	C/C++	행	파이썬
1	`bool f(int k) {`	1	`def f(k) :`
2	`    int i, cnt = 0;`	2	`    cnt = 0`
3	`    for( i=1; i<=k; i++ )`	3	`    for i in range(2, int(math.sqrt(k)+1)) :`
4	`        if( k%i==0 )`	4	`        if k%i==0 :`
5	`            return false;`	5	`            return False`
6	`    return true;`	6	`    return True`
7	`}`	7	

이 알고리즘은 매우 빠른 시간에 소수를 판정할 수 있다. $O(n^{\frac{1}{2}})$, 즉 $O(\sqrt{n})$으로 처리할 수 있다. 이 방법을 이용하여 문제를 해결하는 알고리즘을 다음과 같이 구현할 수 있다.

행	C/C++	행	파이썬
1	`#include <stdio.h>`	1	`import math`
2	`int n, ans;`	2	`ans = 0`
3	`bool f(int k) {`	3	`def f(k) :`
4	`    int i, cnt = 0;`	4	`    cnt = 0`
5	`    for( i=2; i*i<=k; i++ )`	5	`    for i in range(2,int(math.sqrt(k)+1)) :`
6	`        if( k%i==0 )`	6	`        if k%i==0 :`
7	`            return false;`	7	`            return False`
8	`    return true;`	8	`    return True`
9	`}`	9	
10	`int main( ) {`	10	
11	`    int i;`	11	
12	`    scanf("%d", &n);`	12	`n = int(input( ))`
13	`    for( i=2; i<=n; i++ )`	13	`for i in range(2, n+1) :`
14	`        if( f(i) )`	14	`    if f(i) :`
15	`            ans += i;`	15	`        ans += i`
16	`    printf("%d\n", ans);`	16	`print(ans)`
17	`}`	17	

제시된 방법 외에도 '에라토스테네스의 체'라는 방법을 이용하면 더 빠른 시간에 k번째 소수를 구할 수 있다.

에라토스테네스의 체

'에라토스테네스의 체'는 다음과 같은 단계를 거쳐 소수를 구한다.

준비 2부터 n까지 차례로 숫자를 쓰고, 2부터 탐색을 시작한다.

1단계 현재 탐색 중인 수가 지워지지 않았으면 그 수는 소수이다.

2단계 1단계에서 그 수가 소수이면 그 수의 배수를 모두 지운다.

3단계 만약 아직 탐색이 끝나지 않았으면 다음 수를 탐색할 준비를 하고 1단계로 간다.

4단계 지워지지 않은 모든 수는 소수, 지워진 수는 합성수이다.

```
 1   2   3   4   5   6   7   8   9  10
11  12  13  14  15  16  17  18  19  20
21  22  23  24  25  26  27  28  29  30
31  32  33  34  35  36  37  38  39  40
41  42  43  44  45  46  47  48  49  50
51  52  53  54  55  56  57  58  59  60
61  62  63  64  65  66  67  68  69  70
71  72  73  74  75  76  77  78  79  80
81  82  83  84  85  86  87  88  89  90
91  92  93  94  95  96  97  98  99 100
```

▲ 100 이하의 소수 찾기

해설 4-03 삼각 화단 만들기(advance)

앞에서 전체 탐색법으로 이미 해결했던 문제이다. 여기에서는 탐색을 배제할 조건을 설정하여 탐색 영역을 줄여보자.

일반적으로 전체를 탐색하는 코드는 다음과 같다.

행	코드
1	`#include <stdio.h>`
2	`int main( ) {`
3	`    int n, ans = 0, a, b, c;`
4	`    scanf("%d", &n);`
5	`    for( a=1; a<=n; a++ )`
6	`        for( b=a; b<=n; b++ )`
7	`            for( c=b; c<=n; c++ )`
8	`                if( a+b+c==n and a+b>c )`
9	`                    ans++;`
10	`    printf("%d\n", ans);`
11	`}`

먼저 간단한 원리를 생각해 보자.

- 두 변이 각각 a, b이면 나머지 한 변은 n−a−b이다.
- a의 길이는 n/3보다 작거나 같다.
- b의 길이는 (n−a)/2보다 작거나 같다.

이 원리를 이용하면 위 소스 코드에서 5~7행 탐색 범위를 줄여서 다음과 같이 표현할 수 있다.

행	코드
5	`    for( a=1; a<=n; a++ )`
6	`        for( b=a; b<=n; b++ )`
7	`            c = n-a-b;`
8	`            if( c>=b and a+b>c )`
9	`                ans++;`

계산량을 $O(n^3)$에서 $O(n^2)$로 줄일 수 있다.

❶ 상태의 정의 및 구조화

두 변 a, b의 길이를 이용하여 다음과 같이 현재 상태를 정의할 수 있다.

(1) 현재 상태의 정의

> S(a, b, c)=삼각형의 가장 짧은 변을 a, 다음 긴 변을 b, 가장 긴 변을 c로 설정한 상태

(2) 초기 상태와 목표 상태의 설정

초기 상태	목표 상태
S(1, 1, n–2)	$S(\frac{n}{3}, \frac{n}{3}, \frac{n}{3})$

초기 상태는 a, b의 길이가 각각 1인 경우에서 시작하므로 S(1,1,n–2)로 설정하고 목표 상태는 a≤b≤c이므로 a의 값이 최대가 되는 $S(\frac{n}{3}, \frac{n}{3}, \frac{n}{3})$으로 설정한다.

(3) 다음 상태와 수행 작업의 설정

현재 상태 S(a,b)로부터 가능한 다음 상태는 $b+1 \leq \frac{n}{3}$이면 S(a,b+1)이고, $b+1 > \frac{n}{3}$이면 S(a+1, a+1)이다.

수행 작업	가능한 다음 상태	비고
$b+1 \leq \frac{n}{3}$인 경우	S(a, b+1, n–a–(b+1))	
$b+1 > \frac{n}{3}$인 경우	S(a+1, a+1, n–2a–2)	

❷ 문제 해결을 위한 변수 설계

변수명	의미	입력값의 범위	비고
n	입력값(삼각형의 3변의 길이)	1≤n≤50,000	
a	가장 짧은 변의 길이		
b	두 번째로 긴 변의 길이		
c	가장 긴 변의 길이		

③ 문제 해결 코드 구현

위와 같은 단계를 거치면서 진행하면 해는 점점 더 좋아지고 커팅의 효율은 더 높아진다. 위의
방법으로 작성한 소스 코드는 다음과 같다.

행	C/C++	행	파이썬
1	`#include <stdio.h>`	1	
2	`int main( ) {`	2	
3	`    int n, a, h, c, ans=0;`	3	`ans = 0`
4	`    scanf("%d", &n);`	4	`n = int(input( ))`
5	`    for( a=1; a<=n/3; a++ )`	5	`for a in range(1, n//3+1) :`
6	`        for( b=a; b<=(n-a)/2; b++ ) {`	6	`    for b in range(i, n//2+1) :`
7	`            c = n-a-b;`	7	`        c = n-a-b`
8	`            if( c>=b and a+b>c )`	8	`        if c>=b and a+b>c :`
9	`                ans++;`	9	`            ans += 1`
10	`        }`	10	
11	`    printf("%d\n", ans);`	11	`print(ans)`
12	`}`	12	

코드에 대한 해설

5~10행은 앞에서 정의한 초기 상태로부터 목표 상태까지 탐색하는 과정을 반복문으로
구현한 것이다. 이와 같이 반복문을 이용한 탐색도 가능하므로 잘 익혀둘 수 있도록 한다.

8행은 현재 상태가 삼각형이 되는 조건을 만족하는지 판단하는 부분으로 이 조건을 만족
할 경우 ans 값을 증가하여 답을 구한다.

철사로 직각삼각형 만들기(tiny)

해결 아이디어

일반적으로 전체를 탐색하는 코드는 다음과 같다.

행	코드
1	`#include <stdio.h>`
2	`int main( ) {`
3	`    int n, i, a, b, c, ans = 0, cnt;`
4	`    scanf("%d", &n);`
5	`    for( i=1; i<=n; i++ ) {`
6	`        cnt=0;`
7	`        for( a=3; a<=i; a++ )`
8	`            for( b=a; b<=i; b++ )`
9	`                for( c=b; c<=i; c++ )`
10	`                    if( a+b+c==n and c+b>c and c*c==a*a+b*b )`
11	`                        cnt++;`
12	`        if( cnt ==1 )`
13	`            ans++;`
14	`    }`
15	`    printf("%d\n", ans);`
16	`}`

삼각형의 세 변의 길이를 구하고 이를 이용하여 직각삼각형인지 판단하는 문제이므로 각 변을 a, b, c라고 하면 변의 길이 a의 길이를 1부터 n까지 정하고, b와 c도 같은 방법으로 순차적으로 정해나가는 방법으로 전체 탐색을 할 수 있다. 이렇게 정할 경우 3차원 구조를 가지는 선형 구조가 된다. 여기서 주의할 점은 a, b, c를 각각 1부터 n까지 탐색한다면 각 직각삼각형이 여러 번 중복되어 구해진다는 것이다. 예를 들어 철사의 길이가 12일 때 3, 4, 5로 골랐다면 5, 4, 3과 4, 3, 5 등은 모두 같은 직각삼각형이므로 따로 카운팅하게 된다. 따라서 처음에는 철사의 총길이 i를 정하고 두 번째부터 a를 가장 짧은 변, c를 가장 긴 변으로 정하면 문제를 해결할 수 있다. 하지만 계산량이 $O(n^4)$라서 전체를 탐색해서 답을 구하기에는 너무 시간이 오래 걸린다. 따라서 탐색 영역을 배제해야 할 필요가 있다.

먼저 간단한 원리를 생각해 보자.

• 두 변이 각각 a, b이면 나머지 한 변은 n−a−b이다.

• a의 길이는 n/3보다 작거나 같다.

• b의 길이는 (n−a)/2보다 작거나 같다.

이 원리를 이용하면 위 소스 코드에서 7~9행의 탐색 범위를 줄여서 다음과 같이 표현할 수 있다.

행	코드
7	`for( a=1; a<=i/3; a++ )`
8	`    for( b=a; b<=i/2; b++ ) {`
9	`        c = i-a-b;`
10	`        if( c*c==a*a+b*b )`
11	`            cnt++;`
	`    }`

계산량을 O(n^4)에서 O(n^3)으로 줄일 수 있다.

❶ 상태의 정의 및 구조화

두 변 a, b의 길이를 이용하여 다음과 같이 현재 상태를 정의할 수 있다.

(1) 현재 상태의 정의

S(i, a, b)=총길이 i에 두 변의 길이가 각각 a, b인 상태

(2) 초기 상태와 목표 상태의 설정

초기 상태	목표 상태
S(3, 1, 1)	$S(n, \frac{n}{3}, \frac{n}{3})$

초기 상태는 총 변의 합이 3이고 a, b의 길이가 각각 1인 경우에서 시작하므로 S(3, 1, 1)로

설정하고 목표 상태는 총 변의 합이 n이고, $b = \frac{n-a}{2}$에서 a의 값이 $\frac{n}{3}$일 때, b는 $\frac{n-\frac{n}{3}}{2} =$

$\frac{\frac{2n}{3}}{2} = \frac{n}{3}$이므로 $S(n, \frac{n}{3}, \frac{n}{3})$으로 설정한다.

(3) 다음 상태와 수행 작업의 설정

현재 상태 $S(i,a,b)$로부터 가능한 다음 상태는 $b+1 \leq \dfrac{i}{3}$이면 $S(i,a,b+1)$이고, $b+1 > \dfrac{i}{3}$이고 $a+1 \leq \dfrac{i-a}{2}$이면 $S(i,a+1,a+1)$이다. 그리고 $a+1 > \dfrac{i}{3}$이면 $b+1 > \dfrac{i}{3}$이다.

수행 작업	가능한 다음 상태	비고
$b+1 \leq \dfrac{i}{3}$인 경우	$S(i,a,b+1)$	
$b+1 > \dfrac{i}{3}$이고 $a+1 \leq \dfrac{i-a}{2}$인 경우	$S(i,a+1,a+1)$	
$a+1 > \dfrac{i}{3}$인 경우	$a+1 > \dfrac{i}{3}$ $S(i+1,1,1)$	

❷ 문제 해결을 위한 변수 설계

변수명	의미	입력값의 범위	비고
n	입력값(철사의 길이)	N<251	
i	삼각형의 총 변의 길이		
a	가장 짧은 변의 길이		
b	두 번째로 긴 변의 길이		
c	가장 긴 변의 길이		
cnt	직각삼각형의 개수		초깃값 = 0

❸ 문제 해결 코드 구현

위와 같은 단계를 거치면서 진행하면 해는 점점 더 좋아지고 커팅의 효율은 더 높아진다. 위의 방법으로 작성한 소스 코드는 다음과 같다.

행	C/C++	행	파이썬
1	`#include <stdio.h>`	1	
2	`int main( ) {`	2	
3	`    int n, i, a, b, c, ans=0, cnt;`	3	`ans = 0`
4	`    scanf("%d", &n);`	4	`n = int(input( ))`
5	`    for( i=1; i<=n; i++ ) {`	5	`for i in range(1, n+1) :`
6	`        cnt = 0;`	6	`    cnt = 0`
7	`        for( a=1; a<=i/3; a++ ) {`	7	`    for a in range(1, i//3+1) :`

```
8            for( b=a; b<=i/2; b++ ) {
9                c = i-a-b;
10               if( c*c==a*a+b*b )
11                   cnt++;
12           }
13       }
14       if( cnt==1 )
15           ans++;
16   }
17   printf("%d\n", ans);
18 }
```

```
8        for b in range(a, i//2+1) :
9            c = i-a-b
10           if c*c==a*a+b*b :
11               cnt +=1
12
13
14
15       if cnt == 1 :
16           ans +=1
17 print(ans)
18
```

코드에 대한 해설

5~16행은 위에서 정의한 초기 상태로부터 목표 상태까지를 탐색하는 과정을 반복문으로 구현한 부분이다. 이와 같이 반복문을 이용하여 탐색을 효율적으로 구현할 수 있다.

그리고 $a^2+b^2=c^2$를 만족하는 다음과 같은 자연수 a, b, c를 피타고라스의 세 쌍이라고 한다.

(3, 4, 5)

(6, 8, 10)

(5, 12, 13)

(8, 15, 17)

(7, 24, 25)

이와 같은 피타고라스 세 쌍을 이용하여 문제를 보다 효율적으로 해결할 수 있는 방법도 있다. 만약 문제의 난이도가 더 높아져서 더 큰 범위에서 답을 구하고자 한다면 이 피타고라스 세 쌍을 활용하여 해결할 수 있으므로 고민해보기 바란다.

연구 활동 가는 길(large)

💡 해결 아이디어

이 문제를 해결하기 위해서 전체를 모두 탐색하는 방법을 이용하면 시간이 너무 많이 걸리기 때문에 탐색을 배제할 수 있는 아이디어를 생각해보자.

이 문제는 전체의 최소 이동 거리를 구하는 것이므로, 탐색 중 임의의 한 경로를 찾을 때마다 새로운 이동 거리를 구할 수 있으므로 탐색 중 다음과 같은 배제 조건을 설정할 수 있다.

현재 탐색한 경로의 이동 거리 > 지금까지 구한 최소 이동 거리

위 조건을 만족할 경우, 더 이상 탐색하지 않더라도 해를 구하는 데 전혀 문제가 없음을 알 수 있다. 이 조건을 적용하여 탐색하는 과정의 일부를 살펴보자.

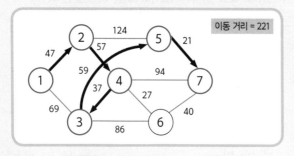

처음으로 찾게 되는 경로이며, 이 경로의 이동 거리는 221이다.
• **현재까지 구한 최소 이동 거리 = 221**

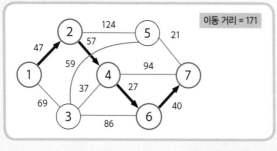

다음으로 구한 경로의 이동 거리는 171이 된다. 이 해는 지금까지의 해인 221보다 더 좋은 경로이므로 갱신한다.
• **현재까지 구한 최소 이동 거리 = 171**

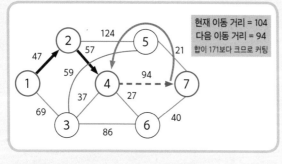

다음 경로로 진행하는 도중에 현재까지 최소 이동 거리인 171보다 커지게 되므로 커팅한다. 따라서 탐색 영역이 배제되고 효율은 높아진다.

이러한 방식으로 마지막까지 진행한다.

❶ 상태의 정의 및 구조화

(1) 탐색 구조

모든 징점과 각 정점들을 연결한 간선들을 이용하여 그래프로 구조화한다.

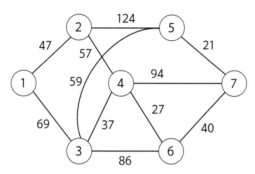

▲ 문제에 주어진 입력 예시를 구조화한 예

이 그래프를 인접 행렬(2차원 배열)을 이용하여 구조화한 결과는 다음 표와 같다.

	1	2	3	4	5	6	7
1	0	47	69	0	0	0	0
2	47	0	0	57	124	0	0
3	69	0	0	37	59	86	0
4	0	57	37	0	0	27	94
5	0	124	59	0	0	0	21
6	0	0	86	27	0	0	40
7	0	0	0	94	21	40	0

(2) 현재 상태의 정의

S(V, W)=현재 V 정점을 탐색 중이고 초기 상태로부터 현재 상태까지 W만큼 시간이 걸린 상태(1≤V≤n)

(3) 초기 상태와 목표 상태의 설정

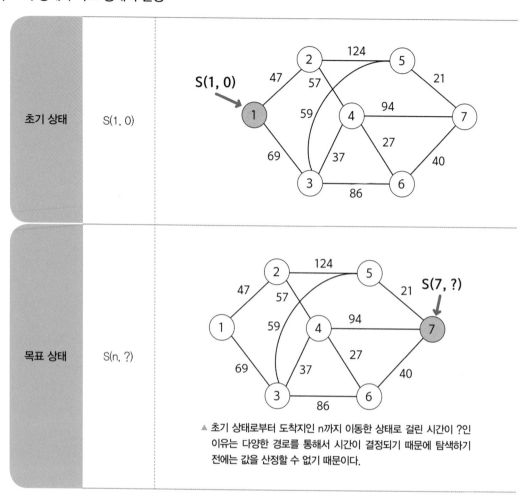

초기 상태	S(1, 0)	
목표 상태	S(n, ?)	

▲ 초기 상태로부터 도착지인 n까지 이동한 상태로 걸린 시간이 ?인
이유는 다양한 경로를 통해서 시간이 결정되기 때문에 탐색하기
전에는 값을 산정할 수 없기 때문이다.

(4) 다음 상태와 수행 작업의 설정

구조화된 그래프에서 현재 상태가 S(1, 0)인 경우, 가능한 다음 상태는 정점 2로 이동하는 경우와 정점 3으로 이동하는 경우가 있다. 각각의 다음 상태는 다음과 같다.

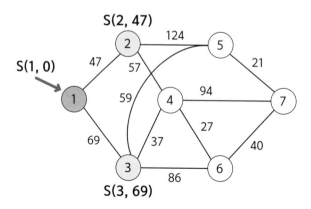

새로운 두 다음 상태들은 초기 상태인 정점 1에서 정점 2로 가는 경우는 이동하는 데 걸리는 시간이 47이므로 S(2, 47)이 되고, 정점 3으로 가는 경우에는 시간이 69만큼 걸리므로 S(3, 69)가 된다.

❷ 문제 해결을 위한 변수 설계

변수명	영역(C/C++)	의미	값의 범위	비고
n, m	전역 변수	입력값(정점, 간선 수)	정점 100 이하, 간선 10000 이하	–
G	지역 변수	그래프 구조를 나타내는 배열		2차원 배열
chk	지역 변수	이미 방문한 정점을 표시		배열
ans	지역 변수	최소 경로 길이(정답)		매우 큰 값으로 초기화
V, W	지역 변수 solve()	현재 상태를 나타내는 변수		

❸ 문제 해결 코드 구현

위와 같은 단계를 거치면서 진행하면 해는 점점 더 좋아지고 커팅의 효율은 더 높아진다. 위의 방법으로 작성한 소스 코드는 다음과 같다.

행	C/C++	행	파이썬
1	`#include <stdio.h>`	1	
2	`int n, m, G[1001][1001];`	2	`G=[[0] * 1001 for i in range(1001)]`
3	`int ans=0x7fffffff, chk[1001];`	3	`ans = 987654321`
4		4	`chk = [0]*1001`
5	`void f(int V, int W) {`	5	`def f(V, W) :`
6	`    int i;`	6	`    global ans`
7	`    if( W>ans )`	7	`    if W>ans :`
8	`        return;`	8	`        return`
9	`    if( V==n ) {`	9	`    if V==n :`
10	`        if( W<ans )`	10	`        if W<ans :`
11	`            ans = W;`	11	`            ans = W`
12	`        return;`	12	`        return`
13	`    }`	13	
14	`    for( i=1; i<=n; i++ )`	14	`    for i in range(1, n+1) :`
15	`        if( !chk[i] && G[V][i] ) {`	15	`        if chk[i]==False and G[V][i] :`
16	`            chk[i] = 1;`	16	`            chk[i] = 1`
17	`            f(i, W+G[V][i]);`	17	`            f(i, W+G[V][i])`
18	`            chk[i] = 0;`	18	`            chk[i] = 0`

```
19            }
20    }
21    int main( ) {
22        int i, s, e, w;
23        scanf("%d %d", &n, &m);
24        for( i=0; i<m; i++ ) {
25            scanf("%d %d %d", &s, &e, &w);
26            G[s][e] = G[e][s] = w;
27        }
28        f(1, 0);
29        if( ans==0x7fffffff )
30            printf("-1\n");
31        else
32            printf("%d\n", ans);
33    }
```

```
19
20
21
22
23    n, m = map(int, input( ).split( ))
24    for i in range(m) :
25        s,e,w = map(int, input( ).split( ))
26        G[s][e] = G[e][s] = w
27
28    f(1, 0)
29    if ans == 987654321 :
30        print(-1)
31    else :
32        print(ans)
33
```

코드에 대한 해설

　　각각의 코드에서 5행은 현재 상태를 탐색하는 재귀 함수로 이 알고리즘을 이해하는 데 가장 핵심인 부분이다. 여기서 V는 현재 탐색 중인 정점을 나타내고, W는 시작 정점으로부터 현재 정점까지 이동한 시간이다.

　　이와 같이 재귀 함수를 이용하여 모든 상태를 방문할 수 있으며 가장 이동 시간이 적은 목표 상태를 찾을 수 있다.

　　7~8행 덕분에 모든 경로를 다 탐색하지 않고도 가장 짧은 시간이 걸리는 경로를 찾을 수 있다. 아이디어로는 탐색 중 W의 값이 ans보다 커지면 더 이상 탐색할 필요가 없으므로 커팅한다.

🔆 해결 아이디어

(1,1)부터 시작하여 (n,n)까지 2차원 선형으로 탐색하면서 활동 영역이 나오면 활동 영역과 연결된 모든 영역을 체크 배열에 체크하여 탐색 여부를 저장한다. 한 칸씩 탐색하면서 체크되지 않은 영역이 나오면 영역과 연결된 활동 영역을 탐색하고, 탐색 시작 횟수를 저장하여 활동 영역의 수를 카운팅할 수 있다.

1	1	1	1	1
1	0	0	0	1
1	0	1	0	1
1	0	0	0	1
1	1	1	1	1

위와 같은 수족관에서 (1,1)부터 탐색해 보자. (1,1)은 활동 영역이고 아직 탐색이 되지 않은 영역이기 때문에 탐색을 시작한다.

1	1	1	1	1
1	0	0	0	1
1	0	1	0	1
1	0	0	0	1
1	1	1	1	1

＊회색 부분은 탐색 완료

활동 영역의 수는 1이 된다.

다음 상태인 (1,2)를 탐색한다. (1,1) 상태에서 이미 (1,2)는 탐색되었으므로 다음 상태인 (1, 3)으로 이동한다. 이런 방법으로 탐색을 진행한다.

(2,2)에서는 활동 영역이 아니므로 다음 상태인 (2,3)으로 이동한다.

활동 영역이면서 탐색이 진행되지 않은 상태까지 진행한다. (3,3)은 아직 탐색하지 않은 상태이고 활동 영역이므로 연결된 활동 영역 탐색을 진행한다. 그리고 활동 영역 수는 1을 더한 2가 된다.

❶ 상태의 정의 및 구조화

(1) 현재 상태의 정의

S(i, j)=(i, j) 영역에 있는 상태

(2) 초기 상태와 목표 상태의 설정

초기 상태	목표 상태
S(1, 1)	S(n, m)

초기 상태는 (1,1)에서 탐색을 시작하여 S(n, m)에서 탐색을 종료한다.

(3) 다음 상태와 수행 작업의 설정

현재 상태 S(i, j)로부터 가능한 다음 상태는 j+1≤m이면 S(i, j+1)이고, j+1>m이면 S(i+1,1)이다.

수행 작업	가능한 다음 상태	비고
j+1≤m인 경우	S(i, j+1)	
j>m인 경우	S(i+1,1)	

❷ 문제 해결을 위한 변수 설계

변수명	의미	입력값의 범위	비고
n	입력값(가로의 길이)	1000 이하의 자연수	
m	입력값(세로의 길이)	1000 이하의 자연수	
A	입력값(수족관의 모습)	0, 1	
B	탐색 여부		
ans	활동 영역의 수		초깃값 = 0

❸ 문제 해결 코드 구현

위의 방법으로 작성한 소스 코드는 다음과 같다.

행	C/C++	행	파이썬
1	`#include<stdio.h>`	1	
2	`int A[1010][1010], B[1010][1010];`	2	`A = [[0] *1010 for i in range(1010)]`
3		3	`B = [[0] *1010 for i in range(1010)]`

```c
4    void f(int x, int y) {
5        B[x][y] = 1;
6        if( A[x-1][y]==1 and B[x-1][y]==0 )
7            f(x-1,y);
8        if( A[x+1][y]==1 and B[x+1][y]==0 )
9            f(x+1,y);
10       if( A[x][y-1]==1 and B[x][y-1]==0 )
11           f(x,y-1);
12       it( A[x][y+1]==1 and B[x][y+1]==0 )
13           f(x,y+1);
14   }
15   int main( ) {
16       int n, m, i, j, ans=0;
17       scanf("%d %d", &n, &m);
18       for( i=1; i<=n; i++ ) {
19
20           for( j=1; j<=m; j++ ) {
21               scanf("%1d",&A[i][j]);
22           }
23       }
24       for( i=1; i<=n; i++ ) {
25           for( j=1; j<=m; j++ ) {
26               if( A[i][j]==1 and B[i][j]==0 ){
27                   ans++;
28                   f(i, j);
29               }
30           }
31       }
32       printf("%d\n", ans);
33   }
```

```python
4    def f(x, y) :
5        B[x][y]=1
6        if A[x-1][y]==1 and B[x-1][y]==0 :
7            f(x-1,y)
8        if A[x+1][y]==1 and B[x+1][y]==0 :
9            f(x+1,y)
10       if A[x][y1]==1 and B[x][y-1]==0 :
11           f(x,y-1)
12       if A[x][y+1]==1 and B[x][y+1]==0 :
13           f(x,y+1)
14
15
16
17   n, m = map(int, input( ).split( ))
18   for i in range(n) :
19       a = input()
20       for j in range(m) :
21           A[i+1][j+1] = int(a[j])
22
23
24   for i in range(1, n+1) :
25       for j in range(1, m+1) :
26           if A[i][j]==1 and B[i][j]==0 :
27               ans += 1
28               f(i, j)
29
30
31
32   print(ans)
33
```

코드에 대한 해설

C 코드의 5~13행은 활동 영역과 연결된 다른 활동 영역 중 탐색이 진행되지 않았다면 탐색하기 위한 부분이다. 상하좌우를 확인하여 활동 영역이고 아직 탐색하지 않았다면 탐색을 진행하도록 한다.

최소 합 구하기(tiny)

💡 해결 아이디어

이 문제를 해결할 수 있는 특별한 수학적인 공식은 없으므로 가장 먼저 생각할 수 있는 방법이 모든 경우를 다 조사해 보는 것이다. 먼저 각 행에서 하나의 원소를 선택한 후 다음 행으로 진행하는 방법으로 차례로 마지막 행까지 모든 경우를 조사하면 답을 구할 수 있다.

이 방법은 첫 번째 행에서 고를 수 있는 원소의 수가 n개, 다음 행에서는 n-1개, … 마지막 행에서는 1개이므로 n!에 비례한다. 따라서 계산량은 O(n!)이다. 문제에서 n의 최댓값이 10이므로 10!=3,628,800이다. 이 정도면 충분히 시간 내에 해결할 수 있다.

❶ 상태의 정의 및 구조화

(1) 탐색 구조

이 문제는 각 행마다 골라야 하는 열의 선택지가 n개이므로 비선형 구조인 그래프 형태로 구조화할 수 있다.

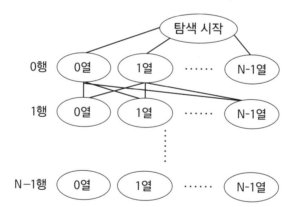

위 그래프의 '탐색 시작'으로부터 출발하여 각 행에서 하나의 값을 골라 마지막 행까지 가면 모두 n개의 원소를 고를 수 있다. 이때 합이 최소가 되도록 탐색하면 된다.

이 문제에서 입력받은 2차원 배열 자체가 위 구조를 그대로 표현하고 있으므로 그림과 같이 배열을 그대로 문제 해결에 편리하게 활용할 수 있다.

	0열	1열	2열
0행	1	2	5
1행	2	4	3
2행	5	4	3

(2) 현재 상태의 정의

> S(V, W)=다음 탐색할 행이 V행이고 현재까지의 경로에서 선택한 각 원소의 합이 W인 상태

(3) 초기 상태와 목표 상태의 설정

초기 상태	목표 상태
S(0, 0)	S(n, ?)
0행에 속하는 각 열들을 고르기 위한 상태로 현재까지 선택한 각 원소의 합은 0인 상태로 출발	n-1행까지 모든 값을 택한 상태이므로 더 이상 진행할 필요가 없으며, 이때 얻은 ? 값들 중 가장 적은 값을 구하는 것이 이 문제의 목적임

(4) 다음 상태와 수행 작업의 설정

다음 그래프에서 '탐색 시작'으로 표시된 초기 상태 S(0, 0)으로부터 출발하여 녹색으로 칠해진 n개의 열 중 하나를 선택하면 다음 상태로 진행할 수 있다.

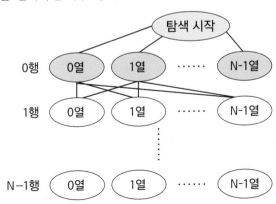

다음 상태로 진행할 때 새로 선택한 원소의 값을 더하면 된다. 실제 예제 데이터로 나타내면 다음과 같이 3가지 상태의 다음 상태로 진행할 수 있다.

C(1, 1)				S(1, 2)				S(1, 5)		

	0열	1열	2열		0열	1열	2열		0열	1열	2열
0행	1	2	5	0행	1	2	5	0행	1	2	5
1행	2	4	3	1행	2	4	3	1행	2	4	3
2행	5	4	3	2행	5	4	3	2행	5	4	3

❷ 문제 해결을 위한 변수 설계

변수명	영역(C/C++)	의미	값의 범위	비고
n	전역 변수	입력값(정점, 간선 수)	3 이상 10 이하	
G	지역 변수	각 원소값을 저장한 배열		2차원 배열
chk	지역 변수	이미 방문한 열을 체크		배열
ans	지역 변수	문제의 정답을 저장		매우 큰 값으로 초기화
V, W	지역 변수 solve()	현재 상태를 나타내는 변수		

❸ 문제 해결 코드 구현

위와 같은 단계를 거치면서 진행하게 되면 해는 점점 더 좋아지고 커팅의 효율은 더 높아진다.
위의 방법으로 작성한 소스 코드는 다음과 같다.

행	C/C++	행	파이썬
1	`#include <stdio.h>`	1	
2	`int n, G[11][11];`	2	`G = [0]*11`
3	`int ans=0x7fffffff, chk[11];`	3	`chk = [0]*11`
4		4	`ans = 978654321`
5	`void f(int V, int W) {`	5	`def f(V, W) :`
6	`int i;`	6	`global ans`
7	`if( V==n ) {`	7	`if V==n:`
8	`if( ans>W )`	8	`if ans>W :`
9	`ans = W;`	9	`ans = W`
10	`return;`	10	`return`
11	`}`	11	
12	`for( i=0; i<n; i++ ) {`	12	`for i in range(n) :`
13	`if( !chk[i] ) {`	13	`if chk[i]==False:`
14	`chk[i] = 1;`	14	`chk[i] = 1`
15	`f(V+1, W+G[V][i]);`	15	`f(V+1, W+G[V][i])`
16	`chk[i] = 0;`	16	`chk[i] = 0`
17	`}`	17	
18	`}`	18	
19	`}`	19	
20	`int main( ) {`	20	
21	`int i, j;`	21	
22	`scanf("%d", &n);`	22	`n = int(input( ))`
23	`for( i=0; i<n; i++ )`	23	`for i in range(n) :`
24	`for( j=0; j<n; j++ )`	24	`G[i]=list(map(int, input( ).split( )))`
25	`scanf("%d", &G[i][j]);`	25	

행	
26	`    f(0, 0);`
27	`    printf("%d\n", ans);`
28	`}`

행	
26	`f(0, 0)`
27	`print(ans)`
28	

코드에 대한 해설

각 코드의 7~10행은 목표 상태에 도달했을 때 W 값이 현재까지 최소 ans보다 좋은 경우 W 값을 갱신하는 것이다.

12~19행은 현재 상태로부터 다음 상태로 나아가기 위한 코드 구현 부분으로 다음 상태로 나아갈 때 이미 선택한 열을 다시는 선택하면 안 되므로 chk에 현재 열을 체크한 후 진행한다. 탐색을 완료한 후 복귀 시에는 체크한 부분을 다시 해제하는 코드가 매우 중요하다. 만약 이 부분에서 해제하지 않으면 다른 경로를 찾아갈 수 없다.

이와 같이 재귀 함수를 이용하면 수행 작업을 쉽게 구현할 수 있다. 이 방법에서 탐색 공간을 배제하여 효율을 보다 향상시키기 위하여 다음과 같은 코드를 추가할 수 있다.

행	C/C++
1	`#include <stdio.h>`
2	`int n, G[11][11];`
3	`int ans=0x7fffffff, chk[11];`
4	
5	`void f(int V, int W) {`
6	`    int i;`
7	`    if( W>=ans )`
8	`        return;`
9	`    if( V==n ) {`
10	`        if(ans>W)`
11	`            ans = W;`
12	`        return;`
13	`    }`
14	`    for( i=0; i<n; i++ ) {`
15	`        if(!chk[i]) {`
16	`            chk[i] = 1;`
17	`            f(V+1, W+G[V][i]);`
18	`            chk[i] = 0;`
19	`        }`
20	`    }`

행	파이썬
1	
2	`G = [0]* 11`
3	`chk = [0]*11`
4	`ans = 978654321`
5	`def f(V, W) :`
6	`    global ans`
7	`    if W>=ans :`
8	`        return`
9	`    if V==n :`
10	`        if ans>W :`
11	`            ans = W`
12	`        return`
13	
14	`    for i in range(n) :`
15	`        if chk[i]==False :`
16	`            chk[i] = 1`
17	`            f(V+1, W+G[V][i])`
18	`            chk[i] = 0`
19	
20	

```
21    }
22    int main( ) {
23        int i, j
24        scanf("%d", &n);
25        for( i=0; i<n; i++ )
26            for( j=0; j<n; j++ )
27                scanf("%d", &G[i][j]);
28        f(0, 0);
29        printf("%d\n", ans);
30    }
```

```
21
22
23
24    n = int(input( ))
25    for i in range(n) :
26        G[i]=list(map(int, input( ).split( )))
27
28    f(0, 0)
29    print(ans)
30
```

코드에 대한 해설

추가한 코드는 현재까지 구한 최솟값이 지금까지 구했던 가장 좋은 최솟값과 같거나 더 커지면 더 이상 탐색을 하지 않도록 커팅하는 역할을 한다. 탐색 중 얻은 합이 현재까지의 가장 좋은 합보다 크다면 더 탐색할 의미가 없기 때문에 탐색을 종료하여 효율을 높일 수 있다.

이와 같은 아이디어들을 더 생성하여 코드로 구현하면 보다 효율이 좋은 알고리즘으로 개선할 수 있다.

해설 4-08 가장 적은 수의 동전으로 거스름돈 주기

💡 해결 아이디어

이 문제는 동전의 종류가 모두 서로 약수와 배수의 관계를 만족하면 탐욕법으로 해결할 수 있다. 하지만, 문제에서는 동전의 종류가 임의로 주어지므로 탐욕법으로 해결할 수 있다는 보장이 없다. 이런 경우의 문제도 일단은 모든 경우를 다 탐색하여 해결할 수 있다.

문제에서 주어지는 최대 동전의 종류가 10가지이고 지불해야 할 최대 금액이 10,000원이므로 효율적으로 탐색하면 문제를 해결할 수 있다.

❶ 상태의 정의 및 구조화

(1) 탐색 구조

이 문제를 해결하기 위해서 여러 가지 탐색 구조를 생각할 수 있으나, 여기서는 가장 간단하게 구현할 수 있는 방법으로 문제를 해결한다.

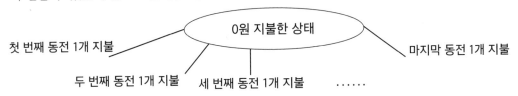

(2) 현재 상태의 정의

현재까지 지불한 금액이 x원이고 지금까지 y개의 동전을 사용한 상태

$S(x, y)$

(3) 초기 상태와 목표 상태의 설정

초기 상태	목표 상태
S(0, 0)	S(m, ?)
처음 0개의 동전으로 0원을 지불한 상태를 초기 상태로 설정한다. 즉, 아직 아무 작업도 하지 않은 상태이다.	?개의 동전을 이용하여 문제에서 주어진 지불 금액 m을 모두 지불한 상태로 목표를 달성한 상태가 된다. 이와 같은 여러 가지 목표 상태들 중 지불한 동전의 개수 ?가 가장 작은 값을 찾으면 문제를 해결할 수 있다.

(4) 다음 상태와 수행 작업의 설정

주어진 입력 예시의 경우, 초기 상태로부터 가능한 다음 상태들을 그래프 구조로 표현하면 다음과 같다.

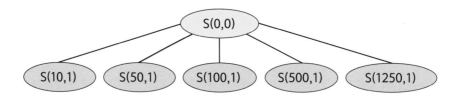

이와 같이 동전의 종류가 5가지이므로 서로 다른 5가지 다음 상태가 가능하며 이때 해야 할 수행 작업은 각각 선택한 동전으로 지불하고, 지불한 동전의 수를 하나 늘려야 하므로 다음과 같이 나타낼 수 있다.

현재 상태	S(x, y)
10원 지불한 다음 상태	S(x+10, y+1)
50원 지불한 다음 상태	S(x+50, y+1)
100원 지불한 다음 상태	S(x+100, y+1)
500원 지불한 다음 상태	S(x+500, y+1)
1250원 지불한 다음 상태	S(x+1250, y+1)

❷ 문제 해결을 위한 변수 설계

변수명	영역(C/C++)	의미	값의 범위	비고
n, m	전역 변수	입력값 (동전의 종류 수, 지불할 금액)	n≤10 m≤100000	
c	전역 변수	동전의 종류를 저장할 배열		배열
ans	전역 변수	문제의 정답을 저장		매우 큰 값으로 초기화
x, y	지역 변수 solve()	현재 상태를 나타내는 변수		

❸ 문제 해결 코드 구현

위와 같은 단계를 거치면서 진행하게 되면 해는 점점 더 좋아지고 커팅의 효율은 더 높아진다. 위의 방법으로 작성한 소스 코드는 다음과 같다.

행	C/C++	행	파이썬
1	`#include <stdio.h>`	1	
2	`int n, m;`	2	
3	`int c[11], ans - 987654321;`	3	`c = [0]*11`
4		4	`ans - 978654321`
5	`void f(int x, int y) {`	5	`def f(x, y) :`
6	`    int i;`	6	`    global ans`
7	`    if( x>m )`	7	`    if x>m :`
8	`        return;`	8	`        return`
9	`    if( x==m ) {`	9	`    if x==m :`
10	`        if( ans>y )`	10	`        if ans>y :`
11	`            ans = y;`	11	`            ans=y`
12	`        return;`	12	`        return`
13	`    }`	13	
14	`    for( i=0; i<n; i++ )`	14	`    for i in range(n) :`
15	`        f(x+c[i], y+1);`	15	`        f(x+c[i], y+1)`
16	`}`	16	
17	`int main( ) {`	17	
18	`    int i;`	18	
19	`    scanf("%d %d", &m, &n);`	19	`m = int(input( ))`
20		20	`n = int(input( ))`
21	`    for( i=0; i<n; i++ )`	21	`c = list(map(int, input( ).split( )))`
22	`        scanf("%d", &c[i]);`	22	
23	`    f(0, 0);`	23	`f(0, 0)`
24	`    printf("%d\n", ans);`	24	`print(ans)`
25	`}`	25	

목표 상태에 대한 처리 부분으로 현재 지불한 금액이 m원을 초과할 경우는 더 이상 탐색할 필요가 없으므로 종료하고, 정확하게 원하는 금액인 m원을 지불한 경우는 현재까지 구한 가장 좋은 답인 ans와 비교하여 더 좋은 답이면 갱신한다.

행	C/C++	행	파이썬
6		6	`global ans`
7	`if( x>m )`	7	`if x>m :`
8	`    return;`	8	`    return`
9	`if( x==m ) {`	9	`if x==m :`
10	`    if( ans>y )`	10	`    if ans>y :`
11	`        ans = y;`	11	`        ans = y`
12	`    return;`	12	`    return`
13	`}`	13	

다음은 현재 상태로부터 다음 상태로 나아가기 위한 수행 작업을 코드로 구현한 부분이다.

행	C/C++	행	파이썬
14	`for( i=0; i<n; i++ )`	14	`for i in range(n) :`
15	`    f(x+c[i], y+1);`	15	`    f(x+c[i], y+1)`

이와 같이 재귀 함수를 이용하면 수행 작업을 쉽게 구현할 수 있다. 이 방법은 구현은 간단하나 주어진 입력에 따라 너무 많은 시간이 걸릴 수 있다. 따라서 탐색 공간의 배제를 통하여 효율을 높일 수 있다. 다음과 같이 코드를 추가하면 효율이 대폭 향상된다.

행	C/C++	행	파이썬
1	`#include <stdio.h>`	1	
2	`int n, m;`	2	
3	`int c[11], ans = 987654321;`	3	`c = [0]*11`
4		4	`ans = 978654321`
5	`void f(int x, int y) {`	5	`def f(x, y) :`
6	`    int i;`	6	`    global ans`
7	`    if( y>=ans )`	7	`    if y>=ans :`
8	`        return;`	8	`        return`
9	`    if( x>m )`	9	`    if x>m :`

```
10          return;
11      if( x==m ) {
12          if( ans>y )
13              ans = y;
14          return;
15      }
16      for( i=0; i<n; i++ )
17          f(x+c[i], y+1);
18  }
19  int main( ) {
20      int i;
21      scanf("%d %d", &m, &n);
22
23      for( i=0; i<n; i++ )
24          scanf("%d", &c[i]);
25      f(0, 0);
26      printf("%d\n", ans);
27  }
```

```
10          return
11      if x==m :
12          if ans>y :
13              ans = y
14          return
15
16      for i in range(n) :
17          f(x+c[i], y+1)
18
19
20
21  m = int(input( ))
22  n = int(input( ))
23  c = list(map(int, input( ).split( )))
24
25  f(0, 0)
26  print(ans)
27
```

코드에 대한 해설

　추가된 코드는 현재까지 지불한 동전의 개수가 지금까지 구한 답 중 가장 좋은 답인 ans 값과 같거나 더 커지면 더 이상 탐색을 하지 않도록 커팅하는 것이다. 이와 같은 상태에서 더 이상 탐색을 해봐야 절대로 ans보다 좋은 해를 구할 수 없다는 사실은 조금만 생각해보면 쉽게 알 수 있다. 이와 같은 아이디어를 다양하게 적용하면 효율을 향상시킬 수 있다.

공평하게 선물 나눠주기

💡 해결 아이디어

이 문제는 각 선물에 대하여 길동, 길순, 길삼 중 누구에게 배부할지를 결정하는 방법으로 탐색하여 문제를 해결할 수 있다. 하지만 모든 경우를 다 처리하기에는 시간이 부족할 수 있으므로 효율적인 아이디어가 필요하다. 일단은 각 선물을 길동, 길순, 길삼에게 배부하는 모든 경우를 다 탐색하는 방법으로 문제를 해결해 보자.

❶ 상태의 정의 및 구조화

(1) 탐색 구조

탐색 구조는 아래 그래프와 같이 각 선물에 대하여 길동, 길순, 길삼에게 각각 배부하는 모든 방법을 탐색하는 형태로 구조화할 수 있다.

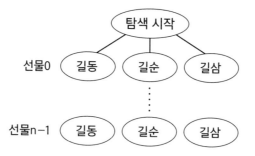

(2) 현재 상태의 정의

> $S(k, a, b, c)$=현재 k번째 선물을 배부할 순서로 길동이는 무게 a, 길순이는 무게 b, 길삼이는 무게 c만큼의 선물을 배부한 상태

(3) 초기 상태와 목표 상태의 설정

초기 상태	목표 상태
$S(0, 0, 0, 0)$	$S(n, ?, ?, ?)$
아직 선물을 하나도 배부하지 않은 상태로 0번 선물을 배부하기 위한 단계. 현재 세 형제는 모두 받은 선물이 없으므로 각각 무게는 모두 0인 상태를 초기 상태로 설정한다.	n개의 선물을 세 형제에게 모두 배부한 상태로 각각의 형제들이 가진 선물의 무게는 모두 정해진 상태이다. 이때 가장 공평하게 되는 경우를 찾아야 문제를 해결할 수 있다.

(4) 다음 상태와 수행 작업의 설정

문제에서 주어진 입력 예시의 경우(133쪽) 초기 상태로부터 가능한 다음 상태들을 그래프 구조로 표현하면 다음과 같다.

첫 번째 선물을 길동, 길순, 길삼이 각각 가지게 된 상태를 나타낸다. 이를 임의의 현재 상태로 일반화하면 다음 상태를 아래의 표와 같이 나타낼 수 있다.

단, 선물의 무게를 저장한 배열은 p이고, p[k]는 k번째 선물의 무게를 의미한다.

현재 상태	S(k, x, y, z)
길동이에게 선물을 배부	S(k+1, x+p[k], y, z)
길순이에게 선물을 배부	S(k+1, x, y+p[k], z)
길삼이에게 선물을 배부	S(k+1, x, y, z+p[k])

❷ 문제 해결을 위한 변수 설계

변수명	영역(C/C++)	의미	값의 범위	비고
n	전역 변수	입력값(선물의 개수)	n≤20	
d	전역 변수	각자 받은 무게 합의 최대 차이		
ans1 ans2 ans3	전역 변수	최종적으로 각 형제가 배부 받은 무게의 합		이 값이 적을수록 공평함
p	전역 변수	각 선물의 무게를 저장할 배열		매우 큰 값으로 초기화
s	전역 변수	전체 선물 무게의 합		
k, x, y, z	지역 변수 solve()	현재 상태를 나타내는 변수		

❸ 문제 해결 코드 구현

위와 같은 단계를 거치면서 진행하게 되면 해는 점점 더 좋아지고 커팅의 효율은 더 높아진다.
위의 방법으로 작성한 소스 코드는 다음과 같다.

행	C/C++	행	파이썬
1	`#include <stdio.h>`	1	
2	`int n, d = 978654321, S;`	2	`d = 978654321`
3	`int p[30], ans1, ans2, ans3;`	3	`p = [0]*31`
4		4	`S, ans1, ans2, ans3 = 0, 0, 0, 0`
5	`void f(int k, int x, int y, int z) {`	5	`def f(k, x, y, z) :`
6		6	`    global d, ans1, ans2, ans3`
7	`    if( k==n ) {`	7	`    if k==n :`
8	`        if( x >= y and y >= z and x-z < d ) {`	8	`        if x>=y>=z and x-z<d :`
9	`            d = x-z;`	9	`            d = x-z`
10	`            ans1 = x;`	10	`            ans1 = x`
11	`            ans2 = y;`	11	`            ans2 = y`
12	`            ans3 = z;`	12	`            ans3 = z`
13	`        }`	13	
14	`        return;`	14	`        return`
15	`    }`	15	
16	`    f(k+1, x+p[k], y, z);`	16	`    f(k+1, x+p[k], y, z)`
17	`    f(k+1, x, y+p[k], z);`	17	`    f(k+1, x, y+p[k], z)`
18	`    f(k+1, x, y, z+p[k]);`	18	`    f(k+1, x, y, z+p[k])`
19	`}`	19	
20	`int main( ) {`	20	
21	`    int i;`	21	
22	`    scanf("%d", &n);`	22	`n = int(input( ))`
23		23	`p = list(map(int, input( ).split( )))`
24	`    for( i=0; i<n; i++ ) {`	24	`for i in range(n) :`
25	`        scanf("%d", &p[i]);`	25	
26	`        S += p[i];`	26	`    S += p[i]`
27	`    }`	27	
28	`    f(0, 0, 0, 0);`	28	`f(0, 0, 0, 0)`
29	`    printf("%d %d %d\n", ans1, ans2, ans3);`	29	`f(ans1, ans2, ans3)`
30	`}`	30	

코드에 대한 해설

7~15행은 목표 상태에 대한 처리 부분으로 문제의 조건대로 길동, 길순, 길삼 순으로 선물의 무게가 내림차순이 되어야하며, 길동이와 길삼이의 선물의 차가 최소가 되도록 해야 한다. 변수 d는 길동이와 길삼이의 선물 무게차 중 현재까지 가장 적은 값을 저장하고 있기 때문에 목표 상태에 도달할 때마다 d 값을 갱신하고 있는 부분을 다음과 같이 언어별로 구현하고 있다.

각각의 16~18행은 현재 상태로부터 다음 상태로 나아가기 위한 수행 작업을 코드로 구현한 부분이다.

❹ 탐색 공간의 배제

이번 문제는 지금까지의 문제와는 달리 최솟값을 구하는 것이 아니다. 따라서 탐색을 배제할 수 있는 요소들이 다양하다.

먼저 가장 쉽게 시간을 줄이기 위해서 길동, 길순, 길삼이 가지는 선물의 현재 상태로 더 이상 해의 가능성이 없는 경우를 찾는다. 더 이상 가능성이 없다면 탐색을 중지하여 처리 시간을 줄여보자. 길동, 길순, 길삼의 선물의 무게에는 다음과 같은 관계가 성립한다.

- A=길동의 선물 무게, B=길순의 선물 무게, C=길삼의 선물 무게
- S=전체 선물 무게의 합

$$\frac{S}{3} \geq C, \ \frac{S}{3} \geq B$$

위 조건을 추가하면 탐색 공간의 배제 효과가 클 것으로 판단된다. 이 조건을 적용한 소스 코드는 다음과 같다.

행	C/C++	행	파이썬
1	`#include <stdio.h>`	1	
2	`int n, d = 970654321, S;`	2	`d = 970654321`
3	`int p[30], ans1, ans2, ans3;`	3	`p = [0]*31`
4		4	`S, ans1, ans2, ans3 = 0, 0, 0, 0`
5	`void f(int k, int x, int y, int z) {`	5	`def f(k, x, y, z) :`
6		6	`    global d, ans1, ans2, ans3`

7	`if( z>S/3 or y>S/2 )`		7	`if z>S//3 or y>S//2 :`
8	`    return;`		8	`    return`
9	`if( k == n ) {`		9	`if k==n :`
10	`    if( x >= y and y >= z and x-z < d ) {`		10	`    if x>=y>=z and x-z<d :`
11	`        d = x-z;`		11	`        d = x-z`
12	`        ans1 = x;`		12	`        ans1 = x`
13	`        ans2 = y;`		13	`        ans2 = y`
14	`        ans3 = z;`		14	`        ans3 = z`
15	`    }`		15	
16	`    return;`		16	`    return`
17	`}`		17	
18	`f(k+1, x+p[k], y, z);`		18	`f(k+1, x+p[k], y, z)`
19	`f(k+1, x, y+p[k], z);`		19	`f(k+1, x, y+p[k], z)`
20	`f(k+1, x, y, z+p[k]);`		20	`f(k+1, x, y, z+p[k])`
21	`}`		21	
22	`int main( ) {`		22	
23	`    int i;`		23	
24	`    scanf("%d", &n);`		24	`n = int(input( ))`
25			25	`p = list(map(int, input( ).split( )))`
26	`    for( i=0; i<n; i++ ) {`		26	`for i in range(n) :`
27	`        scanf("%d", &p[i]);`		27	
28	`        S += p[i];`		28	`    S += p[i]`
29	`    }`		29	
30	`    f(0, 0, 0, 0);`		30	`f(0, 0, 0, 0)`
31	`    printf("%d %d %d\n", ans1, ans2, ans3);`		31	`print(ans1, ans2, ans3)`
32	`}`		32	

이 아이디어 외에도 다양한 방법으로 효율을 높일 수 있는 방법들이 있으니 여러 가지 시도를 통해서 연습해보는 것이 좋다.

MEMO.

찾아보기

알고리즘 & 프로그래밍

발 행 일	초판 1쇄 발행 2023년 2월 10일
지 은 이	배준호 · 전현석 · 정상수 · 정웅열 · 정종광
발 행 인	신재석
발 행 처	(주)삼양미디어
주 소	서울시 마포구 양화로 6길 9-28
전 화	02) 335-3030
팩 스	02) 335-2070
등록번호	제10-2285호
	Copyright ⓒ 2023, samyangmedia
홈페이지	www.samyangM.com
I S B N	978-89-5897-409-3 (43000)
정 가	21,000원

• 이 책의 소스 코드에는 코딩을 위해 가독성 및 유사 문자 간 변별력을 고려해 최적화시킨 네이버의 D2 Coding 글꼴이 적용되어 있습니다.

• 저작권자 NAVER   • 출처 https://github.com/naver/d2codingfont   • 배포 라이선스 OFL1.1